本书是 2021 年度广西高等教育本科教学改革工程重点项目（2021JGZ122）之研究成果

榜样精神融入
高校网络思想政治教育的
理论与实践

王再新 等 / 编著

湘潭大学出版社
XIANGTAN UNIVERSITY PRESS

序 言

中华民族是榜样辈出的民族，在五千多年源远流长的中华文明历史进程中，特别是在中国共产党领导中国革命、建设和改革的百年历史进程里，涌现出了一批又一批榜样人物。近年来，高校也涌现出了无数可爱可敬、可亲可感的榜样人物。这些榜样人物的典型事迹和精神风范影响着、激励着我们中国人尤其是中国青年学子，向榜样学习、向榜样看齐成为广大中国青年学子的重要精神动力。高校作为培养社会主义建设者和接班人的主阵地，如何更好地落实立德树人根本任务，教育引导大学生弘扬榜样精神，践行社会主义核心价值观，健康成长成才，近年来也一直在深入探索。作为一名高校的思想政治教育工作者特别是网络思政育人工作者，一方面始终牢记习近平总书记对高校思想政治教育工作和弘扬榜样精神的殷殷嘱托，另一方面结合个人多年从事思想政治教育工作和网络思政育人的切身实践，积极主动思考和探究榜样精神与高校网络思想政治教育的内在关系、理论基础、契合意蕴、创新路径、实践应用，无疑是培养堪当民族复兴重任的时代新人应尽的责任，也是新时代赋予我们思想政治教育工作者的义务。

一、撰写本书的缘由

习近平总书记指出，伟大时代呼唤伟大精神，崇高事业需要榜样引领。精神是一个民族赖以长久生存的灵魂，是一个国家实现富强兴旺的力量，是一个人或组织不懈奋进的动力。榜样是各民族的优秀代表，是社会良好风尚的先锋引领，是各行各业的先进典型。一个有希望的民族不能没有榜样，一个有前途的国家不能没有先锋，一个有未来的组织不能没有先进，一所培养时代新人的高校不能没有典型。

学习榜样事迹、弘扬榜样精神，是高校网络思想政治教育的题中之义和重要之举。在新时代，随着互联网的快速发展，当前在校大学生在计算机和互联网的环境中长大，已是网络时代的“原住民”，高校思想政治教育面临更高要求和新的挑战。

中共中央、国务院印发的《关于新时代加强和改进思想政治工作的意见》指出，要加强网络思想政治工作，深入实施网络内容建设工程，加强网络传播能力建设，依法加强网络社会管理，推动思想政治工作传统优势与信息技术深度融合，使互联网这个最大变量变成事业发展的最大增量。顺应时代新人培养的新要求，高校思想政治教育需要向"大思政"转变，更需要利用网络对其赋能，才能契合思想政治教育的内在规律和发展趋势，有效解决大学生思想政治教育的难点问题。因此，本书具有重要的理论意义和现实意义。

榜样精神融入高校网络思想政治教育，使榜样精神的传承和弘扬有了内核、有了方向、有了载体，不仅丰富了高校思想政治教育的内容，也拓展了高校思想政治教育的元素，进一步增强高校思想政治教育的活力和效果。二者在育人主体、育人目标、育人路径、育人方式、育人载体等方面有高度的契合性，因而为"融入"提供了充分必要条件。

榜样精神融入高校网络思想政治教育，主要是将榜样精神融入高校网络思想政治教育的全员、全过程、全方位之中。榜样精神可以作为一种元素、一种理念贯穿于高校网络思想政治教育之中，进而提高高校网络思想政治教育的精神含量、内在动力，增强立德树人的实效性。然而，在过去一个时期，高校对网络思想政治教育中的榜样精神传播是重视不够的。新时代以来，高校在网络思想政治教育中已经融入了一些榜样精神内容，但是，分量还远远不够，特别是利用网络加强榜样精神传播、开展榜样思政育人还存在顶层设计不足、方式方法单一、网络媒体素养欠缺等问题。因此，榜样精神融入高校网络思想政治教育是必要的，也是必须加强的。

榜样精神融入高校网络思想政治教育，就是教育引导青年学子学习榜样事迹、弘扬榜样精神，坚定信念、崇德向善、求真务实、艰苦奋斗、甘于奉献、守正创新、率先垂范。2022年4月25日，习近平总书记在中国人民大学考察调研时指出，广大青年要做社会主义核心价值观的坚定信仰者、积极传播者、模范践行者，向英雄学习、向前辈学习、向榜样学习，争做堪当民族复兴重任的时代新人，在实现中华民族伟大复兴的时代洪流中踔厉奋发、勇毅前进。高校肩负着"为党育人、为国育才"的光荣使命，要全面落实立德树人根本任务，坚持把榜样精神融入学生思想政治教育工作当中，特别是要充分借助网络手段宣传榜样、推介榜样，讲好榜样故事，大力营造向榜样学习、向榜样看齐的浓厚氛围；积极引导新时代青年学生感悟榜样风范，汲取榜样力量，砥砺精神品格，把崇高理想信念、道德品质追求转化为具体行动，在实干中增长本领，在拼搏中践行初心，在斗争中坚定信念，增强做中国人的志气、骨气、底气，在人生的“拔节孕穗期”行稳致远、成长成才，在实现民族复兴的接力赛中，全力跑出不负韶华、不负时代、不负人民的优异成绩。

二、本书的研究思路

本书研究坚持理论研究与实践探索相结合、目标导向与问题导向相统一。

本书分上下篇两大部分。上篇主要是理论研究，共有四章；下篇主要是实践探索，共有五章。

在理论研究篇，该书首先系统阐述了榜样精神融入高校网络思想政治教育的相关概念、理论基础以及必要性和可行性，这是本书的逻辑起点。其中指出了榜样精神弘扬的时代价值和新时代高校网络思想政治教育的新要求，研究了榜样精神融入高校网络思想政治教育的契合关系即必要性、可行性。其次，详细分析了榜样精神融入高校网络思想政治教育的问题，着重从现实做法、主要困境、困境之因等方面进行探究，以期找出主要问题及其症结。最后，针对问题提出了榜样精神融入高校网络思想政治教育的创新路径，这是本书的重中之重。

在实践探索篇，本书围绕崇德向善、勤奋好学、爱岗敬业、勇于创新、奉献社会等五个方面，选取了榜样精神融入高校网络思想政治教育的实践案例，分析了融入的实践效果，对榜样精神融入高校网络思想政治教育有着重要的借鉴作用。

三、本书的主要特色

本书以习近平新时代中国特色社会主义思想为指导，坚持理论研究和实践探索相结合、目标导向和问题导向相统一，对榜样精神融入高校网络思想政治教育进行了系统性、前瞻性的深入研究，厘清了榜样精神融入高校网络思想政治教育的必要性、可行性，以及路径，具有较强的思想性、学科性和逻辑性。本书的特色体现在

以下几个方面:

一是具有较高的时代价值。本书以时代新人培养为研究视角,从榜样精神弘扬的时代价值和新时代高校网络思想政治教育的新要求入手,认真分析了当前榜样精神融入高校网络思想政治教育存在的主要问题,适应了新时代榜样精神传承弘扬和高校网络思想政治教育改革创新的需要。

二是具有较高的学术价值。本书明确提出了榜样精神与高校思想政治教育的契合关系,榜样精神是高校网络思想政治教育的重要资源,重点阐述了榜样精神融入高校网络思想政治教育的理论基础,对于深入研究思想政治教育的学科理论问题具有学术价值。

三是具有较高的应用价值。本书结合笔者多年的网络思想政治教育工作和榜样精神弘扬实践,针对榜样精神融入高校网络思想政治教育中存在的一些问题进行了一系列研究,如从数字技术、网络平台、线上课程、网络育人合力等方面提出了一些具体措施。同时通过已经应用过的大量经典案例及其实践效果分析,说明榜样精神融入高校网络思想政治教育适应大学生的精神需求。

希望本书的出版,能为高校决策者和一线网络思想政治教育工作者提供有效的理论依据和实践参考。

目 录

下篇 实践探索

上篇 理论研究

第一章 榜样精神与高校网络思想政治教育概述

“真正的思想和科学的洞见，只有通过概念所作的劳动才能获得。”[①]概念是开展研究的基础，清晰的概念界定将有助于把握整个行文的逻辑脉络。为此，我们有必要对榜样、精神、榜样精神相关概念进行界定。

第一节 榜样精神的基本内涵与时代价值

一、榜样精神的基本内涵

伟大时代呼唤伟大精神，崇高事业需要榜样引领。在五千多年源远流长的中华文明历史中，榜样层出不穷，尤其是进入新时代以来，在中华大地上涌现出了一大批榜样人物，他们的事迹背后凝聚着中华民族生生不息的强大生命力，是一个国家和组织不断进步的精神写照，是中华儿女从中汲取力量的精神之光。

（一）精神的概念

因文化的差异性，中西方文化对精神有着不同的解读。

1.西方关于“精神”的解读

“精神”一词最早源于拉丁文“mentality”和“spiritus”这两个单词，前者指人的非物质属性，后者指轻薄的气流。“精神”在英文中用“spirit”来表示，而西方古代“精神”主要用“soul”表示。在《牛津哲学辞典》中“精神”是指“生命”“灵魂”“意识”“心智”，内涵“普遍理性”“先天逻辑”和“宗教”等意思。

“精神”概念在西方文化中经历了自身发展与历史演进。例如，西方先哲柏拉

①〔德〕黑格尔.精神现象学(上卷)[M].贺麟,王玖兴,译.北京:商务印书馆,1979:35.

图在《国家篇》中将精神释为灵魂，并且将其分为理性、激情、欲望三个境界。在此基础上，亚里士多德进一步将精神世俗化，把精神等同于人和动植物的生命力，将一切生命力看作是灵魂的象征。近代以来，西方文化经历了文艺复兴运动和启蒙运动的思想洗礼，人文主义精神在整个发展历程中得到了极大的宣扬。人文主义精神倡导者坚持以“人”为中心，反对以“神”为中心。在这场思想与智慧之间的针锋较量中，思辨的力量极大地启发了人们的精神理性，致使众多哲学家对精神概念解读转向于“人”这一主体身上。如法国哲学家孟德斯鸠在《论法的精神》中认为“精神”是由法律、宗教、风俗习惯、气候等综合作用而最终形成的“一般精神”。德国古典哲学家把精神上升为人类理性高度来进行解读，他们认为“精神”就是人的理性，理性规定着人，也是人之所以为人的根源所在。在黑格尔哲学体系中“精神”是最为核心的概念，黑格尔哲学体系的整个生命历程都在进行“绝对精神”的自我演绎与发展。黑格尔认为，“精神”源于自己，终将由自己得到最终解释。他把精神分为三个不同发展阶段即主观精神、客观精神以及绝对精神发展阶段来加以区分。德国哲学家雅斯贝尔斯认为“精神”就是主体在文化或者意识形态层次上的存在，如阶级、党派、民族等。黑格尔与雅斯贝尔斯纯粹站在哲学角度对“精神”进行概念解读，极具概括性和抽象性。而黑格尔对精神概念的解读虽然带有浓重的唯心色彩，但也涉及了民族意志方面。雅斯贝尔斯从文化学与心理学角度定义“精神”这一概念，将精神的普遍性与特殊性相统一。

我们不难发现，西方哲学家在对“精神”探索过程中，曾建立过庞杂的研究系统，但直到马克思主义唯物辩证法的出现，才真正揭示了精神本质。马克思主义认为，精神是人脑高度组织起来的产物，是人脑的机能和属性，是从属于物质并反映物质特性的第二性的东西。马克思主义揭示精神本质的同时，也建构了科学的精神价值体系，为人类精神理论研究提供了科学的依据，并认为精神活动是人类智力获得更高层次发展的最有效途径，人类缺乏对精神层面的价值追求，最终人类想要实现跨越式的发展将会是无稽之谈。

2. 中国关于“精神”的解读

“精神”在现代汉语字典中解释为人的意识、思维活动和一般心理状态。

在中国思想文化中最初将“精神”分为三种不同的形态，即“精”“气”“神”。从词源学的角度将其分解为“精”“神”来理解。如哲学家张岱年在《中国文化概论》著作中将“精”解释为精妙、精辟、精华、精微；“神”是指玄妙、微妙、奇妙。将“精”和“神”二者合起来解释为天地万物的精气和活力，这种精气和活力也是推动事物向前发展的内生动力。[①]人是精神存在的载体，精神反映着人的本质。在中国思想文化中，对精神的解读更多体现在对人生精神关照中，儒家文化思想中对精神主题的张扬和解读尤为明显而又深刻。孔子所推崇的理想人格，都是从人的精神层面加以规定和设计的。孔子认为“君子”理想人格应该内涵乐观积极向上、道德情操高尚、意志坚定的道德品质，体现这样理想人格的“君子”是能够把“仁”“义”道德品质自觉转化为个体的人格追求并付诸实践。我们不难发现孔子对于精神解读更多的是将其置于人的精神境界的高度加以诠释。继孔子之后，孟子同样把“君子”视作人格理想，并对人的精神境界提出了更高层次的要求即“舍生取义”，在这里孟子对精神概念的解读则是为实现人生价值追求、维护人格尊严，而不惜付出生命的代价来换取。

纵观中国关于“精神”的解读，并不是将其单独列举进行概念解读，更多的是将其外延拓展至人生的精神关照中加以阐释，这对民族的精神气质形成有着较为深刻的影响。

（二）榜样的概念

“榜样”在《说文解字》中将其分解为“榜”和“样”两个词来进行解释，“榜”是一种矫正弓弩的工具，“样”是栩实，指范式、样式。“榜”与“样”二者之间结合成词组，视作看齐的标准，可理解为矫正不正事物。

榜样作为词组最早开始使用，出自宋代张磁《俯镜亭》诗“何妨云影杂，榜样自天成”[②]，这里将榜样解释为“样子”或“模样”的意思。榜样从现代意义上来讲多表示“楷模”或“典范”，在《现代汉语词典》中榜样则多指效仿好的人和事例。在《辞海》中，榜样是指在不同的历史时期内产生同类事物中最为突出或具有代表性的人

---

①张岱年、方克立主编，国家教委高教司组编.中国文化概论[M].北京:北京师范大学出版社，1994:375.

②何小忠.偶像亚文化与青少年榜样教育[M].南昌:江西人民出版社,2007:15.

或事物。榜样在伦理引导和教育实践上对我国思想政治教育发挥了重要的作用，进而引发了学术界众多学者和专家的研究兴趣，均从不同角度对榜样概念、内涵进行了多维解读，对此我们进行了简要归纳。

第一种观点，从群体认同的角度对“榜样”进行解读：符合大众价值标准的好人和好事。彭怀祖、姜朝晖在《榜样论》中把榜样定义为“是在一定历史时期经组织认定，公众舆论认可和公共传媒广泛传播，体现时代精神和人民意愿，值得公众效仿和学习的先进典型”[①]。班杜拉认为，大部分人类行动是通过对榜样的观察而习得。[②]即一个人通过观察和学习他人的言行举止来进一步规范自己的行为。

第二种观点，从象征性的角度进行解释榜样，认为“榜样”是一种价值符号。陈万柏、张耀灿认为，榜样既包括人又包括事，还可表示为文字符号、图像和信息、语言描述等。

第三种观点，则是立足于思想政治教育的视域，把“榜样”看作是一种教育方法，将榜样理解为一种思想或行为上的规范。王道俊在《教育学》中认为，榜样是一种教育方法，即通过榜样人物高尚的人格和卓越成就来教育和影响学生品德的方法。[③]杨婷在《榜样教育研究》中从褒义的角度来定义榜样，认为榜样就是在特定的历史阶段，集中体现社会各方力量的道德规范和共同的价值取向，并因其所内含的思想境界、道德情操和外显的行为实践对他人具有示范和激励价值的个人群体。[④]张茹粉认为，榜样就是人的某一实际的行为实践活动的成果或行为实践中蕴含、体现、彰显出来的，对其他社会成员具有借鉴、激励、警示作用的东西。[⑤]曾钊新指出，榜样因突出的道德感并给人以道德的感召力，认为榜样就是道德示范。再者，基于马克思主义角度，榜样是真实存在于社会生活中的人，它兼备了人的基本特性与普遍性，是人的自然属性与社会属性的统一，但因为在思想、精神、行为等方面比常人优越，而成为我们学习的榜样。可以说，榜样产生于特定历史时期，凝结着人类崇

①彭怀祖、姜朝晖、成云雷.榜样论[M].北京:人民出版社,2002:8.

②〔美〕阿尔伯特·班杜拉.社会学习心理学[M].郭占基译.长春:吉林出版社,1988:246.

③王道俊、王汉澜.教育学[M].北京:人民教育出版社,1999:399.

④杨婷.榜样教育研究[D].武汉大学博士学位论文,2010.

⑤张茹粉.榜样教育的理性诉求[J].河南师范大学学报(哲学社会科学版),2008(2):216-220.

高的道德品质和强大的精神力量，代表着人类价值追求的最高标准。

上述观点从不同角度对“榜样”概念进行归纳分析，其中绝大多数学者强调榜样的社会教化功能，而忽视了站在社会个体角度来阐释榜样内涵。学者普遍认为选树榜样、宣传榜样最终是为了榜样这个力作用在社会个体身上，但实际上社会个体自身是存在一定差异的，每个人的境遇、兴趣爱好、认知水平、情感需求、价值理念、思维方式、审美标准不同，导致对榜样的理解也会存在一定的差异。在学术研究中若只是运用模式化、工具化、单一化的方式来定义榜样，必然会与内涵丰富、形式多样的榜样概念存在一定的不对接。

因此，我们认为科学理解合理定义“榜样”，应立足社会、个体、现实三个维度，可以把榜样定义为：在生命活动或社会生产实践中取得一定的成就，或有着突出的表现，符合社会主流价值观和传统伦理道德标准的先进典型。

（三）榜样精神的主要内涵

榜样是榜样精神的载体，学习榜样的精髓在于学习其精神。

关于“榜样精神”，目前国内学界对榜样精神概念界定各有侧重，主要从价值、功能两个方面来进行界定。包华军认为：“榜样精神是榜样事迹和榜样人格的承载体，既包括民族精神、集体精神和个人精神，也包括传统精神和时代精神。”[①]夏杰认为：“榜样精神是一定阶级、政党或社会群体在某一特定时期所公认的具有优秀品质和良好行为的模范人物身上体现出的对于社会形成良好风尚具有示范推动效应的道德规范和价值取向。”[②]综合有关学者的研究，结合查阅的有关资料，我们认为，榜样精神并不是单纯的统一概念，它是以先进人物或先进集体为本体，以先进人物或先进集体的思想、品德行为为表征，以先进人物或先进集体的世界观、人生观和价值观为核心的精神系统。榜样精神是中华民族优秀品质的集中体现，集爱国、敬业、奉献、进取、团结、奋斗、创新、诚信、友善等多种优秀品质为一体，能够对人民群众起到向上向尚的激励作用。

①包华军.榜样教育资源内容构成及价值探究[J].教学与管理,2015(36):1-3.

②夏杰.榜样精神在大学生中有效传播路径探析[J].吉林广播电视大学学报,2017(04):101-102.

习近平总书记指出："向先进典型学习，最关键的是要学精神、学品质、学方法。"①学习榜样精神究其实质是深入挖掘榜样精神蕴藏的丰富内涵。榜样精神是先进人物或先进群体在特定时代背景下的道德实践与面临特定考验做出的价值选择。不同时代、不同背景都会涌现出兼具意志和品质并且打上时代烙印的榜样精神，尽管时代赋予他们背后的故事不尽相同、样态不一，但作为一种精神究其内涵却有着共生的特质。榜样精神的丰富内涵，我们将其凝练为：坚定信念、崇德向善、求真务实、艰苦奋斗、甘于奉献、守正创新、率先垂范。

一是坚定信念。理想信念是指人们在一定认识基础上，对某种思想、理论和事业持有坚贞不渝、矢志不移的观念并身体力行的心理态度和精神状态。我们不难发现，无论是党的精神谱系，还是最终成为我们学习的榜样精神，理想信念是一以贯之的。理想信念，在过去它是激励千千万万个英雄烈士英勇奋斗并为之献出宝贵生命矢志不渝的信仰，在现在和未来它是党和人民奋力前行的精神追求。社会在进步，时代在发展，信仰的旗帜却永不褪色。榜样精神作为引领时代的精神风向标，近代以来，有无数仁人志士用血骨铸就忠魂，为挽救整个中华民族的危亡、国家尊严和人民生活的安定而战，为中华民族的伟大复兴、人民幸福生活而接续奋斗，为建设社会主义现代化强国而奋斗终身。民族经得起困难颠簸，国家经得起风雨考验，根本原因就在于无数榜样对理想信念的坚守。

二是崇德向善。崇德就是主张人崇尚高尚的品德，要重视社会公德、职业道德、家庭美德、社会公德、个人品德建设。向善是真善美价值追求、正能量价值取向的具象化表达，要助人为乐，多做对他人有益的事。习近平总书记指出，要"大力加强社会公德、职业道德、家庭美德、个人品德建设，营造全社会崇德向善的浓厚氛围"②。崇德向善是中华文明延续和中华民族发展的精神财富，是社会主义核心价值观培育和践行的重要组成部分，是建设有中国特色社会主义和实现中华民族伟大复兴中国梦的强大动力。中华民族历来有崇德向善的优良传统，近代以来，中华

①习近平.要善于学典型[N].浙江日报，2006-07-26.

②中国政府门户网站.习近平会见第四届全国文明城市、文明村镇、文明单位等先进单位[EB/OL].(2015-02-28).HTFPS:www.gov.cn/xinwen/2015-02/28/content_2823258.htm.

民族的独立与解放事业离不开许许多多模范人物的精神引领。新中国成立以来，特别是新时代以来，涌现出了全国道德模范、“中国好人”、“时代楷模”、“最美人物”、“最美奋斗者”等一大批先进典型。从他们身上，我们看到了有的在默默用爱心点亮他人生命，有的在平凡岗位上创造不凡，有的在危急关头义无反顾舍己救人，有的在以恒心捍卫诚信价值，有的在勇担责任守护家庭等。他们的助人为乐、见义勇为、诚实守信、爱岗敬业、孝老爱亲、善行义举，是中华传统美德的鲜活体现，也是社会主义核心价值观的生动实践。

三是求真务实。求真务实就是正确把握规律，真抓实干，务求实效。习近平总书记指出：“实事求是，是马克思主义的根本观点，是中国共产党人认识世界、改造世界的根本要求，是我们党的基本思想方法。”[①]求真务实是坚持马克思主义科学世界观和方法论的基本要求，也是对马克思主义哲学认识论精神实质的精辟概括，它体现了理论与实践、知与行的统一。中国历经苦难和辉煌，不断地从苦难中崛起，向世界展示了中国如何脚踏实地地改造中国、建设中国、发展中国和不断续写新的辉煌。所有成就都是一代又一代国之功臣以真抓实干、务求实效的态度一步一个脚印，脚踏实地奋斗出来的。过去我们靠着这样求真务实的态度取得了革命战争的胜利，现在我们依然本着这样的态度，一路披荆斩棘、乘风破浪、勇立潮头。正是无数榜样践行求真务实的理念，铸就了劳模精神、工匠精神、科学家精神等一系列的伟大精神。解放初期，国家一穷二白，在这样极度艰苦的条件下，一批批榜样无畏一切艰难困苦，带领人民在一张白纸上开始精彩演绎。他们在困难面前并没有知难而退或者有所畏惧，始终秉持真抓实干、务求实效的工作作风，踏实干事业，真正解人民之所困和国家之所难，带领人民走出了初创的困难期。求真务实是一代又一代的科学家严谨治学、不懈追求真理的求实主义，他们不为功名利禄，不计个人得失，隐姓埋名数十年如一日踏实做事、踏实做人、潜心科研，把报效祖国服务人类社会作为自己的人生选择，用自己短暂而有限的生命兑现当初无悔的誓言。正是中国共产党坚持求真务实的态度，才创造性地实现了马克思主义中国化，创造性

①习近平.实事求是为什么如此重要[N].光明日报，2018-09-28.

地完成了新民主主义向社会主义的过渡，创造性地解决了在贫穷落后的国家如何建设社会主义、发展社会主义的问题。

四是艰苦奋斗。艰苦奋斗是一种不屈服一切艰难困苦，为国家、中华民族和中国人民的利益而奋发图强、艰苦创业、英勇斗争的精神。习近平总书记指出："在实现中华民族伟大复兴的新征程上，必然会有艰巨繁重的任务，必然会有艰难险阻甚至惊涛骇浪，特别需要我们发扬艰苦奋斗精神。"①没有人生来就能铸就伟大，也没有不劳而获的成功，成功和伟大需要我们为之不懈奋斗。中国共产党生于民族危亡之际，历经革命战争的淬炼和筚路蓝缕奠基立业的艰辛在烈火中重获新生，在艰难困苦中砥砺意志。艰苦奋斗是中华民族和中国共产党与生俱来的优秀品质，也是近代中国民族精神觉醒、觉悟、崛起的精神动因。百年波澜壮阔，榜样精神催人奋进，中国综合国力和经济实力的沧桑巨变是一代又一代建设者艰苦奋斗出来的，中国共产党帮助深度贫困家庭摆脱贫困，让他们过上幸福美好的生活，靠的是砥砺奋进、自强不息的艰苦奋斗精神的引领。亿万中国人民能在挫折中不断奋起，在逆境中勇毅前行就是拼搏进取不懈奋斗的结果。中华民族身处命运的漩涡，却依然能在复杂的斗争中取得胜利，在严峻的自然灾害面前压不垮，从弱小不断走向强大的秘诀就是始终坚持艰苦奋斗精神。无论是嘉兴南湖红船的记忆还是八一南昌起义第一声炮响，无论是二万五千里的漫漫征途还是熠熠生辉的延安宝塔山，无论是数百万人民背后的扶贫楷模还是开辟人类脱贫史上的伟大创举，无论是历经八年持续奋斗的艰辛历程还是中国现行标准下全部脱贫取得的胜利，无论是中国共产党带领中国人民砥砺奋进的奋斗史还是全面开启建设社会主义现代化强国的新征程，中国共产党的百年历程证明，唯有艰苦奋斗才能成就伟大事业。

五是甘于奉献。甘于奉献是心甘情愿的付出、舍己为人、不计得失、不求回报、不怕牺牲的奉献精神和牢记使命、勇担重任、尽职尽责的担当精神。牢记使命、勇担重任就是国家需要，我义不容辞应当勇担重任的使命精神和家国担当。习近平总书记指出："不忘初心、牢记使命，勇于担当、甘于奉献，在新时代的长征路上做出

①习近平.在纪念五四运动100周年大会上的讲话[N].人民日报，2019-05-01.

新的更大贡献。”[1]讲奉献是中华民族的传统美德，也是中国人民和中国共产党高尚的精神境界。甘于奉献意味着在国家、民族和人民的利益与个人利益发生相互冲突面前，敢于牺牲自我的利益、勇于奉献、甘于奉献自我的精神境界。在奉献中不断升华自己人生的价值，在奉献中成就自我。一百年的峥嵘岁月，在中国共产党带领下，涌现出了无数个甘于奉献、勇担重任的优秀共产党员、先锋模范。他们有的用极为短暂的一生毫无保留奉献自己、服务人民，有的朴实纯粹、淡泊名利用尽一生的心血造福人类，有的为科学技术呕心沥血奉献青春和才智。他们坚守初心，牢记使命，勇担重任，为国尽职、为党尽责、为民谋利，心甘情愿为祖国奉献一生，有的甚至献出了宝贵的生命。习近平总书记在全国脱贫攻坚总结表彰大会上提到的35年坚守太行山的“新愚公”李保国，献身教育扶贫、点燃大山女孩希望的张桂梅，用实干兑现“水过不去、拿命来铺”誓言的黄大发，回乡奉献、谱写新时代青春之歌的黄文秀，扎根脱贫一线、鞠躬尽瘁的黄诗燕等同志，以及受到表彰的先进个人和先进集体，他们仅仅是脱贫攻坚中的杰出代表，在我们各行各业中都有这样的甘于奉献的杰出代表。他们的无私铸就了伟大，他们的无私凝聚了力量。

六是率先垂范。率先垂范就是敢于率先，勇于带头，在行为上垂范，在工作上示范。对领导干部来说，就是要以上率下、身先士卒、以身作则、敢为人先，发挥头雁作用，形成“头雁效应”。对职工群众来说，就是要珍惜自己的岗位，热爱自己的工作，想干事、敢干事、能干事、干成事，尽职尽责，争当先进，争做典型。习近平总书记曾点赞过一大批率先垂范的先进典型，他们或是时代先锋，或是国家脊梁，或是普通群众。“广大党员干部要以黄群、宋月才、姜开斌同志为榜样，履职尽责、许党报国。”“王继才同志守岛卫国32年，用无怨无悔的坚守和付出，在平凡的岗位上书写了不平凡的人生华章。”“要以黄大年同志为榜样，学习他教书育人、敢为人先的敬业精神。”“李保国同志35年如一日，坚持全心全意为人民服务的宗旨，长期奋战在扶贫攻坚和科技创新第一线，把毕生精力投入到山区生态建设和科技富民事业之中，用自己的模范行动彰显了共产党员的优秀品格，事迹感人至深。”“学习弘扬

①习近平对黄文秀同志先进事迹作出重要指示[N].人民日报，2019-07-02.

焦裕禄精神，要重点学习弘扬焦裕禄的公仆情怀、求实作风、奋斗精神和道德情操。”“老英雄张富清在部队，他保家卫国；到地方，他为民造福。”“广大扶贫干部舍小家为大家，同贫困群众结对子、认亲戚，常年加班加点、任劳任怨，困难面前豁得出，关键时候顶得上，把心血和汗水洒遍千山万水、千家万户。”[①]这些既是对率先垂范者的高度肯定，也是对后继者的嘱托和要求。

七是守正创新。守正创新就是在一定认识基础上，有目的地改变旧的事物，创造新的事物。守正是道路、理论、制度、文化、思想上的守正，创新是在守正的基础上对理论与实践的丰富。守正创新有着深厚的民族根基，是对中华优秀传统文化的弘扬和传承。从影响世界的四大发明，到天文、地理、医学、农学等各大领域都有着深厚的造诣，为推动世界文明进步贡献了中国智慧。中华民族创造过辉煌，也历经坎坷，但总能以强大的求存求强、创新奋进的自我革新能力，焕发新生战胜前进道路上的一切艰难险阻。五千年的中华文明得以延续，无疑坚持守正创新的传统是其最重要的原因。守正创新有着科学的理论指引，是对马克思主义立场观点的实践。守正是一个民族的基本遵循，创新却是中国发展、进步、强大的硬核力量。没有守正的创新是野蛮，没有创新的守正是不思进取，只有将二者辩证统一起来才是马克思主义辩证法和唯物论的根本要求。恪守正道是中华民族精神的基因，勇于创新却是民族进步之魂。从开辟马克思主义中国化的革命道路开始，到建设中国特色的社会主义道路的不断发展，都离不开我们始终坚持社会主义道路之正、中国特色社会主义制度之正、共产主义理想信念之正，创中国特色社会主义理论之新、国家治理方式之新、科学技术之新的守正创新的精神。守正创新是推动我国综合国力提升的内在动因。今天，我们在不断求新求变中谋求进步、发展、强大。国家强盛、民族兴盛、人民生活幸福、繁荣稳定发展的背后，是无数个榜样坚持在信仰、道路、文化上守正，不断推进国家建设、党的建设、科学技术等的创新才得以实现的。

---

①靳松.榜样的力量！习近平点赞过的先进典型[Z].中央广电总台央视网http://news.cri.cn, 2019-05-26.

二、榜样精神的主要特征

特征反映着事物的内在本质,是区别于其他事物的内在规定性。榜样精神的特征归根结底都是共性与个性的统一体,既有精神的共质,又有异于常人的精神特质,究其主要特征概括起来包含崇高性、典型性、民族性、时代性。同时,榜样精神作为国家、社会公认的教育资源,因而具有一定的教育功能。

(一)崇高性

崇高性在学理上是一种基于审美范畴的特征,它是指人的生命本体和人格价值的重要契机,正因此,它使人的一切传统固有的因循的形式统统抛掉,使人生和人类的审美化朝更高的秩序踊进,表明人在求真意向和实践行为生成转换过程中,实现了对自然和人际世界的无限超越,其产生的正向影响推动社会的进步。榜样精神作为一种突破生命本体达到人格价值的崇高精神,主要通过榜样人物或集体自觉地实践理性而产生优秀品质,给人以心灵的震撼、鼓舞和激越,带有强烈的庄严感或敬畏感,能够有效提高人的精神境界。不论是有超乎常人意志力、坚韧不拔活出生命价值的张海迪等;还是有为社会做出卓越贡献的袁隆平、陈薇等;抑或追求社会主流价值观、拥有崇德尚善精神的郭明义、张桂梅等,这些榜样人物的精神品质无不彰显着榜样精神所内含的精神境界、价值观念、高尚品质、卓越的人格魅力等方面的崇高性。崇高性作为榜样精神固有的特征,所表现的就是人物身上的道德品质和精神境界的高尚性、合理性、正义性、科学性,对人们具有激励、鼓舞、示范、指导作用。故此,新时代弘扬榜样精神必须突出其崇高性,不断使人们在精神境界和实践行为上获得质的提升。

(二)典型性

典型性是指榜样在思想、行为、品德等方面符合并超越社会发展要求,在个性中反映着共性,对社会及社会群体的发展有重要的借鉴意义和应用价值。榜样精神的典型性主要体现在以下几个方面:一是代表着人类崇高的精神境界。榜样精神是人类在特定时期、特定阶段道德品质和精神境界达到的最高水平,由爱国主义精神、创新精神、团结精神、奉献精神、敬业精神、牺牲精神、诚信精神、友善精神等丰富内涵组成，其中的每一种内涵都是典型精神品质的代表。这些精神品质是优秀人格、高尚情操、崇高价值理念的集中体现，无疑是优秀人格和崇高精神境界的典型。二是代表着高尚的道德品质和美好的价值追求。榜样精神反映出了榜样的理想信念、道德品质、精神境界的先进价值，体现了人类对更高层次精神境界的不懈追求，代表着整个社会和人类精神需求发展的最高阶段，更是人类先进价值的前进方向。三是代表着社会主流价值观念。在价值多元的社会中，各种价值观念在不同程度上影响人们的想法和行为，持有不同价值观的人对道德评判的标准呈现多元化的趋势。在这样的境遇下，国家和社会所推崇的榜样精神必然是在社会中占据主体地位，并符合大众的精神需求和评判标准，代表着整个社会主流价值观念。

（三）民族性

民族性是指民族发展历史进程中形成的独特基因和表达范式，基于共同的心理基 础、地理环境、气候、风俗习惯和实践养成的影响。榜样精神是在大量的、具体的人物及事件中被抽象出来，深深地打上了民族烙印的精神体系，体现了一个民族的共同理想、秉性、传统、意识、意志、气节、性格特点、智慧、心理特征、情感等范畴，这些独特而鲜明的精神气质是一个民族赖以生存和继续发展的精神支柱。正如习近平总书记指出："英雄是民族最闪亮的坐标。"[①]英雄属于榜样范畴，是榜样精神的来源点之一。在中华民族历史发展的伟大实践中，涌现出了无数令人崇拜的榜样人物和榜样群体，他们的精神事迹承载着忠、义、信、礼、廉、勤等传统美德，尤其是近代以来马克思主义理论的传入与创新融合，使积淀已久的中华文化优秀精神基因焕发出新的生命力，不断形成新的榜样精神的忠实践行者。

（四）时代性

马克思曾说："每一个社会时代都需要有自己的大人物，如果没有这样的人物，它就要把他们创造出来。"[②]可见，每个时代都会孕育和催生新的榜样精神。榜

①习近平.在中国文联十大、中国作协九大开幕式上的讲话[N].人民日报,2016-12-01.

②马克思恩格斯文集:第2卷[M].北京:人民出版社,2009:137.

样精神的产生是特定时代的产物,反映了特定时代下人类当时总体的认识水平,代表了特定人群在特定时代下的道德品质、精神境界、价值观念,具有鲜明的时代性特征。基于社会时代发展状况不同,榜样精神的表达范式也有所侧重,即在不同政治、经济、文化背景下,人的思维观念、道德实践、价值选择表现内容有所不同。由于人类认识水平也是一个动态发展过程,所以榜样精神特征也要跟随时代发展变化。例如,在革命战争年代,榜样精神更多地体现为坚守信念、敢于牺牲的献身精神;在社会主义建设年代,榜样精神更多地体现为自力更生、艰苦奋斗的创业精神;在改革开放时期,榜样精神更多地体现为开拓创新、锐意进取的改革创新精神;在新时代,榜样精神更多地体现为带头培育和践行社会主义核心价值观,弘扬爱国、敬业、创新、诚信、团结、担当等精神,为实现中华民族伟大复兴中国梦的奋斗精神等。因此,榜样精神具有鲜明的时代特征。

三、榜样精神的时代价值

民族复兴,我们不仅需要物质上的角力,更需要精神上的博弈。为此,高校思想政治教育理应肩负起时代赋予的使命,充分挖掘榜样精神丰富内涵,融入学生日常思想政治教育中,承续民族精神血脉,传承和弘扬中华优秀传统文化;提升精神育人实效,落实高校立德树人根本任务,重塑学生精神价值体系,助力学生成长成才。

(一)榜样精神是中华民族的宝贵精神财富

榜样精神积淀着中华优秀传统文化中最深层次的精神追求,是中华民族在漫长奋 斗历史长河中凝聚起来的优秀品质和崇高精神,蕴含着文德教化天下和精神颐养人心 的丰富内涵。为此,高校思想政治教育理应发挥好固本铸魂的育人作用,将榜样精神融入高校思想政治教育也是促进中华优秀传统文化传承和弘扬的内在要求。一是固本守正,传承精神血脉的需要。习近平总书记强调:“中华优秀传统文化中很多思想理念和道德规范,不论过去还是现在,都有其永不褪色的价值。”[①]中华民族优秀文化数千年的延续,形成了独具中华民族特色的精神标识,其

①习近平.在文艺工作座谈会上的讲话[N].人民日报,2015-10-15.

中榜样精神在历史演变和时代更迭中，成为镌刻在民族记忆深处的珍贵印象和积淀在民族血脉中的精神基因；同时，在固本守正中始终坚持创新发展，不断丰富其精神内涵以满足传承精神血脉的需要，成为国家和民族赖以生存和赓续发展的精神支柱，并深刻影响着新时代高校思想政治教育的存在意义。从目前高校榜样精神的融入情况来看，榜样精神的精神内核和丰富内涵未形成经典文本进行梳理和提炼，对传承榜样精神的内容、形式、方法尚未形成体系，学生对榜样精神的理性认识和学习实践能力有待提高。把榜样精神融入高校思想政治教育是高校对固本守正、传承精神血脉的理性自觉，更是以榜样精神来不断增强青年大学生牢牢把握中华民族精神文明的根基，坚持以榜样精神贯通于个体的精神血脉。二是与时俱进，促进中华优秀文化现实转化的需要。高校思想政治教育是开展榜样精神育人的主阵地，对中华优秀传统精神文化传承和弘扬发挥着重要的作用。然而，如何科学、合理、有效地将榜样精神这一优秀精神文化融入高校思想政治教育的理论和实践，引导青年大学生传承并弘扬下去，成为高校必须面对的现实问题。故此，高校应当积极将榜样精神融入高校思想政治教育，加强对榜样精神系统化、理论化的内涵挖掘和意义阐发，在实践的基础上围绕高校立德树人的根本任务和学生的内在需求将榜样精神与时俱进传承和现实转化为自身实际行动。

（二）榜样精神是实现中国梦的不竭动力

精神的力量在于引导人们朝向一个目标勇毅前行，矢志不渝。新时代弘扬榜样精神，有利于汇聚实现第二个百年奋斗目标、把我国建成社会主义现代化强国提供力量之源和 精神动力。习近平总书记曾深刻指出：“实现中国梦必须凝聚中国力量。这就是中国各族人民大团结的力量。中国梦是民族的梦，也是每个中国人的梦。只要我们紧密团结，万众一心，为实现共同梦想而奋斗，实现梦想的力量就无比强大，我们每个人为实现自己梦想的努力就拥有广阔的空间。”[①]当前，弘扬榜样精神就是把全国各族人民的力量凝聚起来，去共同努力实现我们的中国梦。榜样人物的崇高品质与巨大人格魅力感召着人们向往榜样、学习榜样，引导着人们

①习近平.在十二届全国人民代表大会第一次会议上的讲话[N].人民日报，2013-03-18.

的行为规范，陶冶着人们的情操，在社会中榜样精神具有巨大的凝聚力和号召力。没有榜样精神就没有民族的凝聚力，榜样精神作为民族精神的范畴，是民族精神的升华与凝练，是一个民族强大的精神动力和支柱。所以，榜样精神具备凝聚全民族力量的功能，它将各种积极因素充分调动起来，将各个阶层、各个政党、各个民族团结起来，合成巨大合力，推动中华民族复兴号巨轮行稳致远、破浪前行。榜样精神之所以能汇聚民族力量、凝聚中国伟大力量，是因为其整合了全民族的价值观，促进了民族向心力的形成。榜样精神是爱国主义精神、崇德向善精神、顽强拼搏精神、勇于创新精神和乐于奉献精神等的集中体现，这些正面品质整合了中华民族的精神，使得全国人民能够团结一致为实现共同的目标——实现中国梦不懈努力。

（三）榜样精神是社会主义核心价值观培育的重要载体

榜样精神之所以具有巨大精神力量，根源在于其内在的价值。需要指出的是，这一价值观念与社会主义核心价值观内在契合，在全社会传统弘扬榜样精神有利于培育和践行社会主义核心价值观。榜样精神与社会主义核心价值观两者是紧密联系的，两者有着共同的思想基础、目标理想及精神追求，因此传承和弘扬榜样精神有利于进一步推进社会主义核心价值观的培育和践行走向深入。首先，榜样精神的理论来源是马克思主义人本理论。马克思主义人本理论认为，人的全面发展是发展的终极目的，德智体美劳等方面的全面发展是一个时代文明程度的标志。社会主义核心价值观以马克思主义为指导，根植于中华优秀传统文化，既坚持不忘本来，又注重吸收外来，也面向未来，是马克思主义世界观和方法论与中国具体实践相结合的产物。马克思主义是社会主义核心价值观和榜样精神的共同理论基础和思想精髓。其次，榜样精神与社会主义核心价值观具有高度的目标一致性。实现共产主义是我国各族人民共同的最高价值追求，在革命战争年代和建设时期，无数英雄人物无私奉献、流血牺牲，最终实现了民族独立和人民解放，开辟了中国道路和新型现代化之路，形成了中国特色社会主义理论体系和新型文明形态。这一奋斗历程正是英雄人物坚持共产主义信念而英勇奋斗的结果。在新时代，同样涌现出了无数榜样，我们一方面必须继续发扬英雄精神，也要弘扬榜样精神，更要弘扬中华民族伟大精神，激发中国力量，奋力实现中华民族强国梦、复兴梦。社会主义核心价值观内容中的富强、民主、文明、和谐，是国家层面的价值目标。因此，两者在目标上也有高度一致性。再次，两者在价值追求上呈现一致性。榜样精神基本核心是爱国主义，这也是社会主义核心价值观的基本内容和价值尺度；榜样精神具有时代性，而社会主义核心价值观也是要在意识形态领域的范畴中坚持“爱国、敬业、诚信、友善”，两者的价值追求和内涵都是随着时代发展的、拥有共同精神内核的、与时俱进的爱国主义。榜样精神有助于社会主义核心价值观的情感认同，有利于提升社会主义核心价值观的理性自觉，提升人们的担当意识和价值信仰。

（四）榜样精神是增强文化自信的精神支撑

毫无疑问，文化自信是“一个民族和民族的一分子所表现出来的，对自己的民族文 化怀有一种由衷、深沉、真诚的崇敬和热爱，对民族文化的生命力抱有一种坚定、执着、永恒的信心和信念”[①]。习近平总书记强调：“在5000多年文明发展中孕育的中华优秀传统文化，在党和人民伟大斗争中孕育的革命文化和社会主义先进文化，积淀着中华民族最深层的精神追求，代表着中华民族独特的精神标识。”[②]这一论断科学阐述了优秀传统文化、社会主义革命文化和社会主义先进文化铸就的文化自信的内容。榜样精神集合了革命文化和社会主义文化的核心内容。弘扬榜样精神就是对优秀传统文化、革命文化和社会主义文化的弘扬与升华。榜样精神是中华文化的重要内容，也是文化自信的来源，本民族的文化特质与人民的心理特质决定着榜样精神的表现形式，作为中华民族精神的体现，榜样精神在当前依然散发着活力与魅力，是增进文化自信的重要来源。榜样精神是民族精神在当下的具体表现，提升中华文化的软实力，需要不断弘扬榜样精神。榜样精神有助于中华文化的复兴与传承，有利于激发中华文化的活力，进而提升中华文化的创新性和竞争力。

（五）榜样精神是个人成长的重要精神力量

榜样精神必然发挥其引领作用，为中国社会的道德建设提供支撑。在我国经

①张允熠.树立文化自信必须破除西方主义[N].光明日报，2016-08-31.

②习近平.在庆祝中国共产党成立 95 周年大会上的讲话[N].人民日报，2016-07-01.

济获得迅速发展的过程中，市场经济的负面影响逐渐显露，社会道德水平和行为出现下滑趋势，这就需要榜样精神融入公民道德建设之中。社会主义市场经济是法治经济，也遵循着社会主义和人类社会的普遍道德。如市场经济需要坚持诚实守信、文明友善等道德原则，反对拜金主义和自私自利的思想与行为；这些原则正是榜样精神的重要内容。榜样精神 以爱国主义、崇德向善精神、勇于创新精神、艰苦奋斗精神、无私奉献精神、担当作为精神等为基本内容，这是社会发展、经济建设、文明建设、文化发展、生态文明建设等方面都不可或缺的精神支撑、力量之源、精神面貌。榜样精神是社会道德建设的重要维度，对净化社会风气和人们的思想灵魂，营造良好的道德氛围和和谐环境具有重要意义。当前，随着改革开放不断深化，物质财富不断丰富，社会分工加深加剧，利益分配多元化发展，人们的思想受到物质主义、消费主义、功利主义等影响，被虚无主义、利己主义等干扰，特别是青年大学生的身心发展不成熟，世界观、人生观、价值观不稳定等特点，社会道德建设受到不同程度的挑战和困难。榜样精神是中华民族的价值内核，是我们民族在历史发展中大浪淘沙传承下来的优秀基因，对于克服思想多元化、应对敌对势力渗透干扰等具有不可替代的作用和价值，有利于我国更好地限制和驾驭资本，更好地发挥资本在资源配置和调动生产积极性方面的作用，进一步繁荣和发展社会主义经济建设，促进社会主义社会生产力发展。

第二节 高校网络思想政治教育的基本内涵与新要求

在中国共产党成立100周年之际，中共中央、国务院印发了《关于新时代加强和改进思想政治工作的意见》(以下简称《意见》)，《意见》指出，“加强网络思想政治工作，深入实施网络内容建设工程，加强网络传播能力建设，依法加强网络社会管理，推动思想政治工作传统优势与信息技术深度融合，使互联网这个最大变量变成事业发展的最大增量”[①]。网络是大学生获取信息的重要渠道，也是高校思想政治教育工作亟需抢占的重要领地。充分发挥网络和新媒体效力，是加强网络育人和

---

①中共中央国务院印发《关于新时代加强和改进思想政治工作的意见》[EB/OL].新华社，2021-07-12.

提升高校网络思想政治教育成效的必由之路。

当前,互联网技术的发展推动人类社会进入信息智能时代,在信息纷繁复杂的网络时代,高校运用网络强化思想政治教育是思想政治教育领域的前沿话题,对高校网络思想政治教育进行深入研究,就必须先从内涵、特征、功能以及要求等方面对其进行清晰界定和厘清。

一、高校网络思想政治教育的基本内涵

(一) 网络思想政治教育

网络思想政治教育是指通过网络载体开展与思想政治教育相关的工作。教育者利用网络和多媒体等媒介,系统地对社会成员传播政治观点和思想观念等内容,使思想政治教育的发展满足社会发展的需求。①

网络思想政治教育并不是“网络”和“思想政治教育”两者简单、机械地叠加,它是互联网的网络化功能和思想政治教育的教育功能之间发生的“化学反应”。我们也不能仅仅将互联网看作思想政治教育创新的工具,互联网是网络思想政治教育的生存环境和场域。与传统思想政治教育相比,网络思想政治教育具有互联网特性,它是互联网和思想政治教育的深度融合而产生的教育形式。网络思想政治教育既是思想政治教育在互联网思维指导下的创新和深化,同时也是网络功能在思想政治教育领域的提升和拓展,因此,网络思想政治教育是一个有机整体。也正是因为其整体性,我们既要继承传统思想政治教育的目的性、计划性和超越性,又要有效运用互联网的虚拟性、开放性、交互性来深入研究网络思想政治教育本质特征、方法、内容,这既是网络思想政治教育在新时代发展的客观要求,也是其适应网络社会不断发展新要求的必然选择。

网络思想政治教育的内涵不是一成不变的,是随着互联网发展状况、网络思想政治教育实践以及人们对其认识的不断深化而与时俱进的。从本质上说,互联网对于网络思想政治教育而言不仅是一种新工具、新载体,也不仅是对传统思想政治

①王永贵.构建高校网络思想政治教育长效机制问题探讨[J].湖南科技学院报,2016,37(7):85-87.

教育在内容上的增减、形式上的变化、手段上的延伸，而且是以其数字化、虚拟性、互动性的技术特点促使其内容、手段创新，以其平等性、交互性、个性化推动教育理念和教育模式的全面变革，意味着一种根本意义上的改变。

我们认为网络思想政治教育是指一定个人或群体依据互联网的本质特点、基于网络背景，对受众在思想观念、政治观点、道德规范等方面进行有目的、有计划、有组织的影响，使之形成符合一定社会、一定阶级所需要的思想政治品德的社会实践活动。可以从广义和狭义两个方面来理解这个概念。广义的网络思想政治教育是指互联网环境中的思想政治教育，狭义的是指基于网络的思想政治教育。我们一般从狭义概念出发来探讨网络思想政治教育的本质特点，而在研究网络思想政治教育体系时，不可避免地会同传统思想政治教育发生联系，这时用的就是广义的概念。

（二）高校网络思想政治教育

在我国各大高等院校，互联网已经逐渐融入高校的思想政治教育活动中。它不仅能够激发学生的学习兴趣，也丰富了思想政治教育的内容，传播方式上也呈现多元化。有学者认为，高校网络思想政治教育是基于计算机网络、使用多媒体技术、运用现代通信方法、联系大学生心理发展特点及思想动向而定制的新思想政治教育方式。笔者认为，高校网络思想政治教育是面向各大高校的学生，利用计算机网络、多媒体技术和现代传播手段，有目的、有计划地对学生传播积极、乐观且正面的网络信息，从而转变大学生的思想观念、政治观点、道德观念和信息素养，培养具有良好思想道德素质和社会需要的人才的思想政治教育方式。

二、高校网络思想政治教育的主要内容

高校网络思想政治教育的内容是联系教师与学生的桥梁。正确了解网络思想政治教育内容能使高校思想政治教育工作达到良好的效果。高校网络思想政治教育内容十分丰富，一般包括网络思想教育、网络政治教育、网络道德教育、媒介素养教育、网络文化教育等。

（一）网络思想教育

高校网络思想教育主要是以互联网为媒介、高校学生为教育对象进行世界观、

人生观、价值观等的教育，使学生的主观世界和客观世界相符合。首先，充实和发展网络思想教育内容。学校网络是局域网，高校要充分利用其他网络的有利资源，比如电子期刊、电子报纸、电影等，把有用的相关的资源放在高校网络上，拓宽学生的选择面和接受面。其次，充分利用网络平台，提高思想教育的时效性。现在大多数学生使用QQ、微信、微博、B站、抖音等网络平台，高校可以通过这些网络平台对学生的思想进行浸润式、渗透式教育，使他们的思想觉悟得以提高。

（二）网络政治教育

网络政治教育指以互联网为媒介、学生为教育对象进行政治理想、政治立场、政治信念等的教育。首先，密切关注国家政策进行网络政治教育。高校教师应该把国家的政策引入课堂，可以采用小组讨论的方式集思广益、各抒己见。最后由教师点评和解读这些政策，使学生能够更加深入地理解和把握。高校教师应该学会把政策落到实处，与学生的学习、生活结合起来。例如中央出台了一些关于加强学生思想政治教育的意见，老师可以组织学生集中学习，可以开辟一些网络版块给予学生讨论的空间。对于学校出台的政策，教师要做好解释和沟通工作，使学生能够较好地理解并接受。其次，丰富网络政治教育的表现方式。网络具有互动性、时效性比较强的特点，可以利用文字、声音、动画、图像、视频等生动的形式开展政治教育。这些形式能有效地吸引学生的注意力，使他们在不知不觉中接受政治教育。

（三）网络道德教育

网络道德教育是在互联网虚拟的情境下进行的。由于网络存在虚拟性，网上的信息丰富多彩，有优良的也有低俗的信息。这给学生如何对信息作出选择提出了更高的要求。在学生群体中，有的浏览不健康的网站甚至沉溺其中，对他们产生了非常不利的影响。他们大多处于无人监督的状态，缺乏强有力的约束。因此，网络不道德行为肆意增长。首先，网上教育与网下教育相结合。网上教育指教育者充分利用互联网技术对学生的世界观、人生观、价值观进行教育。例如教师可以凭借博客、QQ等网络互动工具与学生交流，了解他们的想法并针对性地解决问题。网下教育指传统的思想政治教育。老师可以把案例引入课堂，发挥育人的作用。

其次，加强网络监督。例如教师可以担任学校网站某一版块的管理员，对其中发表过激言论的学生进行劝说，对不健康的信息进行屏蔽。①

（四）媒介素养教育

媒介素养教育就是培养学生对各种媒介信息的解读、批评能力以及使用媒介信息为个人生活、社会发展所应用的能力的过程。对于高校思想政治教育工作者而言，究竟须具备什么样的媒介素养是十分重要的问题。首先，思想政治教育者要加强媒介信息的意识。思想政治教育者要有意识地跟上时代的步伐，了解一些网络语言，便于在与学生的交流中拉近彼此的关系。思想政治教育者要充分地利用网络，拓展思想政治工作的平台，以学生为本，向学生传达正确的思想和观点。其次，思想政治工作者要加强使用媒介的能力。高校思想政治工作者要学会娴熟地使用计算机软件。此外，思想政治教育者要跟上时代的步伐，熟练地使用网络互动工具，如QQ、微博、电子邮箱等。对于大学生而言，首先，要着重培养学生的批判性思维能力和公民道德意识，包括实时思考能力、信息辨别能力、隐私管理能力、责任意识、法律意识以及公德意识等。让学生了解媒介的叙事模式和规则，学会辨识媒介信息中隐含的不良信息及各种虚假意识形态，从而学会合理利用媒介并免受不良媒介信息的荼毒。其次，要培养学生的媒介表达能力和理性的媒介参与意识，尊重学生的主体意识、自由精神和探究本能，充分发挥他们的主体性，使他们成为参与构建网络空间命运共同体的主人翁。②

（五）网络文化教育

积极向上的网络文化有利于学生的成长，也有利于高校思想政治教育的开展。一方面，思想政治教育工作者要把优秀的、先进的文化放到网上供大家阅读、参考、讨论，培养他们的情操，使他们形成正确的世界观、人生观、价值观。另一方面，要充分运用新媒体进行网络文化建设。他们应通过新媒体发现和挑选先进的信息资源，开展理论研究和思想政治教育工作，拓展文化交流的平台，使网络文化更有深

①王滨生、刘玉琦、王长元.高校网络思想政治教育的内容和方法探析[J].现代妇女(理论前沿)，2014(12)：121-122.

②李丽.信息时代更需重视青少年媒介素养教育[N].中国教育报，2020-04-25.

度和特色，丰富学生的思想和提高学生的思想境界。①

三、高校网络思想政治教育的主要特点

高校思想政治教育与网络技术相结合或者将网络技术引入高校思想政治教育领域，由于网络技术和功能自身的特点，的确使高校思想政治教育显现出许多与传统思想政治教育不同的新特点，分析网络思想政治教育的主要特点，有助于把握网络思想政治教育的规律。②

（一）施教主体多元化

随着网络信息技术的迅猛发展，高校网络思想政治教育者呈现出多元化的特征，同时侧重于提供选择与引导作用的发挥。一方面，技术为信息提供必要的平台，是教育主体多元化的技术根基。互联网技术的发展使得网络深入大学生的各个方面，突破思想政治教育的时空局限，利于拓展思想政治教育的场域，大学生有机会接触到网络中的思想政治教育信息而不局限于教师传授的知识，网络社会中制造信息、传播信息的各行各业人士都有可能成为施教者，影响他人的价值判断与价值选择。另一方面，强烈的责任与分享意识是施教主体多元化的信息源泉。面对错误思潮与西方文化的入侵，针对大学生的成长困惑，更多拥有强烈责任感的教师、学生干部、社会精英等，针对新时代大学生多样化、分层化、新颖化等的需求特点，及时通过网络发声，驳斥错误观点，弘扬正能量。③

（二）教育对象自主化

随着智能设备的普及和网络基础设施建设的推进，大学生可通过台式电脑、笔记本电脑、手机等客户端自主选择自己感兴趣的内容、形式、方法等进行学习。一方面，大学生的自身特征是新时代高校网络思想政治教育个体自主化的内在要求。新时代大学生伴随互联网、大数据、人工智能等技术发展成长，往往形成新的认知

①王滨生、刘玉琦、王长元.高校网络思想政治教育的内容和方法探析[J].现代妇女(理论前沿)，2014(12)：121-122.

②李淑慧.试析高校网络思想政治教育的特点、机遇与挑战[J].绥化学院学报，2014(12)：85-88.

③张萌萌.新时代高校网络思想政治教育现状及路径研究[D].重庆邮电大学硕士学位论文，2021.

模式、思维方式和行为习惯，主要有强烈的主体意识、话语意识、自主学习等特征。新时代大学生群体的自身特征使得网络思想政治教育要准确把握学生的理论与实践需求，寓教育于大学生的现实生活。另一方面，注重大学生的体验是新时代高校网络思想政治教育个体自主化的应有之义。注重用户体验，是互联网思维的重要体现，以用户为中心，为用户提供个性化、定制化的服务。新时代高校网络思想政治教育更能发挥潜移默化功能，依托各种新技术、新载体、新形式等，围绕大学生，为其提供易于接受、喜闻乐见的思想政治教育内容。

（三）教育过程交互化

传统思想政治教育的很大缺陷之一是受教育者被动地接受教育，常常是“你说我听、你教我学、你讲我做”。这往往导致教师不爱讲、学生不爱听、教育效果不理想的状况。网络思想政治教育可以在虚拟的网络空间、虚拟的环境中进行，它以交互式替代了传统的单向式的传播，实现了教育者与受教育者的平等地位，虚拟的教育主客体可以在交流互动中达到教育的效果，从而有效地改变了这一状况。网络思想政治教育的“这种教育理念是人本主义的，即相信受教育者有能力发现自己的问题，并通过自我检索，从而获得自己最有价值的收益，解决自己的问题”①。这种“人本主义”的教育理念有利于促进教育者和受教育者双方情感交流的真实性与直接性，提高教育者实施教育的效果和受教育者接受教育的效果，从而增强网络思想政治教育的效果。②

（四）教育方式隐性化

传统思想政治教育强调教育者的正面灌输，受教育者一般只能被动地接受教育者的说教。教育者因具有较大的权威和优势，往往采用显性的、强制性的教育方式，忽视学生接受的情感和需求。而网络思想政治教育则具有隐性的、潜移默化的教育方式特点，教育者与受教育者通过网络平台进行平等的交流对话。教育者在网络中可以隐蔽自己的身份，或是通过书记信箱、辅导员信箱在线交流等形式，以

①韦吉锋.刍议网络思想政治教育的特点[J].扬州大学学报(高教研究版)，2004(1):48-52.

②李淑慧.试析高校网络思想政治教育的特点、机遇与挑战[J].绥化学院学报,2014(12):85-88.

客观、公正甚至科学、时尚的面目参与到网络的互动中来，受教育者则可以轻松自由地接受思想教育和指导，并在网络论坛、聊天室等虚拟空间发表不同的感想，其心理需求和现实需要受到了关注，其参与的积极性和主动性得到了调动。这样的教育方式，教育者能与学生进行深层次沟通，能有针对性地更新网络内容、填充信息、营造氛围，能以学生们喜闻乐见的形式宣传正确的思想，有助于在交流中把握学生的思想动态，了解学生的需求和困惑，在潜移默化中实现教育者的教育目标。

（五）教育内容丰富化

网络技术的应用在促使传统思想政治教育向网络思想政治教育转化的过程中，使得思想政治教育的形态从平面走向了立体，从静态变为了动态，从现实时空走向了超时空，思想政治教育的内容因此更为丰富多彩。网络多媒体具有集文本、图画、声音于一体的多重感官刺激功能，特别是虚拟显示技术，通过计算机创造真实的受教育环境，色彩艳丽的图片、悦耳的音响、活泼的三维动画以及其他多媒体仿真画面，大量生动事例逼真地展现在受教育者面前，能够极大地激发受教育者的求知欲与想象力，最大限度地调动受教育者获取信息的主动性与参与性，其教育效果是现有教育手段所无法比拟的。同时网络思想政治教育内容丰富全面、生动活泼，具有客观性和可选择性，又具有极高的文化与科技含量，在这样的情境中，将政治本质隐含在历史文化知识和现代科技信息中，学生接受起来也比较轻松容易，化抽象为具体，化枯燥为有趣，从而增强学生的学习兴趣和接受教育的自觉性。

（六）教育目的隐蔽化

传统思想政治教育的基层承担者和一线工作者主要是政治辅导员队伍，他们既是学生的管理者，又是学生的教育者，身兼多种身份，在对学生管理的过程中必然提出强制性的、严格的要求，容易在学生心中产生逆反心理，甚至使学生敬而远之。有些学生就由于往往故意回避与辅导员的接触，从而丧失了一些可接受教育的机会。这导致思想政治教育工作者对学生进行思想政治教育时，难以达到较好的教育效果。在网络思想政治教育中这种情况则变了，人不仅可以隐蔽身份，并且人的行为也是在虚拟的环境中进行的，人的行为、方式和目的都具有隐蔽性，这就给了学生自我展示和发表言论、思想、观念的机会，学生的思想状况能够真实地反映出来。教育者以平等的网民身份进行教育，通过旁敲侧击的方式让受教育者接受自己的观点，网络思想政治教育因而具有更好的实际效果。①

（七）教育资源共享化

共享是我国五大发展理念之一，广泛应用于各个领域，发展成果惠及人民，由人民共享。新时代高校网络思想政治教育资源搭乘信息技术的快车，实现东中西部高校、经济发达与欠发达地区高校的资源共享化。网络思想政治教育资源共享化打破思想政治教育因受时空等方面的局限性而造成教育资源分配不均、发展不平衡的状态。在高校网络思想政治教育资源共享化发展过程中，不同高校的师生只要拥有一部联网的电脑、手机、平板等客户终端，就能打破时空局限，坚持“以我为主、为我所用”的理念搜索、获取、学习来自不同高校、部门单位的教育资源。新时代高校网络思想政治教育资源的共享化离不开资源的开放性。开放性是高校网络思想政治教育资源共享化的重要前提，高校“围墙”概念逐步消失。思想政治教育资源数据库、慕课、全国高校思想政治理论课教师网络集体备课平台等对所有高校教育者与受教育者开放，这是教育资源开放化、平等化的重要体现。②

四、高校网络思想政治教育的主要功能

高校网络思想政治教育除了表层的技术性功能之外，还具备价值导向、文化育人、理论宣传、道德规范等功能。

（一）价值导向功能

价值导向功能是思想政治教育的首要功能，也是思想政治教育目标本质的体现，思想政治教育以人为本，通过思想观念、价值观点、价值规范的引导培养人、塑造人、发展人，在价值导向方面具有其他教育所无法替代的独特作用。

习近平总书记在全国高校思想政治工作会议上指出：“高校思想政治工作关系

①李淑慧.试析高校网络思想政治教育的特点、机遇与挑战[J].绥化学院学报,2014(12):85-88.

②张萌萌.新时代高校网络思想政治教育现状及路径研究[D].重庆邮电大学硕士学位论文,2021.

高校培养什么样的人、如何培养人以及为谁培养人这个根本问题。"[①]在网络技术的推动下,高校应当更加注重主流意识形态的传播,从而筑牢舆论阵地。具体来说,高校网络思想政治教育价值导向功能的发挥应从以下三个方面着手:一是高校网络思想政治教育价值导向功能内在包含政治导向、思想导向、道德导向等多项内容,需通过马克思主义理论教育、爱国主义教育、民族精神教育、时代精神教育等一系列外化教育形式得以实现。二是在社会主义社会中,应当坚持用社会主义核心价值观引领主流意识形态建设。用符合社会发展方向的主流意识形态引领人们的价值观念,从而在互联网纷繁复杂的多元意识形态环境中筑牢主流舆论阵地。三是高校在将网络与思想政治教育相结合的过程中,要注重与大学生的互动和交流。探索学生喜欢的话语模式来引导网络舆论,同时注重理论和现实相结合,运用互联网对与大学生自身利益相关的重大社会热点问题给予及时、有效的答复和解读,从而增强网络思想政治教育价值引领的说服力和持久性。[②]

(二)文化育人功能

思想政治教育与文化有着密切关系,其教育目标反映文化的性质、教育内容是文化的重要组成部分、教育活动的开展需要文化载体和文化环境的支撑。[③]互联网自诞生之日起,就因其信息传播力强、文化覆盖面广和信息传递交互性的特征,在文化传播中始终扮演着重要的角色。

网络思想政治教育的文化育人功能主要体现在以下几个方面:一是思想政治教育帮助大学生在纷繁复杂的网络文化环境中基于正确的价值判断和信息甄别力做正确的文化选择,有效避免有害信息和资本主义文化渗透对大学生思想观念的不利影响。二是网络为社会主义先进文化传播提供有力阵地。一方面,促进马克思主义思想理论的有效传播,从而引导人、塑造人、发展人,推动社会主义思想文化深入人心。另一方面,用中华优秀传统文化培根铸魂,贯彻思想政治教育显性和隐

---

①习近平在全国高校思想政治工作会议上强调把思想政治工作贯穿教育教学全过程 开创我国高等教育事业发展新局面[DB/OL].中国青年网(youth.cn),2016-12-08.

②郭泉岐.高校网络思想政治教育功能与路径研究[J].赤峰学院学报(哲学社会科学版),2023(11):77-80.

③王瑞.论思想政治教育在推动社会主义文化大发展大繁荣中的作用[J].长春理工大学学报(社会科学版),2012(05):6-7.

性相统一的原则，彰显我国文化软实力，增强大学生文化自信，达到文化激励的作用。三是网络思想政治教育对文化创新有着重要的推动作用。文化创新不仅是文化自身发展的内在动力，而且体现着社会主义先进文化发展的必然要求。党的二十大报告指出，发展中国特色社会主义文化，要坚持为人民服务、为社会主义服务，坚持创造性转化、创新性发展，突出强调了文化创新的重要性和必要性。网络思想政治教育通过提供丰富、直观、形象的信息资源，很好地满足大学生对知识的渴望，充分调动起大学生学习的主动性、积极性，从而促进大学生的智力与能力的全面发展，开发大学生的内在潜能，推动文化的创新发展，培育民族复兴大业的时代新人。

（三）理论宣传功能

理论宣传功能是网络思想政治教育的基础性功能。马克思主义哲学认为，理论是行动的先导，思想是实践的指南。加强理论宣传，用理论武装大学生的头脑，不仅有助于提高大学生思想政治素养，帮助大学生把握政治方向，增强理想信念，筑牢思想之基，推动理想信念教育常态化制度化，而且还有助于大学生群体跟上新时代，形成新思路，凝聚起价值共识。

网络思想政治教育的理论宣传功能主要体现在内容和形式两个层面：一是在内容上，网络思想政治教育不仅包含对马克思主义哲学、马克思主义政治经济学等基本理论的宣传，也涵盖对党的路线、方针、政策的解读以及对共产主义远大理想和中国特色社会主义共同理想的阐述。二是在形式上，网络思想政治教育通过灌输和渗透相结合的方式进行理论宣传。既将书面的文字和课堂的语言以各种方式张贴到思想政治教育主题网站上去，又通过议程设置让大学生重点关注到网络上的思想政治教育内容，着力在“无时不有、无处不在”的网络世界中建立“时时可得、处处可及”的情境空间，使大学生在潜移默化中接受教育，从而对理论知识形成更加稳定持久的认识，补足精神之钙，最终将符合社会主义发展要求的理想信念和价值共识融入于血脉、彰显于言行。

（四）道德规范功能

习近平总书记在北京大学师生座谈会上强调：“道德之于个人、之于社会，都具有基础性意义，做人做事第一位的是崇德修身。”①党的二十大报告中指出：“实施公民道德建设工程，推动明大德、守公德、严私德，提高人民道德水准和文明素养。”②道德教育是构成思想政治教育的重要组成部分，道德规范是每一个社会公民都应该遵守的行为准则，也是一个国家、一个民族维持健康平稳运行的前提保障和目标遵循。

在信息化时代背景下，互联网越来越成为人们日常生活中不可或缺的一部分，在为大学生学习、工作提供便利的同时，也因其虚拟、匿名的特性导致许多道德失范现象的发生。网络思想政治教育道德规范功能作用的发挥主要在于两个方面：一是培养大学生网络道德意识。让大学生认识到虚拟的网上活动与现实的社会活动在本质上是一样的。不能因为在网络空间匿名、数字化的交往环境中就随意发布虚假信息，做违反道德的事。应该认识到违反社会道德规范无论在线上还是线下都必将受到社会舆论的谴责与良心的自责，自觉增强道德自律。二是帮助大学生养成良好的道德习惯，勇于与不道德行为做斗争。大学生需自觉维护公共利益，自觉对不道德行为予以谴责，发出自己的声音。

五、新时代高校网络思想政治教育的新要求

习近平总书记在全国高校思想政治工作会议上强调：“要运用新媒体新技术使工作活起来，推动思想政治工作传统优势同信息技术高度融合，增强时代感和吸引力。”③这为新时代高校网络思想政治教育指明了方向。结合新时代大学生所处的时代背景与自身需求变化，深刻领会中央文件要求，主动落实新时代高校网络思想政治教育的新要求，切实把高校网络思想政治教育做实、做新、做精、做出实效。

（一）贯彻习近平新时代中国特色社会主义思想，强化导向性

中国特色社会主义进入新时代，高校网络思想政治教育要因时而进、因时而新，理论武装紧跟时代步伐，全面了解把握习近平新时代中国特色社会主义思想的

①习近平谈治国理政[M].北京:外文出版社,2014: 173.

②夏博艺.高校微信公众号的文化育人功能[J].当代青年研究,2018(04):123-128.

③习近平在全国高校思想政治工作会议上强调 把思想政治工作贯穿教育教学全过程 开创我国高等教育事业发展新局面[DB/OL].中国青年网(youth.cn),2016-12-08.

内涵，坚定其指导思想的地位。

首先，从国家层面来看，以习近平同志为核心的党中央高度重视青年理想信念教育工作、高校思想政治工作、网络强国战略建设等，并相继召开全国高校思想政治工作会议、全国网络安全和信息化工作会议、学校思想政治理论课教师座谈会等系列重要会议。国家层面关于青年思想政治与网络工作的重要论述，阐释和解答了新时代高校网络思想政治教育中的系列问题，深入贯彻落实习近平新时代中国特色社会主义思想，为高校网络思想政治教育提供行动指南。其次，从社会层面来看，结合新时代的特征，贯彻习近平新时代中国特色社会主义思想，能够解决好培养什么人、怎样培养人的时代问题。立足于我国社会主要矛盾的变化，大学生成长成才遇到的实际问题，坚持用习近平新时代中国特色社会主义思想铸魂育人，坚持问题导向，培养勇于梦想、敢于创造、乐于团结、坚持奋斗的社会主义接班人。最后，从个人层面来看，新时代背景下，多数大学生的物质生活得到一定满足，精神需求呈现出多样化、多层次的特点。明确大学生各方面需求，提升大学生美育素质，强化劳动美的建设，高校网络思想政治教育坚定习近平新时代中国特色社会主义思想，进行精准化教育，促进大学生德智体美劳全面发展。[①]

（二）深化阵地建设，提升融合度

党的十九大报告指出："落实意识形态工作责任制，加强阵地建设和管理，注意区分政治原则问题、思想认识问题、学术观点问题，旗帜鲜明反对和抵制各种错误观点。"[②]习近平总书记高度重视网络空间治理问题，多次提出建设互联网阵地，为新时代高校网络思想政治教育奠定理论基础，明确高校网络思想政治教育方向，进一步提升新时代高校网络思想政治教育技术融合度。管好阵地是新时代高校网络思想政治教育发展的新要求。一方面，融合新技术，加强网络阵地建设。以互联网为代表的信息技术飞速发展，孕育了网络思想政治教育，同时也为网络思想政治教育带来挑战。新时代大学生易受到多元网络文化的影响，网络思想政治教育必须

①张萌萌.新时代高校网络思想政治教育现状及路径研究[D].重庆邮电大学硕士学位论文，2021.

②习近平.决胜全面建成小康社会 夺取新时代中国特色社会主义伟大胜利——在中国共产党第十九次全国代表大会上的报告[M].北京：人民出版社，2017：42.

根据新时代大学生的兴趣爱好、运用网络习惯等，隐性教育与显性教育融合发展，投其所好、潜移默化帮助大学生树立正确的世界观、人生观、价值观。习近平总书记在多个场合谈及融合一词，新时代高校网络思想政治教育技术融合呈现出不平衡不充分发展的迹象，在融合广度、深度、效度等方面需要改善提升，要加快网络思想政治教育与新技术融合步伐，建立网络思想政治教育融合传播矩阵，打造网络思想政治教育内容融合精品等。另一方面，聚合互联网思维，强化网络阵地建设。技术革命带来思维方式的变化，习近平总书记指出："各级领导干部特别是高级干部要主动适应信息化要求、强化互联网思维。"①这就要求新时代高校网络思想政治教育要具备用户思维、跨界思维、极致思维、平台思维、流量思维等，不断提高对互联网、大数据、人工智能、虚拟技术等规律应用的把握能力，强化互联网思维，为高校网络思想政治教育创造内生动力。同时要加强高校网络信息管理系统建设，完善高校网络信息发布、审查与监督机制。

（三）强化队伍建设，增强专业性

习近平总书记在学校思想政治理论课教师座谈会中指出："教师选配和培养工作还存在短板，队伍结构还要优化，整体素质还要提升。"②新时代，高校网络思想政治教育取得一定的成效，网络名师逐渐增多，教师整体素质稳步提升。但高校网络思想政治教育教师队伍选配和培养工作、队伍结构设置、整体素质等仍需优化、补短板。强化队伍建设，加强专业性是新时代高校网络思想政治教育发展的新要求。

第一，从颁发文件来看，党的十九大以来，我国相继颁布《关于进一步加强和改进新形势下高校宣传思想工作的意见》《关于深化新时代学校思想政治理论课改革创新的若干意见》《新时代高等学校思想政治理论课教师队伍建设规定》《关于加快构建高校思想政治工作体系的意见》等文件强调思想政治教育教师队伍建设，为新时代高校网络思想政治教育教师队伍建设指明前进方向，明确指出教师队伍建设所取得的成就与问题，提出要优化教师队伍结构、完善培养工作、健全激励评价制

①习近平.敏锐抓住信息化发展历史机遇 自主创新推进网络强国建设[N].人民日报，2018-04-22.

②习近平.思政课是落实立德树人根本任务的关键课程[M].北京：人民出版社，2020：7.

度、提升综合素质等概括性措施，为新时代高校网络思想政治教育奠定政策性理论基础。第二，从具体实践来看，新时代高校网络思想政治教育队伍建设坚持守正创新。一方面，要继承思想政治教育队伍建设的优势，汲取其长期以来形成的一系列规律性认识和成功经验。首先，坚守教育队伍融合发展。新时代，网络社会与现实社会无缝对接，网络教育者是线下课堂教育者在网络中的延伸，教育队伍网上网下联动建设为新时代高校网络思想政治教育队伍发展奠定基础。其次，坚持各课程教育队伍合力建设。网络思想政治教育是一项整体性、系统性的工作，需要各个职能部门、课程教师、行业人士等相互配合，形成合力，提升网络思想政治教育的时效性。另一方面，应对变化，坚持创新，开创高校网络思想政治教育的新局面。广大思想政治理论课教师纷纷走上直播课程，同时一些教师致力于具有教育意义、形式多样且易于大学生接受的网络作品研发推广。要创新教师评价制度，激励广大教师开展网络思想政治教育。

第二章 榜样精神融入高校网络思想政治教育的理论阐释

第一节 榜样精神融入高校网络思想政治教育的理论基础

一、马克思主义关于人的全面发展思想

人的全面发展是马克思主义的根本命题,是马克思主义理论的重要组成部分。高校网络思想政治教育与传统思想政治教育一致,坚持以马克思主义理论为根本指导,坚持以人的全面发展作为开展教育的出发点和落脚点。高校所产生的榜样主体是人,将榜样精神融入网络思想政治教育中,对于促进学校师生提升品德、能力和身体的发展,提升综合素质具有很强的推动作用。因此,马克思主义关于人的全面发展思想为榜样精神融入高校网络思想政治教育提供了坚实的理论基础。

(一)马克思主义关于人的全面发展思想的相关论述

1.人的全面发展的概念

人的全面发展是与物的发展,以及人的片面发展相对应的。这里的人是指现实中的人,是指社会中的所有人,包含了所有个体的人,同时也是历史发展之中的人,也是现实生活中的人,也是未来发展之中的人。这里的全面发展是指每个人都能得到平等发展、完整发展、和谐发展和自由发展。人的平等发展,是指每个人都应得到平等发展,都存在平等发展的机会和权利。人的完整发展,是指人的需要、活动、能力、社会交往关系和个性都能得到充分发展。其中人的能力的全面发展是核心,这是人的本质内容上的全面发展。人的和谐发展,是指人的社会关系的和谐发展,包括个人和人类的和谐发展、个人和集体的和谐发展、个人和他人的和谐发

展、个人自身内部各个方面的和谐发展,这是人在社会关系上的全面发展。人的自由发展,是指作为目的人的个性的自由发展,它包括个人从某种束缚中解放出来和个人可以按照自己的意愿自主地做事两个方面,它是人的全面发展的最高形式、目标和成果。

2.人的全面发展的实质

人的全面发展可以从多个角度进行不同描述和规定,但人的全面发展的实质在于人的变化,其核心内容是综合素质的发展,主要指人的品德、能力、身体的发展。能力作为人的本质力量的集中体现,是人从事一切活动的内在根据,是人生存和发展的基础。马克思把人的全面发展,首先界定为"作为目的本身的人类能力的发展","任何人的职责、使命和任务就是全面发展自己的一切能力"[①]。同时,人的全面发展要以人类能力的全面提高和充分发挥为前提,人类能力的发展程度直接制约着人的全面发展的广度和深度。因此,人的综合素质的发展是人的发展概念最基本、最一般的含义。

3.人的全面发展的基本内容

马克思主义关于人的全面发展的思想包括了人的需求的全面发展、人的劳动活动的全面发展、人的能力的全面发展、人的个性的全面发展以及人的社会关系的全面发展五个方面的基本内容。

马克思认为人的需要是一种还未被实现的需求,人会通过实践活动的方式来满足自身的需要。人的需要会随着社会的发展变化而变化,"这些需求的产生,也像它们的满足一样,本身是一个历史过程"[②]。人处在不同的历史时期就会有不一样的需要,并随着社会的发展和特定历史时期的需求的满足而产生新的需要。人在产生需要、满足需要与再产生新需要这样一个无限发展的过程中推动着社会的发展。随着社会的发展,人的需要也会逐渐丰富、全面,人的发展也越发全面。马克思将人的需要分成生存的需要、享受的需要和自我实现的需要。首先,人要满足自己生存和生命延续的基本需要,才产生更高层次的需要,如享受的需要和自我实

---

①马克思恩格斯全集(第三卷)[M].北京:人民出版社,2016:165.

②马克思恩格斯文集(第一卷)[M].北京:人民出版社,2009:575.

现的需要，为了满足更高层次的需要人就会接受教育，发展个性，提高能力，在综合素质得到提升后就会更加有效地进行物质资料的生产，促进物质资料的极大丰富。所以，人们的需要在得到更好的满足后，人才能不断地得到完善，才能实现人的全面发展。

劳动是人与自然进行物质交换的生产活动，人通过劳动来改变自然物的存在形式，生产出符合自身需要的生活和生产资料，以此来满足自身的需要，体现出劳动对于人的生存和发展具有非常重要的作用。此外，劳动还会对人的个性、能力、需要等产生影响。劳动使人区别于动物，也使得人建立、加强了他人和社会之间的联系等。在劳动的过程当中，人还会逐渐熟悉、掌握各项技能，帮助自身提高能力以及生存、发展的本领。人的劳动活动是人能够进行全面发展的前提条件，它既创造了价值又体现了人的本质，人的劳动过程就是认识人的本质的过程。

人的能力是在劳动或实践的过程中所形成和发展的，人的能力的强弱也会通过劳动和实践反映出来，即人的能力可以充分调动人的积极性和主动性，更好地实现自己生存和发展的目的。人在劳动和实践的过程当中会逐渐提升自己的各项能力。人的能力体现人的综合素质，包括自然能力和社会能力、体力和智力、物质生产能力和精神生产能力、个体能力和集体能力、潜力和现实能力。人要想得到全面发展就要在实践中重视上述能力的培养和提高。

马克思认为人的个性的发展包含了人的自主性发展和独特性发展两个方面的内容。自主性发展是人的人性发展的一个重要因素，表示人可以不受束缚限制和环境制约自主自由地发展自己。人的独特性是指马克思所强调的“人的自由个性”，独特性发展体现着人与人之间所存在的差异，如不存在这种差异，那么人的个性也无从体现。个人是通过自身的特殊性来确证自己的本质的。

人的个性的发展是人的全面发展的最高要求和最终目的，掌握好人的个性的发展要从人的自主性和独特性两个角度出发，同时要考虑到环境和生产力发展水平的影响，创造一切积极因素来助力人的个性发展，使人的个性充分展现，真正实现人的全面发展。

（二）人的全面发展思想对于榜样精神融入高校网络思想政治教育的指导价值

人的全面发展离不开教育的支撑，教育是实现人的全面发展的必要途径。“生产劳动同智育和体育相结合，它不仅是提高社会生产的一种方法，而且是造就全面发展的人的唯一方法。”[①]在这里，马克思指出了发展教育事业是实现人的全面发展的途径之一。马克思主义关于人的全面发展思想的科学内涵对榜样精神融入高校网络思想政治教育具有重要的指导价值。

在信息化时代，在人的思维和行为方式都受到了数字化的影响的情况下，开展榜样精神融入高校网络思想政治教育须与时俱进，要科学认识、掌握和运用马克思主义关于人的全面发展思想及其新时代赋予的新特征，促进榜样精神网络思想政治教育与人的全面发展思想的深度融合，推进人的全面发展和社会的全面发展，完成高校网络思想政治教育立德树人的根本任务。

1.马克思人的全面发展理论对榜样精神融入高校网络思想政治教育目标具有引领作用

网络思想政治教育与思想政治教育的目标是一致的，即教育者在一定时期、一定条件下进行的教育活动要达到的要求，受教育者在思想和行为上要实现的预期结果，体现着国家、社会及教育者的期望，也规定着教育者的工作方向与受教育者的成长要求。马克思从人的全面发展角度，提出社会形态发展的标准与要求是最终实现人的全面发展。这说明人的全面发展是社会与个人的统一，人的发展是社会发展的必然结果和最终价值追求。人的全面发展的内涵是确定高校网络思想政治教育任务及发展方向的根据，人的全面发展的目标规定了高校网络思想政治教育的根本目标和本质。榜样精神融入高校网络思想政治教育要以立德树人为根本任务，以促进人的全面发展为己任，充分运用新技术、新科技来创新榜样精神融入高校网络思想政治教育的内容、形式和方法，坚持与时俱进，不断促进人的全面发展，使受教育者以更加积极、主动地姿态投身到民族伟大复兴和国家发展建设的各项事业中，为共产主义的实现准备更加充分的条件。从这一要求出发，将榜样精神融入高校网络思想政治教育应充分发挥马克思人的全面发展理论的引领功能，在遵循教育规律的基础上确定合理、科学的教育目标，努力把榜样精神融入高校网络

①资本论(第一卷)[M].北京：人民出版社，2004：556-557.

思想政治教育与促进人的全面发展相结合,有效提升青年学生的素质和能力,实现自由而全面的发展,更好地为建设中国特色社会主义、实现共产主义努力奋斗。

2.马克思人的全面发展理论对榜样精神融入高校网络思想政治教育内容具有扩展作用

榜样精神融入高校网络思想政治教育的内容是教育者借助当前的先进科技、发达网络和融媒体传播平台矩阵,以榜样精神为基本要素,向教育对象传递的思想理论、价值观念、政治要求、道德规范等内容。马克思人的全面发展理论认为,人的全面发展具有多方面的内涵,包括人的需要以及能力的全面发展、社会关系的全面丰富和社会交往的全面发展、人的素质的全面提高和个体的自由发展。在新时代条件下,榜样精神融入高校网络思想政治教育紧跟时代发展步伐,通过以榜样精神为教育内容,以高新技术和互联网为重要抓手,以理想信念教育为核心,以爱国主义教育为重点,以道德教育为基础,引导青年学生树立正确的世界观、人生观、价值观,促进个体的思想政治素质、科学文化素质、身心发展素质的全面和谐发展,心理、人格、个性都得以健康发展。以马克思人的全面发展理论指导高校开展榜样精神网络思想政治教育工作,拓宽了教育的内容,更好满足青年学生对发展社会关系、提升能力素质等深层次的教育需求,帮助青年学生提高综合素质,最大程度地达到榜样精神融入高校网络思想政治教育的目标。

3.马克思人的全面发展理论对榜样精神融入高校网络思想政治教育方法具有优化作用

榜样精神融入高校网络思想政治教育方法是指教育者在实施教育活动的过程中所运用的方式和手段。马克思关于人的全面发展理论认为,人实现全面发展的重要途径就是实践,全部社会生活在本质上是实践的。凡是把理论引向神秘主义的神秘东西,都能在人的实践中以及对这个实践的理解中得到合理的解决。榜样精神融入高校网络思想政治教育以马克思人的全面发展理论为指导来开展教育实践活动,教育者应从着力培养全面发展的中国特色社会主义事业的建设者入手,深入挖掘网络思想政治教育的育人内涵,基于青年学生的个性、能力、社会关系等方面的需求,遵循综合性、实效性、创造性的原则,结合时代和信息化发展的变化、速度、要求等，综合选择和运用多种教育方法，使教育内容更好地为大学生所接受，促进青年学生能力素质提高、个性发展及主体作用发挥。社会实践是人的思想形成和发展的源泉与动力，教育者应努力通过榜样精神引导学生把思想观念、道德选择等落实到具体行动中，通过实践进行检验，提高青年学生的思想觉悟，巩固榜样精神融入高校网络思想政治教育的效果。

二、党和国家领导人关于榜样精神的重要论述

中国共产党始终坚持用马克思主义科学理论武装全党，始终坚持把马克思主义基本原理同中国革命具体实际相结合。中国共产党继承和发展了马克思主义的人学理论，并将其与中国的实际情况和特定的历史环境相结合，在长期的革命、建设、改革和发展的过程中都高度重视榜样精神，在坚持选树榜样、宣传榜样、学习榜样的环节中形成了重要论述，是本书的重要理论支撑。

（一）毛泽东关于榜样精神的相关论述

毛泽东非常重视榜样精神的重要作用，在各个历史阶段将榜样精神看作是鼓舞斗志和开各项伟大事业先河的精神旗帜，强调要充分发挥榜样精神的引领作用。毛泽东吸收了马克思主义理论中关于榜样及其精神的相关论述，再结合中国的本土情况，在实践中注重榜样的挖掘和树立，大力宣传榜样的崇高精神和人格品质，并将其作为推动革命胜利和凝聚人心的重要法宝。

毛泽东对将榜样精神与思想政治教育相结合进行了深度思考和论述。思想政治工作靠什么吸引群众、凝聚人心？归根到底，一靠真理的力量，二靠人格的力量。毛泽东将人格的力量与真理的力量放在了同等重要的位置，是有效进行思想政治工作的基本点，而这里所说的“人格的力量”实质上体现了榜样精神的内核所在。在实践中，毛泽东也同样非常注重树立榜样，并通过撰写文章、诗词、演讲稿或题词等方式对榜样人物及其崇高的精神进行讴歌和宣传，如1944年9月8日，毛泽东在张思德的追悼会上的演讲稿《为人民服务》就将张思德树立为共产党的榜样人物，指出张思德同志是为人民利益而死的，他的死是比泰山还要重的。高度肯定了张思德是为人民和人民事业而牺牲，有价值有意义。他还指出为人民而死，就是死得

其所。号召共产党和共产党所领导的八路军、新四军向张思德同志看齐,学习他为人民服务,将人民利益放在第一位的高尚精神;队伍里的各个干部、战士以及一起革命队伍的人互相关心,互相爱护,互相帮助,这样便能使整个人民团结起来。毛泽东为雷锋亲笔题词"向雷锋同志学习",也曾在全国范围内引起了大规模学习雷锋精神的热潮,把学习榜样精神推上历史性高度,对社会产生了极为深刻且重大的影响。此外,毛泽东还通过评选先进模范、召开英雄表彰大会等方式大力宣传榜样。1950年9月,毛泽东在表彰全国战斗英雄和劳模大会上对模范人物给予了高度的肯定,他表示:"你们是全中华民族的模范人物,是推动各方面人民事业胜利前进的骨干。"①高度赞扬榜样人物崇高精神,指出了模范人物即榜样对人民各项事业的巨大推动作用,号召全体人民向榜样学习。

共产党员是推动社会主义事业向前发展的有力推动者,更是先锋模范作用的集中彰显者,毛泽东在长期的革命和建设实践中也高度重视对党员榜样及其精神的挖掘和宣传。对于向党员开展榜样精神教育,毛泽东指出,"共产党员的先锋作用和模范作用是十分重要的"②。他鼓励共产党员发挥先锋精神和模范带头作用,坚持吃苦在前,享乐在后,服务群众,与群众建立良好的互帮互助关系。他也善于在共产党员中挖掘为社会主义做出突出贡献的优秀模范人物,宣扬榜样的模范精神,鼓励榜样发挥引领作用。他认为,要想成为一名共产党员就要时刻严格要求自己,坚持为人民服务,为社会主义服务,不拘小节,督促自身不断寻得更大的进步,"成为坚决勇敢、刻苦耐劳、急公好义、礼义廉耻的模范"③。1945年,中共七大通过的《中国共产党党章》写道:"党对党员一切奖励与处分的积极目的,是教育党员与人民群众,并教育受奖励者与受处分者本人。"④

毛泽东强调积极宣传和表彰榜样正面作用时,要合理运用反面典型,发挥其警示和鞭策作用,主张以弘扬正面典型为主、批评反面典型为辅的政策对人民进行思

①毛泽东文集(第6卷)[M].北京:人民出版社,1999:95.
②毛泽东选集(第2卷)[M].北京:人民出版社,2006:522.
③毛泽东文集(第2卷) [M].北京:人民出版社,1993:54.
④中央档案馆.中共中央文件选集(第15册)[M].北京:中共中央党校出版社,1991:135.

想政治教育。对此，他从哲学的角度进行了论述："大多数地方大体上都有这三种人，积极热心而又正确的，平常的，落后的。……这些人我们不能平均看待。……在干部中间实行平均主义是不好的，平均主义是使积极分子、平常分子向落后分子看齐。"[①]因此要开展反面典型的教育和宣传，要防止积极的先进榜样和平常分子受反面典型的影响。当然，开展反面典型要注意把握好度，"开展反坏人坏事的广泛斗争达到了一个适当阶段的时候，就应将各地典型的好人好事加以调查分析和表扬，使全党都向这些好的典型看齐，发扬正气，压倒邪气。"[②]在正、反典型的相互比较教育中，净化社会风气，促进社会主义的良好发展。

（二）邓小平关于榜样精神的相关论述

党的十一届三中全会后，邓小平深刻把握时代发展的变化和中国社会的发展趋势，对榜样、榜样精神融入国家、社会发展进行了深入思考和积极探索，提出了许多与时俱进的新论述。

邓小平高度重视榜样的模范带头作用，强调要联系实际情况对榜样进行宣传，并号召广大干部、群众向榜样人物看齐，学习榜样人物的先进事迹，以榜样精神来涵养自己的品格，从而不断弘扬社会正气，推进社会发展。在党的十一届三中全会之后，广大人民群众对党提出的各项方针和政策理解不够全面，接受的速度很慢，邓小平就非常重视运用榜样的示范带动作用，强调让"干得好"和"干得早"的榜样人物来带动和促进各地区及其人民群众一起赶上时代发展的潮流和速度，以此来消除人民群众对于改革和发展方面出现的思想问题。

在榜样主体的问题上，邓小平认为首先是党的各级领导干部。1979年，在党的理论工作务虚会上，邓小平指出："党是整个社会的表率，党的各级领导同志又是全党的表率。"[③]因而，他对于党的领导干部有严格要求，认为领导干部应该是最有威信、最有影响、最有经验的那部分群体，他明确指出："领导干部，特别是高级干部以

①毛泽东文集（第2卷）[M].北京：人民出版社，1993：419.

②毛泽东文集（第7卷）[M].北京：人民出版社，1999：74.

③邓小平文选（第 2 卷）[M].北京：人民出版社，1994：177.

身作则非常重要。群众对干部总是要听其言,观其行的。"[①]强调了党的各级领导干部在宣传、学习榜样时,应该以身作则、率先垂范,要让这个群体争做广大人民群众的好榜样,充分发挥先锋模范作用,用其先进事迹、优良品质和高尚精神引导广大人民干事创业,这样才能增强宣传工作的说服力和实效性。除了宣传党的领导干部群体之外,邓小平认为还应该要多宣传报道人民群众中涌现出来的先进典型、感人事迹和崇高精神。单个人或者单个群体的影响是有限的,要扩大榜样的主体、事迹和精神的宣传报道,才能在最大限度、最大范围内将榜样的价值和影响实现最大化。

随着党所面临的形势和任务发生变化,以政治标准为大的榜样选树标准已经行不通了。邓小平审时度势,强调在新时期树立榜样,开展榜样宣传不能脱离实际,不能一味地以同一种标准进行。他指出:"宣传好的典型时,一定要讲清楚他们是在什么条件下,怎样根据自己的情况搞起来的,不能把他们说得什么都好,什么问题都解决了,更不能要求别的地方不顾自己的条件生搬硬套。"[②]可见,邓小平强调宣传榜样要实事求是,要从客观的、具体的情况出发,根据自身的具体情况宣传与学习榜样,不顾自身实际,生搬硬套,实现不了宣传效果,也会让榜样的作用大打折扣。此外,邓小平还强调在进行榜样宣传时"坚决制止追求表面文章,不讲实际效果、实际效率、实际速度、实际质量、实际成本的形式主义,杜绝说空话、说大话、说假话的恶习"[③]。

(三)江泽民关于榜样精神的相关论述

随着改革开放的深入发展以及社会转型进入新的时期,各民族的交往更加亲密、频繁,各种社会思潮碰撞、融合,改变着人的思维方式,对人的思想的自主性、独立性、批判性的要求逐步增强,这就要求榜样精神融入思想政治教育要跟上时代发展的潮流和趋势,做出改变。面对现实情况,江泽民强调要重视人的思想的进步性,指出:"学习先进模范人物的活动,是社会主义精神文明建设的重要组成部分,

①邓小平文选(第 2 卷)[M].北京:人民出版社,1994:124.
②邓小平文选(第 2 卷)[M].北京:人民出版社,1994:316.
③邓小平文选(第 2 卷)[M].北京:人民出版社,1994:100.

要贯穿于我国现代化建设的全部进程。”①他认为模范人物所具备的精神品质具有时代性，当前的发展需要物质文明和精神文明“两条腿”走路，所以要“加强社会公德教育，大力表彰具有时代精神的模范人物”②。模范人物是社会主义精神文明建设的具象展示，是特定时代精神风貌的彰显，大力表彰具有民族精神和时代精神的模范典型人物，有助于弘扬中华民族传统美德，发扬时代精神，从而不断深化群众性精神文明创建活动，不断弘扬社会正气，使良好风尚在全社会蔚然成风。

宣传的方式要结合技术优势，采取大众喜闻乐见的方式大力宣传榜样事迹、弘扬榜样力量。江泽民指出，要在榜样人物的筛选、宣传手段上加大力度，树立多层次、多元化的榜样，要“充分运用大众传媒和文化设施，采取容易为群众所接受、所欢迎的方式方法进行”③，尽可能满足人们发展了的、多样化的需求，充分体现了对人民群众主体性的尊重。此外，江泽民提出应组织形式多样的榜样教育实践活动。如学习雷锋、志愿服务等群众性实践活动，于真实具体的实践中，感悟榜样的伟大与崇高，在潜移默化中受到启迪和熏陶。

榜样要具有多样化，要从社会各个阶层、各个领域、各个行业进行选树和宣传。一是要注重劳动模范和先进工作者。在各个历史时期，劳模精神鼓舞着广大职工群众为完成党和国家提出的目标和任务而努力奋斗，始终是彰显时代精神的一面旗帜，始终是催人奋进的时代领跑者。江泽民指出，“全国劳动模范和先进工作者，是亿万劳动群众的杰出代表”④，“他们在平凡的岗位上作出了不平凡的业绩，是建设社会主义物质文明和精神文明的先锋”⑤，树立和宣传劳动模范和先进工作者，弘扬榜样精神，能够凝聚起干事创业的强大能量。

一方面，江泽民高度重视榜样在广大群众中发挥作用。江泽民指出，在中国共产党的领导下，各条战线、各行各业涌现出一大批可歌可泣的先进模范人物和先进模范集体，这些先进模范和先进典型都来源于人民群众，并深刻反映时代精神和民

①江泽民.在全国劳动模范和先进工作者表彰大会上的讲话[N].人民日报，2000-04-30.

②江泽民文选（第1卷）[M].北京：人民出版社，2006：238.

③中共中央宣传部.毛泽东邓小平江泽民论思想政治工作[M].北京：学习出版社，2000：64.

④江泽民.在全国劳动模范和先进工作者表彰大会上的讲话[N].人民日报，2000-04-30.

⑤江泽民.在全国劳动模范和先进工作者表彰大会上的讲话[N].人民日报，2000-04-30.

族精神,是社会主义核心力量的集中体现。他强调,要进一步在全社会范围内学习劳动模范和先进工作者,能够引领社会风气向好。另一方面,江泽民还强调了榜样在党和人民群众之间所发挥的作用。他强调榜样有助于增进党与人民群众之间的血肉联系,先进典型能够加强党与人民群众,尤其是与农民群众之间的联系,从而进一步改进党政领导机关的工作作风。

充分挖掘榜样人物的内在本质和精神实质。江泽民强调在进行榜样教育和宣传的过程中,要充分引导广大人民群众科学认识和把握先进事迹表象之下的深刻内涵,真正领悟榜样人物的先进性和崇高性之所在,使之成为规范自身言行的指导力量,而不是片面追求对榜样道德行为的简单模仿。在历史新时期,国内各行各业都涌现出了大量榜样,江泽民指出这些时代榜样进一步继承和弘扬了党的优良传统,对人民群众具有重要的指导和教化作用,强调各单位各组织要重视并善于利用先进榜样的事迹来开展思想政治工作,使榜样人物的时代作用能得到有效发挥。

(四)胡锦涛关于榜样精神的相关论述

胡锦涛强调榜样的重要性和现实意义,指出广大先进模范人物不愧为民族的精英、国家的栋梁、社会的中坚、人民的楷模,“新中国成立50多年来,我国不同时期涌现出来的千千万万先进模范人物,为国家发展、民族振兴、人民幸福建立了卓越功勋。他们不仅创造了巨大的物质财富,而且创造了巨大的精神财富”[①]。胡锦涛在2010年度全国劳动模范和先进工作者颁奖典礼上强调:“榜样蕴藏无穷力量,精神激发奋斗意志。……是激励全国各族人民团结奋斗、勇往直前的强大精神力量。”[②]树立榜样、宣传榜样的先进事迹和高尚精神品质,不仅能够推动社会发展进步,还能使广大人民群众在精神上得到洗礼和满足,提高全民族的素质修养。为此,他也高度重视榜样人物的地位,指出“要在全社会广泛宣传劳动模范和先进工作者的先进事迹、优秀品质、高尚精神,给他们以应有的光荣和地位,推动全社会进一步尊重劳模、关心劳模、学习劳模,使劳模精神不断发扬光大”[③]。

---

①胡锦涛.在2005年全国劳动模范和先进工作者表彰大会上的讲话[N].人民日报,2005-04-30.
②胡锦涛.在2010年全国劳动模范和先进工作者表彰大会上的讲话[N].光明日报,2010-04-28.
③胡锦涛.在2005年全国劳动模范和先进工作者表彰大会上的讲话[N].人民日报,2005-04-30.

胡锦涛将榜样精神与坚持以人为本的理念相结合，指出选树、宣传榜样及其精神要顺应时代的发展变化和要求，突出以人为本的核心要义和本质特征。他指出："要在搞好示范引导上下功夫，牢记身教重于言教的道理，以广大党员、干部的模范行动影响和带动群众，重视用群众中涌现出来的先进人物教育群众，使群众学有榜样、赶有目标，增强群众工作亲和力和感染力。"①一方面，要重视党员干部的先锋队作用。"在改革开放新时期，我们党围绕经济建设这个中心任务，要求党的各级组织和广大党员成为解放思想的模范、落实第一要务的模范、求真务实的模范、开拓创新的模范，在改革开放和现代化建设的实践中体现党的先进性"②，增强广大党员干部的道德素质和科学本领，展现共产党人的精神面貌，以身作则教育引导群众，充分发挥先进性和纯洁性来带动人民群众的积极性。另一方面，要重视人民群众中产生的榜样人物。人民群众中产生的榜样与人民群众有着天然的亲和力，他们贴近人民群众的生产生活实际，了解人民群众的需求和特点，能够有的放矢地进行宣传，带动更多人去学榜样、做榜样，为社会主义现代化建设培养高素质的人才，达到事半功倍的效果。

（五）习近平关于榜样精神的相关论述

伟大时代呼唤伟大精神，崇高事业需要榜样引领。习近平总书记指出，榜样是民族精英、人民楷模、国之功臣，高度重视榜样的表彰以及对榜样精神的宣传，对于激励全党全军全国各族人民开拓进取、建功立业，汇聚起昂扬奋进的磅礴力量具有极为重要的作用。

习近平总书记以崇高礼遇褒奖功勋人物，以实际行动关爱英雄模范，培育和弘扬全社会向英雄模范致敬、向先进楷模学习的良好氛围。他指出："建立健全党和国家功勋荣誉表彰制度，是完善和发展中国特色社会主义制度、推进国家治理体系和治理能力现代化的必然要求，是培育和弘扬社会主义核心价值观、增强中国特色

---

①胡锦涛文选（第3卷）[M].北京：人民出版社，2016：446.

②胡锦涛.在庆祝中国共产党成立 85 周年暨总结保持共产党员先进性教育活动大会上的讲话[N].人民日报，2006-07-01.

社会主义事业凝聚力和感召力的重要手段。”[①]习近平总书记从顶层设计到制度方案，从组织流程到关键环节，高屋建瓴、谋篇布局，为新时代党和国家功勋荣誉表彰工作的创新发展，指明前进方向。该制度也充分发挥了功勋荣誉表彰精神引领、典型示范作用，推动全社会敬仰英雄、学习英雄，形成新时代英雄辈出的良好局面。

丰富榜样精神宣传形式和渠道。习近平总书记强调要树立正确的英雄史观，要运用多种形式、方法和渠道进行宣传。习近平总书记以身为范，亲自践行，运用多种形式学习和宣传榜样精神。习近平总书记饱览群书，他特别注重通过阅读的方式了解古今中外的英雄榜样的先进事迹以及其所体现出来的崇高精神和道德情操，以榜样人物作为学习的标准，激励自我，并且在适宜的重要场合宣传榜样精神，如2021年4月25日，习近平在广西桂林市全州县才湾镇红军长征湘江战役纪念园考察的讲话中指出，红军战士视死如归、向死而生、一往无前、敢于压倒一切困难而不被任何困难压倒的崇高精神，永远值得我们铭记和发扬。引导在场人员要传承和弘扬红军战士的崇高精神。此外，习近平总书记十分重视传承红色基因，赓续红色血脉，到各个地方考察时会到当地的革命遗址或烈士纪念馆等地瞻仰英雄，重温感人事迹，感悟榜样精神，汇聚发展力量。他指出：“对一切为党、为国家、为人民作出奉献和牺牲的英雄模范人物，我们都要发扬他们的精神，从他们身上汲取奋发的力量，共同推进中国特色社会主义伟大事业、实现中华民族伟大复兴的中国梦而顽强奋斗、艰苦奋斗、不懈奋斗。”[②]习近平总书记特别强调，要引导广大人民群众树立正确的英雄史观，这是前提也是目标。因此在做榜样宣传工作时要坚持正向引导，决不能抹黑榜样形象，亵渎榜样的高尚情操和崇高精神，坚决反对历史虚无主义和文化虚无主义，提升人民群众对于英雄人物的情感认同和价值认同，将榜样精神发扬光大。

习近平总书记强调，学习榜样“最关键的是要学精神、学品质、学方法”[③]，宣传

①中共中央党史和文献研究院.习近平关于社会主义精神文明建设论述摘编[M].北京：中央文献出版社，2022：189.

②习近平.论中国共产党历史[M].北京：中央文献出版社，2021：70.

③习近平.之江新语[M].浙江人民出版社，2007：218.

和学习榜样的精神实质和品格内涵。榜样的产生与其所处的时代、工作、生活环境息息相关,因此榜样身上所蕴含的精神品质既具有差异性,也具有同一性,在宣传和学习榜样时透过榜样的差异性,总结出榜样的同一性,即在时代不同、领域不同、贡献不同凝炼出榜样彰显出来的相通的精神品质,以这样的宝贵精神财富来丰盈内心,指导实践,建设未来。

三、中华优秀传统文化中关于榜样精神的思想

中华优秀传统文化是中华民族的根与魂。五千多年来,中华民族能够屹立于世界民族之林不倒、绵延不绝的原因就在于凝结了独特的文化追求和精神标识,它是凝聚民族智慧,延续民族精神命脉,促进人们精神富足,增强文化自信心、自豪感的重要基础。人无精神不立,国无文化不兴。在新时代,博大精深的中华优秀传统文化中蕴含的关于榜样精神的深厚思想理念,是高校进行网络思想政治教育的重要指引。

在中国古代,宣传榜样精神以达到精神上的高度统一是实现“政教合一”的重要手段。因此,在中华优秀传统文化中关于榜样精神内容的相关描述有许多方面,包括了基础的生产经验、生活习俗、图腾崇拜、道德规范和伦理原则等方面的基本内容。第一,生产经验、生活习俗、图腾崇拜等方面渗透着榜样精神。在生产水平能力较低的原始社会,人们对于自然的抵御能力和认识能力都非常有限,为了维持基本的生存,需要学习生产和生活中日益丰富的经验,比如燧人氏、神农氏等将取火种、狩猎、农业种植等方面的经验分享和传递给其他人,使得人们能达到温饱,延续生命。在《周易·系辞》中描述为“神农氏作,斫木为耜,揉木为耒,耒耨之利,以教天下”。随着人类的生产能力和认识能力的提高,人的社会生活也逐渐丰富起来,生活习俗和图腾崇拜出现于人们的视野并且占据着非常重要的作用。如在人间广为流传的神话故事“女娲补天”“愚公移山”“后羿射日”,充分体现了人们对自然和祖先的崇拜与尊敬,也就是在这些神话故事流传的过程中向人们传递着榜样精神。第二,道德规范、伦理原则方面也蕴含了丰富的榜样精神。榜样内涵高尚的思想境界、道德情操和精神魅力,在中华优秀传统文化中,特别是儒家思想中,对于榜样精神中道德和伦理方面的论述相对较多。

儒家思想体系包含了对各代君王及统治者统治之道的要求，也包括了对平民百姓道德和行为规范，如天下为公、仁者爱人、自强不息等精神成为榜样精神的重要内核。儒家学者对这些思想和精神的有效传递进行了相关论述。一是身教比言教重要。统治者在治国理政中，要管理好国家和百姓，首先自己要做出表率。孔子明确提出“身教”比“言教”更重要，不论是为政者还是普通人，要正人必先正己，正己先正身，只有自己达到理想人格，才能以德服人，如果自己做不到身正也没资格去苛求别人。由此可见，只有自身德行兼备，才能对民众身体力行地引导，做出良好的示范，使民众信服。孟子也指出若君王其身正，而天下归之，明确说明了为政者要身正，以身作则，身教示范，才能赢得百姓。仁言不如仁声之入人深也，强调了以实际行动帮助人们树立仁爱的品格的榜样教育效果要比言语上更为持久深入。荀子讲上行下效，在他看来，只有统治者树立理想人格，率先垂范，拥有更高思想品格和道德素养，才能更好地做出表率。老子也强调身教示范的重要性，用“行不言之教”强调教育者要以身作则，用自身良好的道德品行引导受教育者仿效和学习。二是自我修养。自我修养强调的是通过内省、慎独的方式来达到自我教育，从而提高自己的道德水平。修身是自我安身立命的基础，更是齐家治国平天下的重要方式。要如何修身?《论语·里仁》中有云：“见贤思齐焉，见不贤而内自省也。”[①]儒家学者认为，自我教育的一个有效途径是见贤思齐。“见贤思齐”就是看到榜样精神的示范引领作用，不断鼓励自己努力追赶，以促使自己具备同样水平的精神境界和道德水准；“见不贤而内自省”则是看到不符合主流价值的人或事能及时反省自我，做到有则改之，无则加勉。

榜样教育是道德教育的一种重要方法和有效途径，古代圣人在不同的场合宣传和讲解榜样精神以提高人民的道德水平。其中，最为常见的场合便是家庭、学校这两个地方。人从一出生开始，最先接触的就是家庭，并且在成长中有很长的时间受到家庭的影响，父母言行、成员关系成为榜样教育的重要渠道，对人有着潜移默化的影响，使得家庭成为传递榜样精神最单纯、最简单的地方。因此，家庭教育对

①朱熹.四书章句集注[M].北京：中华书局，2013：265.

传播榜样力量、弘扬榜样精神具有至关重要的作用。如《曾子杀彘》的故事就体现了父母的家教对孩子成长所产生的重要影响。家训、家规是家庭教育的重要部分，家训、家规中劝勉学习、尽孝、忠诚、修身养德等体现出了榜样精神。清初著名理学家、易学家李光地在《诫家后文》及《榕村语录》中告知后辈要懂得先祖“起家艰难”，要求他们“收敛约束，和顺谦卑”，不可“侮老犯上”“贪利夺食”，强调为人处世的伦理道德。李光地认为，正是祖辈先人有孝顺友爱、辛勤劳动之美德才有家族繁荣兴旺的结果，子孙后代应该珍惜和学习。此外，学校作为教育领域的重要场所，以孝、悌、忠、信、仁等为教学宗旨，通过讲学活动和身教示范等方式，使得榜样精神的宣讲得到有效扩展。学校教育既将统治阶级统治之道的相关要求囊入其中，也包括了对平民百姓道德和行为进行规范。在古代，老师多是德才兼备的圣人、贤人，如孔子、孟子、荀子等，他们饱读圣贤书，性情通达，具有高尚的道德情操和精神品质，是“导善之率”，在传道、授业、解惑的过程中通过圣人之教或教师本人言传身教的方式将榜样精神传播到学生群体之中，教育和引导学生传承和弘扬榜样精神，向榜样看齐，争做榜样。

榜样精神在中华优秀传统文化不同领域如政治领域、经济领域也有体现。第一，在政治领域主要是体现在统治者的阶级意志、相关的制度和政策等方面。由于统治者对榜样教育的积极推动，使其逐步渗透到社会生活的各个层面，并成为一种治国方略和统治之术，并且所宣传的榜样精神是以统治者的阶级利益为根本来进行的。首先，榜样是处在统治地位的阶级为了供其他社会成员学习，以此更好地完善社会管理目的而选拔出来的个人或群体，其行为和价值体系与统治阶级意志和要求高度一致。其次，所选取的榜样精神相关内容是有利统治者更好地管理国家和人民，对于净化民风，维护社会政治秩序，推动社会发展，巩固自己的统治地位起到重要作用。第二，经济基础决定上层建筑，上层建筑反作用于经济基础。经济的发展是开展一切文化教育的基础，对于文化建设和社会进步具有推动作用。孔子、孟子、荀子也看到了在经济基础对榜样精神的重大作用，提出了“先富后教”，在富民和裕民的基础上，才能全面推行榜样教育、宣传榜样精神。当百姓食不果腹、衣不遮体的时候，全部精力和能力都放在生存上，是无心谈论和传播道德规范、社会伦理的。因此,榜样精神的宣讲只能建立在百姓能吃饱穿暖,能够延续生命的基础上。先进的思想文化一旦被群众掌握,就会转化为强大的物质力量;反之,落后的、错误的观念会成为社会发展进步的桎梏。榜样精神作为先进文化,能够积极引领、极大丰富百姓的精神世界,团结人民之心,巩固统治阶级的统治地位。

第二节 榜样精神融入高校网络思想政治教育的必要性

民族复兴,我们不仅需要物质上的角力,更需要精神上的博弈,为此,高校思想政治教育理应肩负起时代赋予的使命。榜样精神有着深刻现实意义,并且历久弥新,展现着时代力量。当前,互联网与思想政治教育的深度融合,要充分挖掘榜样精神丰富内涵,融入高校网络思想政治教育中,承续民族精神血脉,传承和弘扬中华优秀传统文化,提升精神育人实效,落实高校立德树人根本任务,重塑学生精神价值体系,助力学生成长成才。

一、弘扬榜样精神是高校坚持立德树人的具体要求

习近平总书记指出:"心有榜样,就是要学习英雄人物、先进人物、美好事物,在学习中养成好的思想品德追求。"①高校立身之本在于立德树人,国无德不兴,人无德不立。在高校弘扬榜样精神能够宣传他人模范事迹在学生心中树立一面旗帜,使其学有方向、赶有目标、行有力量,有利于促进大学生全面健康发展。

(一)弘扬榜样精神引领立德树人的高度

1.为实现中华民族伟大复兴中国梦凝聚共识

"实现中华民族伟大复兴是中华民族近代以来最伟大的梦想。"②在逐梦征程中,诞生了一系列的榜样人物。从新民主主义革命时期的邓中夏、赵一曼到社会主义革命与建设时期的雷锋、焦裕禄、王进喜,再到改革开放以来的陈景润、中国女排、任长霞等,一代代榜样人物以崇高的精神品格感染中华儿女砥砺奋进,在中华

①习近平关于青少年和共青团工作论述摘编[M].北京:中央文献出版社,2017:30.

②中共中央文献研究室编.习近平关于实现中华民族伟大复兴的中国梦论述摘编[M].北京:中央文献出版社,2013:10.

民族站起来、富起来的过程中汇聚精神力量，也必将在强国梦的征途上大有作为。新时代，我们比任何时期都更加接近伟大梦想，越是在紧要关头，就越需要举好旗帜导明航向，越需要团结思想凝聚共识。习近平总书记指出：“注重典型示范引领，更好构筑中国精神、中国价值、中国力量。”①新时代我国涌现出一大批具有时代特色的榜样人物，如用知识改变贫困山区女孩命运的张桂梅，在疫情中逆流而上的钟南山等，他们是时代价值的示范与标杆，是对一切谣言掷地有声的回应。对于对外讲好中国故事，瓦解“西化”“分化”“丑化”中国的言论，对内凝聚共识，为实现强国梦聚力赋能具有重要作用。“中国青年始终是实现中华民族伟大复兴的先锋力量！”②大学生作为青年中最优秀的群体，是实现中华民族伟大复兴的见证者与同行人。“现在在高校学习的大学生都是20岁左右，到2020年全面建成小康社会时，很多人还不到30岁；到本世纪中叶基本实现现代化时，很多人还不到60岁。……也就是说，实现‘两个一百年’奋斗目标，你们和千千万万青年将全过程参与。”③以榜样精神为引领，能够为大学生提供奋斗的方向与前行的动力，使其在波诡云谲的变局中筑牢理想信念，强化家国情怀，在新一轮科技革命的竞争中练就敢于创新善于创新的过硬本领，为实现中国梦汇聚青春力量。

2. 为践行社会主义核心价值观提供动力

“广大青年要做社会主义核心价值观的坚定信仰者、积极传播者、模范践行者。”④新时代的德育，就是把社会主义核心价值观变成学生自己的认知，在认知的基础上去践行。榜样精神是培育与践行社会主义核心价值观的助推器，为培育与践行社会主义核心价值观提供实践动能。榜样教育能够唤醒人们潜在的思想观念，激励人们见贤思齐，“榜样面前，任何理想信念上的消极怠惰、报效国家上的软弱退缩、现实行动中的萎靡不振、实际工作中的拈轻怕重都将变得逊色和自惭形

①让民族精神大厦巍然耸立[N]. 人民日报, 2017-11-18.

②习近平.论党的青年工作[M].北京:中央文献出版社,2022:208.

③习近平谈治国理政(第1卷)[M].北京:外文出版社,2018:175.

④坚持党的领导传承红色基因扎根中国大地 走出一条建设中国特色世界一流大学新路[N].人民日报,2022-04-26 .

秽”[①]。榜样人物的精神品格深入人们的精神世界，与自身的思想与行为形成反差，催化思想激荡，在不断内省与矫正的螺旋上升过程中由他律走向自律，将社会主义核心价值观由内在信念自觉转化为实际行动。弘扬榜样精神，依托榜样的正向性与感染性开展教育，能够使大学生深刻而具体地领悟社会主义核心价值观的内涵，并自觉将其转化为实际行动。弘扬榜样精神以具象化的榜样形象、极具现实性的榜样事迹为载体，将抽象的价值观念依附于具体可感的人身上，鲜活的榜样事迹与崇高的榜样精神同频共振，将“大道理”转化为“小故事”，将先进性寓于可感知性，让大学生从榜样人物的精神品格中将社会主义核心价值观自觉涵化，深化认知度与认同感。

（二）弘扬榜样精神挖掘立德树人的深度

1.弘扬榜样精神坚定文化自信

文化自信是人民对民族的情感积淀，也是国家文化软实力的重要体现。习近平总书记曾说：“文化自信，是更基础、更广泛、更深厚的自信，是更基本、更深沉、更持久的力量。”[②]文明特别是思想文化是一个国家、一个民族的灵魂。无论哪一个国家、哪一个民族，如果不珍惜自己的思想文化，丢掉了思想文化这个灵魂，这个国家、这个民族是立不起来的。而坚定文化自信，很重要的一点就是要弘扬榜样精神。榜样精神蕴含着丰富的古圣先贤的思想与智慧，以及爱国、忠诚、奉献等优秀品质，沉淀着为人民谋幸福的初心的追求，鼓舞着中华民族在五千年的发展历程中薪火相传、绵延不绝，可以增进大学生对中华优秀传统文化的认同，激励其勇担时代使命，争做新时代的奋斗者，用行动践行社会主义核心价值观，进而增强文化自信，推动中国特色社会主义文化的繁荣发展。榜样精神积淀着中华优秀传统文化中最深层次的精神追求，是中华民族在漫长奋斗历史长河中凝聚起来的优秀品质和崇高精神，蕴含着文德教化天下和精神颐养人心的丰富内涵。榜样是一个时代最闪亮的坐标，凝聚着强大的文化生命力，以榜样的力量传承中华优秀传统文化，

①田海舰、李阎.论英雄模范人物与事迹对社会主义核心价值观的传播作用[J].思想理论教育导刊,2021(08):75-80.

②习近平著作选读(第1卷)[M].北京：人民出版社，2023:536.

能够挖掘立德树人的深度。

2.弘扬榜样精神坚定理想信念

新时代榜样作为正能量的化身、看得见的信仰，在意识形态上与社会主义核心价值观高度契合。榜样精神所展现的时代性、鲜活性、个体性和群体性特征正是解决理想信念教育实效性不强的宝贵财富。从时代性来说，榜样精神是集爱国精神和民族精神相统一的新时代发展的产物，具有鲜明的时代性特征。从鲜活性来说，榜样精神是各行各业工作人员的精神凝练，代表了平凡工作者们不平凡的崇高追求，立足平凡、创造伟大是时代楷模的鲜明特征。从个体性与群体性特征来说，榜样按其种类可分为个体榜样和群体榜样，个体榜样勇敢、奉献；群体榜样团结、友善，共同为社会发展和人民幸福奋斗服务。因此，榜样人物及其事迹，榜样精神强大的精神内核，能够为大学生的理想信念教育提供物质和精神方面的双重宝贵资源。立德树人的核心问题是为谁培养人、培养什么样的人以及怎样培养人，其中为谁培养人是前提和基础，即为党育人和为国育人，通过弘扬榜样精神使学生坚定理想信念，确立今后为党和人民努力的目标志向，为国家和群众奋斗的基本方向。

（三）弘扬榜样精神拓展立德树人的广度

1.弘扬榜样是全员育人的重要补给

所谓"全员育人"是指由学校、家庭、社会和学生构成的"四位一体"育人机制。[①]立德树人根本任务不是在高校的环境中孤立进行的，尤其在现代开放的社会环境，家庭、社会和学生作为全员育人的生力军，要各司其职、协调各方，形成教育联动机制。弘扬榜样精神解决了"谁来立德树人"的主体困境，以榜样为核心开展教育活动，一方面其先进性能够确保参与到全员育人行列中的主体的方向性，另一方面其数量的广延性，能够在一定程度上充实立德树人的主体力量。当前榜样类型既包括英雄模范、社会典范，还越来越注重身边榜样的常态美，如师德典型、以身作则的家庭成员、先进的青年模范及朋辈群体等，对于充实立德树人的主体队伍具有重要作用。榜样精神蕴含着丰富的内涵指向，能够回应"立何种德、树何种人"的

①冯刚、彭庆红、佘双好、白显良.新时代高校思想政治教育学原理[M].北京:人民出版社,2021:228.

现实困惑。习近平总书记强调,“一个人只有明大德、守公德、严私德,其才方能用得其所”①,高屋建瓴地指出“立何种德”的层次要求。新时代榜样类型涵盖大德、公德、私德三个维度,与“立德”的三个层次相契合并为其提供现实参照与实践样本,能够使其具体化。立德最终要以树人为价值归宿。以榜样事迹为依托,以榜样精神为核心,挖掘榜样内涵,能够勾勒出“树何种人”的蓝图纲要,引导大学生坚定信仰,厚植情怀,敢于担当,勤奋笃实,树鸿鹄之志,争做奋斗者,强化时代新人的综合素质。

2.弘扬榜样精神助力学生全面发展

学生健康成长,走好人生路,不仅需要知识的浇灌,更需要用精神启迪心灵。正确良好的精神风貌是学生健康成长以及全面发展的基础。弘扬榜样精神,有利于增强青年学生思想上的成熟,在困难和挫折面前能够以一个良好的心态去积极面对;有助于形成健全的人格,榜样精神彰显了理想的人格,代表着崇高的道德义务,足以为培养学生健全人格的形成提供有力的示范。榜样精神与大学生成长的需要具有内在统一性。弘扬榜样精神,可以使大学生的理想信念更加坚定,爱国主义意识和社会责任意识更加强烈,能够起到加强思想道德、身体心理、科学文化、职业技术等方面的综合素质,使其形成正确的世界观、人生观、价值观。榜样精神是爱国、理想信念、团结、奋斗、创新、奉献等丰富内涵的生动诠释,学生成才的道路上需要这些崇高的精神来涵养。故此,弘扬榜样精神能够助力大学生成才。具体而言,榜样精神在价值层面,通过树立理想信念不断提升青年大学生自我认知和自我意识,做民族复兴大任的担当者;在情感层面,通过革命化的奉献式教育升华为爱国主义者,激励大学生奋发图强,综合提高自己能力和水平来报效祖国;在实践层面,奋斗化的实践教育练就过硬的实践能力,做推进社会主义伟大事业的推动者。

二、弘扬榜样精神是高校网络思想政治教育的重要内容

习近平总书记指出:“一个有希望的民族不能没有英雄,一个有前途的国家不

①习近平.论党的青年工作[M].北京:中央文献出版社,2022:77.

能没有先锋。”[①]中华民族自古以来就有尊重榜样、推崇榜样、学习榜样的优良传统。弘扬榜样精神进行榜样教育是高校思想政治教育的重要组成部分，随着互联网的普及和应用，弘扬榜样精神也逐渐进入网络思想政治教育选择的范畴，成为高校网络思想政治教育的重要内容。弘扬榜样精神借助榜样的高尚情操和优秀品质影响受教育者，以其独特的引导示范作用和情感教育的方式提升大学生的思想道德素质，有利于高校培养德智体美劳全面发展的中国特色社会主义事业的建设者和接班人。

（一）弘扬榜样精神是高校网络思想政治教育的现实需求

榜样精神融入高校思想政治教育能够有效提升学生的品德素养，通过先进榜样的模范带头事例，能够让青年大学生认识到努力奋斗的价值与意义。[②]弘扬榜样精神并将其融入高校思想政治教育能够激发学生学习兴趣、加强教育说服力、提升学生思想政治教育可接受性等，恰恰回应了高校网络思想政治教育的现实需求。

1.提升教育吸引力，引发学生情感共鸣

弘扬榜样精神，将榜样精神融入高校思想政治教育能够增强课程吸引力，激发学生学习兴趣，提升学生的自主学习能力。一方面，榜样精神在思想政治教育中的融入，促使课程更加生动形象，为学生营造良好的教学氛围。传统的思想政治教学往往由教师将相关的理论、观念以及原则在课堂上进行灌输，整体教学内容较为抽象、枯燥，缺乏趣味性，导致部分学生出现学习倦怠等情况，影响了教学质量。而通过将榜样精神融入高校思想政治教育中，以真实的人物及案例展开课堂教学，由浅入深，有助于激发学生的学习兴趣，引导学生逐渐进入学习状态，从而提升教学效率与效果；另一方面，高校思想政治教育引入榜样精神开展教学，更多的是以人物案例的方式讲授，这些具有感染力与震撼力的案例故事相较于传统的纯理论知识，不仅能够激发学生的兴趣，而且也能让学生产生情感共鸣，将自己代入到案例故事中，从而主动地学习与分析，促进学生自主学习能力提升。

---

①习近平.习近平在纪念中国人民抗日战争暨世界反法西斯战争胜利70周年系列活动上的讲话[M].北京：人民出版社，2015:19.

②李艳玲、刘清生.开展大学生榜样教育探究[J].学校党建与思想教育，2020(22):45-46.

2.增强教育说服力,夯实学生理论基础

目前,大多数高校在开展思想政治教育时,基本以理论知识教学为主,搭配适宜的榜样精神教育。第一,教师在教学前会针对本节课程的教学目标及任务,选择合适的榜样模范人物事例来进行思想政治理论知识讲述,这种方式不仅能够让学生更加深入地理解理论知识,而且也能够在无形之中促进大学生思想道德认知的提升。在此教育模式下,思想政治教育的理论知识、目标及榜样精神将形成协同作用,极大提升教学课堂生动性。第二,将榜样精神融入高校思想政治教育中,能够让学生理解思想政治教育中的理论知识与要求并不是空洞缥缈的,而是有价值且可行的。榜样模范人物及事例故事就是对思想政治理论知识最好的印证,当学生对部分思想政治理论知识存在疑惑时,通过榜样模范人物的事例论证能够有效解决学生的疑惑,达到良好的教学效果。除此之外,在互联网时代,一些榜样典型事例能够在短时间内被学生熟知,教师通过这些不同的事例内容向学生讲解理论知识,能够让学生进一步加深理解,树立正确的思想道德观念。由此不难看出,榜样精神融入高校思想政治教育能够有效增强教育的说服力。

3.强化学生认同度,实现榜样标准建设

榜样精神最核心的优势在于能够充分将思想政治教育的正面引导价值充分发挥出来。榜样精神融入高校思想政治教育主要是将英雄事例和行为贯穿到教学全过程,通过具体事例能够让学生在今后遇到同类事情时,模仿并理解榜样的做法,相较于传统教学更具号召力和实践操作性,能够对学生产生正面积极的激励效果。[①]除此之外,榜样精神代表的是当前社会主流的思想及做法,如四川凉山400余名消防员用七个昼夜的时间全力扑灭了三梖垭乡森林火灾[②],用实际行动为世人树立了爱国的榜样典范,让学生明白爱国其实很简单,就是不畏艰险,保护祖国的一草一木。与学生实际生活相关的榜样事例、话题及人物能够让学生对其想要表达的思想有更加深刻的理解与认知,提升了思想政治教育在学生心中的接受程度,

---

①赵子林.自媒体时代榜样教育的新特点与新机制——基于"最美人物"现象的思考[J].思想理论教育导刊,2019 (9) : 120-124.

②赵雨彤.400多名消防员七昼夜全力扑打 四川凉山山火今天被扑灭[EB/OL].央视新闻,2023-06-03.

使学生能够对教师在课堂中所讲授的思想政治理论知识内容内化于心，从而让学生在日常学习生活中以榜样为标准，努力践行、提升自我。

（二）弘扬榜样精神是高校网络思想政治教育的重要助力

弘扬榜样精神充分发挥榜样的典型示范作用，激励大学生向榜样学习，通过向大学生展示榜样事迹，促进受教育者向榜样看齐。榜样精神根据内容细分为不同的类型，为高校网络思想政治教育提供了丰富的素材和资源。

1.榜样事迹感知

事迹是对榜样的形象性感知，不同时期的英雄模范故事、新时代先进人物的榜样事迹、最美人物、身边好人等都能成为高校网络思想政治教育的生动素材。如岳飞、戚继光等传统民族英雄的伟大事迹，司马迁、宋应星、李时珍等蕴含古人智慧的榜样事迹，增强大学生文化自信。时代造就英雄，每个时代的榜样都彰显出独特的价值取向。新时代高校进行网络思想政治教育就要重点讲好新时代脱贫攻坚、航天事业过程中的榜样事迹等，引导大学生为建设社会主义现代化国家踔厉奋发。广泛宣传最美人物、身边好人。最美人物、身边好人相较于时代楷模、功勋人物等英雄模范，往往更加鲜活而真实、具体而可感，具有草根性特征，是一种常态化的“真善美”。“持续推出各行各业先进人物，广泛推荐宣传最美人物、身边好人，让不同行业、不同群体都能学有榜样、行有示范。”①针对大学生群体，要善于利用最美人物与身边好人的亲切、易学特质，实现学有榜样、行有示范。

2.榜样本领锤炼

本领是主体在实践中的能力积累与素质沉淀。“青年的素质和本领直接影响着实现中国梦的进程。”②青年大学生的素质与本领关乎其是否可堪大用、能担重任。新时代高校网络思想政治教育需要应时代之需，引导大学生夯实基础本领，锻造专业本领。榜样本领教育能够强化学习本领、锤炼斗争本领、夯实实干本领。第一，强化学习本领。“青年人正处于学习的黄金时期，应该把学习作为首要任务……树

①新时代公民道德建设实施纲要[M].北京：人民出版社，2019:11.

②习近平.深入学习习近平同志中国梦重要论述[M].北京：人民出版社，2013:32.

立梦想从学习开始、事业靠本领成就的观念”[①]，要引导大学生领悟榜样的学习本领，在学好专业知识外，丰富知识储备，优化知识结构。第二，锤炼斗争本领。当前我们正经历百年未有之大变局，要求广大人民攻坚克难，积极应对挑战。要引导大学生学习榜样敢于拼搏的风骨与气节，在斗争中摔打锤炼、练就真功。第三，夯实实干本领。“伟大梦想不是等得来、喊得来的，而是拼出来、干出来的。”[②]要引导大学生学习榜样的实干本领，争做实干家，把远大抱负落实到具体的实际行动中，在解决实际问题的实践中练就新本领。

3.榜样价值引领

“青年的价值取向决定了未来整个社会的价值取向，而青年又处在价值观形成和确立的时期，抓好这一时期的价值观养成十分重要。”[③]近些年，多元文化不断涌入，部分大学生受到实用主义、功利主义、个人主义等不良社会思潮的影响陷入价值立场模糊，价值选择两难的窘境，甚至出现了凸显个人本位的个人主义、追求工具属性等错误的价值取向。“价值取向的稳定性是相对的，随着支撑主体原有价值取向的主客观要素的变化，主体原有的价值取向终究会发生变化直至根本性的变化。”[④]榜样作为社会发展中的先进群体，其内在精神蕴含着社会主流价值取向，能够折射出处理个人与自然、自我、社会、国家关系的价值尺度和道德标准，要发挥榜样的引领与激励作用，对大学生原有的价值取向的主客观要素进行冲击与重构。

（三）弘扬榜样精神是高校网络思想政治教育的必然选择

相较于其他的教育形式，榜样教育具有直观性、感染性、互动性等优势，通过依托榜样的价值性、审美性，将抽象的理论转化为形象演绎，触发大学生的感性体验，春风化雨、润物无声，进而由表及里激励大学生省思己身，能够充分突出受教育者的能动性、可塑性及发展性，实现从感性认识到理性认识的飞跃，激励大学生自觉践履，实现知行转化，充分彰显立德树人的亲和力与阐释力。

---

①习近平.论党的青年工作[M].北京:中央文献出版社,2022:19.

②习近平.在庆祝改革开放 40 周年大会上的讲话[M].北京:人民出版社,2018:42.

③习近平.论党的青年工作[M].北京:中央文献出版社,2022:76.

④徐贵权.价值世界的哲学追问与沉思[M].北京:中国社会科学出版社,2012:89.

1.增强高校网络思想政治教育的有效性

青年一代有理想关系到国家和民族的前途命运。网络思想政治教育面向的主体是学生，特别是青年大学生。青年时期是人成长成才的关键期，也正是在这时一个人的价值观会逐渐趋于稳定。现阶段，大学生获取信息的来源多、速度快，而且由于青年自身的不稳定性特征，很可能被各种各样的观念所影响。思想政治教育发挥着立德树人的根本作用，作为思想政治教育的延伸和拓展，网络思想政治教育也应该立足和围绕着这一根本作用发力，发挥抵御不良思潮、引导学生树立正确价值观念的功效，推动学生朝着正确的人生轨道发展。榜样精神由爱国主义精神、创新精神、团结精神、奉献精神、敬业精神、牺牲精神、诚信精神、友善精神等丰富内涵组成，榜样的理想信念、道德品质、精神境界的先进价值与高校网络思想政治教育融合，能够增强网络思想政治教育建设的效果，发挥育人效应。

2.增强高校网络思想政治教育的时代性

马克思曾说："每一个社会时代都需要有自己的大人物，如果没有这样的人物，它就要把他们创造出来。"①可见，每个时代都会孕育和催生一大批榜样。榜样是特定时代的产物，反映着时代特征和时代中心任务。网络思想政治教育要因时而进、因势而新，每个时代的发展都会形成与这个时代相适应的课题，同时伴随着时代的发展也会由于多种不良社会思潮的交织碰撞产生一定的社会问题。网络思想政治教育作为思想政治教育的重要组成部分，同样要以其时代性来回答相应的课题，涤荡不良思潮造成的负面影响，发挥立德树人的根本作用。榜样精神历久弥新的特质彰显出的时代价值，能够充分增强网络思想政治教育的时代性，能够指引青年坚定自身理想信念，形成正确的价值观念和价值追求，自觉抵制不良社会思潮的影响，辨明真伪，朝着正确的方向行进，砥砺青年为实现中华民族的伟大复兴而不懈奋斗。

3.增强高校网络思想政治教育的渗透性

在高校，网络已普遍深入到教育的各个环节，它一方面给高校思想政治教育工

---

①马克思恩格斯文集(第2卷)[M].北京:人民出版社,2009:137.

作带来新的机遇和教育平台,也给思想政治教育工作的方式、教育理念、教育者的主体地位等提出了新的更高的要求。网络思想政治教育的渗透性是指教育主体在充分尊重教育对象主体地位的基础上,将教育内容融入一定的教育载体中,营造一定的教育氛围,让教育对象在耳濡目染、潜移默化中不知不觉接受教育的一种隐性教育方法。[①]弘扬榜样精神就是这种有效的教育载体,榜样是从现实中的个人或群体中产生出来的,在时空中与人们相接近,这赋予了榜样的亲近性,多样化和多层次化的榜样满足了不同学生受众的现实需求。榜样人物的精神品质彰显着人格魅力,特别是在平凡的岗位上做出不平凡的贡献的榜样,能够赢得学生们广泛的情感认同和共鸣,唤起他们的叹服和崇敬,使其内心深处产生心理体验以及对崇高精神和美感的向往和追求,从而增强高校网络思想政治教育的渗透性。

三、弘扬榜样精神是大学生价值观塑造的重要途径

新时代的大学生作为社会主义的建设者和接班人,他们的价值观念正确与否对其自身和整个民族的发展至关重要。弘扬榜样精神是以生动、形象的榜样为价值载体,将抽象化的社会主义核心价值观通过具体、现实的人得以表现,让学生对社会主义核心价值观的内容和要求有直观具体的理解,能够积极影响大学生对社会主义核心价值观的认知、认同和践行,在价值观培育和实践中具有不可忽视的作用。

(一)弘扬榜样精神提供目标激励

榜样承载着社会主义核心价值观,是其先进价值的具体体现,同时也代表着社会主流价值。榜样既是受教育者学习的参照物,也是其向前发展的目标。榜样教育为受教育者提供目标激励的前提在于受教育者的思想行为与榜样思想行为之间存在差距,正是这种差距,让受教育者对有着先进思想的榜样产生学习的动机。榜样教育提供的目标激励主要包括以下三方面:

1.榜样的形象激励

形象激励即通过榜样人物所呈现出来的代表着美好、伟大、理想的形象,激发

①高小枚.社会主义核心价值体系教育的渗透性研究[D].湖南师范大学博士学位论文,2011.

受教育者审视自身，找到不足，不断改变自我、超越自我、完善自我，进而达到更上一层楼的效果。比如典范性榜样类型中的伟人榜样，对国家和社会做出突出贡献，在人们的心目中，他们的形象崇高且伟大，带给人们的激励多是形象激励。

2.榜样的行为激励

榜样作为载体和受教育者学习的目标，他们的良好行为，典型事迹能起到打动、启发、激励和鼓舞人的作用，且促使受教育者自觉以榜样的行为为对照，模仿榜样行为方式和矫正自己的行为，从而达到好的效果。“七一勋章”获得者王兰花，群众心中的“活雷锋”，她用自己的实际行动践行雷锋精神。由她带领的“王兰花热心小组”志愿服务组织把“志愿服务，行胜于言”落到实处。她的实际行为就是对受教育者行为上的激励。

3.榜样的精神激励

榜样作为受教育者学习的目标，能够为他们提供精神激励。所谓精神激励是指榜样身上所具有的高尚道德情操和爱岗敬业、不畏艰难、坚韧顽强的拼搏精神等，这些能够激发人的斗志，唤起人们内心的力量，催人奋进。比如雷锋榜样身上体现出的雷锋精神，劳动模范乡邮员赵月芳、种粮人徐淙祥等体现出的“爱岗敬业、争创一流、艰苦奋斗、勇于创新、淡泊名利、甘于奉献”的劳模精神等对人们都具有精神激励的作用。这三种激励有时会以单独的形式出现，但是更多的时候则是共同发挥作用，为大学生培育和践行社会主义核心价值观提供目标激励。

（二）弘扬榜样精神形成行为示范

榜样的示范性表现在榜样的言行举止可以起到影响受教育者行为的作用。由此我们得出，榜样教育可以通过榜样正确的言行举止来对学习者形成行为示范，从而推动社会主义核心价值观培育和践行。人的本质是一切社会关系的总和。生活在社会中的人不是孤立存在的，会与他人有着各种各样的联系，在与他人交往过程中总会发现别人身上的闪光点。在接触榜样时，总会被他的一些特质所吸引，进而产生向其学习的动机。

1.榜样具有可效仿性

行为科学研究认为，人们自身经验的获得不仅可以通过自己的亲身经历得到，还可以通过了解他人的言行举止从而间接获得。榜样教育就是这种理念的实践,它可以通过榜样这一载体,为受教育者提供思想行为示范的标本,受教育者可以通过了解和观察榜样的思想和行为,向榜样学习,最终将内化的思想通过实践展现出来。

2.榜样具有先进性和崇高性

这些能够激发受教育者自我实现的需要,使得他们产生向榜样学习的意愿。还有典型示范的价值和意义。榜样的言行举止必然是这个社会倡导的,是符合道德要求的。他们的事迹在全社会都具有典型示范的价值,教育者正是利用这样的价值,通过宣传榜样和榜样事迹,让受教育者明白什么样的行为是被社会认可的,什么样的行为是不容许做的,怎样才可以在自己的领域做得更好。这种带有目的和意识的引导,可以激起受教育者审视自身的意识,进而激发其学习的自觉性,主动向榜样看齐,不断对比榜样的行为从而改正和规范自己的行为,最终形成良好的行为方式和习惯。

(三)弘扬榜样精神构建和谐环境

一个人的行为、价值观往往受到周围环境和背景的影响和制约,因此周围环境的营造和塑造对于个体的道德和精神发展具有至关重要的影响。榜样教育为培育和践行社会主义核心价值观创造和谐环境。

1.创设学习榜样的环境

在学校开展榜样教育,开展评选学校榜样人物、年级榜样人物的活动,向受教育者宣传榜样人物的优秀事迹。同时也积极在全校宣传全国道德模范、感动中国人物、时代楷模、最美人物等榜样和事迹。如果有条件也可以请这些榜样人物来到高校或者通过直播的方式给学生们讲讲他们的故事。用榜样的优秀品质和感人事迹引导受教育者向榜样看齐、学习。在形成崇尚榜样,向榜样学习的状态下,充分有效地运用和谐学校氛围培育社会主义核心价值观。

2.创造榜样教育实践活动的环境

榜样教育必然要依托一些实践活动,来实现外化于行的目的。营造实践环境培育社会主义核心价值观。榜样教育依托学习榜样、争做先锋的活动,依托志愿服务、课堂等实践平台,让受教育者通过真实的活动,增强对社会主义核心价值观的行为认同。在实践活动中,受教育者可以亲身体验到榜样的爱国、敬业、诚信、友善的情怀,可以帮助受教育者树立正确的爱国观、敬业观、诚信观和友善观。

第三节 榜样精神融入高校网络思想政治教育的可行性

榜样精神是在时代发展进程中所形成的一笔宝贵的精神资源,其自身的内涵在目标、功能和路径方面与高校网络思想政治教育有着高度的耦合性,这也决定了两者之间可以同向同行。

一、弘扬榜样精神与高校网络思想政治教育的目标契合

随着互联网的广泛应用,现阶段,网络已成为信息传播的主渠道,它全方位、多角度融入大学生的学习生活中,也成为高校思想政治教育工作的“最大变量”。高校网络思想政治教育的目标即培育时代新人的理想信念、道德养成、价值取向与弘扬榜样精神的目标一一对应。

(一)弘扬榜样精神与培育时代新人理想信念目标相契合

榜样精神是一种特殊的精神文化,是人们在实践中对作出过重大的、历史性贡献的特定历史人物,通过认知的积淀,形成一致认识。在榜样的身上,凝聚着其特有的优秀品格,他们崇高的精神影响力和无穷的人格魅力,感召和哺育了一代代后来人。精神的力量是无穷的,榜样的力量也是无穷的。习近平总书记在中国人民大学考察时指出,“广大青年要做社会主义核心价值观的坚定信仰者、积极传播者、模范践行者,向英雄学习、向前辈学习、向榜样学习,争做堪当民族复兴重任的时代新人”①。将大学生榜样教育置于伟大事业的发展战略之中,明晰了新时代大学生榜样教育的总目标,即培育堪当民族复兴重任的时代新人。

时代新人是肩负着实现民族复兴大任的社会主体,关系着党和国家未来的发展。时代新人在思想水平、政治觉悟、道德水平、文化素养、精神状态等方面要符合新时代的要求。培育好时代新人既需要理论的指引,又需要精神的滋养,而榜样教

①习近平.论党的青年工作[M].北京:中央文献出版社,2022:242.

育正契合这一要求。其一，榜样教育以春风化雨的方式厚植大学生的家国情怀。榜样人物身上承载着坚定的理想信念和浓厚的家国情怀，使大学生受到熏陶和感染，让他们在无形中将爱国主义情感内化于心、外化于行。其二，榜样教育锤炼大学生的责任担当。新民主主义革命时期的先驱们的英勇事迹、社会主义革命和建设时期模范们的先进事迹都激励着时代新人勇于担当时代责任和历史使命。在榜样教育过程中带领大学生回顾榜样所处的时代背景，感受榜样所处的生存环境，有利于磨砺大学生的意志品质，坚定他们勇于担当的决心。

（二）弘扬榜样精神与培育时代新人道德养成目标相契合

习近平总书记指出："抓典型，更具意义的是要树立精神上的榜样。"[①]榜样教育重在与榜样的精神碰撞与交流。根据《新时代的中国青年》白皮书显示，"新时代青年拥有更为富足的精神成长空间，文化视野更加开阔，见识阅历更加广博，精神品位不断提升"[②]。对此，新时代大学生榜样教育要积极探索榜样所承载的时代精神，引导大学生筑牢理想信念，厚植家国情怀，深谙道德修养，强化使命担当，坚持永久奋斗，锐意创新，甘于奉献。

榜样教育发挥的最直接作用是提升大学生的思想道德修养，对大学生的成长发挥价值引领和目标激励的作用。榜样教育过程中选树的榜样都是符合社会道德规范、具有高尚的道德品格的人，他们身上有着超出普通人的精神特质。例如，"根入石窟蟠"的樊锦诗、"初心自慷慨"的张富清身上所体现的爱国爱党精神；"奇迹校长"张桂梅身上所体现的爱岗敬业精神；第一书记黄文秀、"银发知播"群体身上所体现的无私奉献精神等。向大学生宣传这些榜样人物的先进事迹和高尚品格，可为大学生的成长提供价值指引，有利于帮助大学生形成正确的道德观。榜样教育具有目标激励作用。大学生在接受榜样教育的过程中，会受到榜样的感染和熏陶，将榜样视为自己努力的目标，将自己的言行举止与榜样的行为进行对照，从而不断提高自身的道德素质。

---

①习近平.之江新语[M].杭州:浙江人民出版社,2007:212.

②中华人民共和国国务院新闻办公室.新时代的中国青年[M].北京:人民出版社,2022:6-7.

（三）弘扬榜样精神与培育时代新人价值取向目标相契合

一个时代有一个时代的价值取向，“社会主义核心价值观是当代中国精神的集中体现，凝结着全体人民共同的价值追求。”[①] 榜样承载了社会主义核心价值观，将抽象的道德精神符号转化为有血有肉的典型，更容易让学生产生情感共鸣和行为效仿。一方面，在大学生榜样教育中会以社会主义核心价值观的践行作为选树榜样的重要标准，选取符合社会主义核心价值观的时代榜样。同时，榜样的故事和精神又丰富了社会主义核心价值观的内涵。另一方面，大学生榜样教育的过程也是社会主义核心价值观传递的过程。大学生通过对榜样的认同，会更深层地认同榜样身上所承载的价值理念，从而增进对社会主义核心价值观的认同。他们在学习榜样的过程中，也间接弘扬了社会主义核心价值观。大学生对社会主义核心价值观并不陌生，但对如何将其转化于行存在困惑，而弘扬榜样精神进行榜样教育为大学生弘扬社会主义核心价值观提供了学习切入点，激发大学生的学习效仿动力。不仅有助于提高大学生思想政治素养，帮助大学生把握政治方向，增强理想信念，筑牢思想之基，推动理想信念教育常态化制度化，而且还有助于大学生群体跟上新时代，形成新思路，凝聚起价值共识。当前，受到不良社会思潮的影响，青年大学生的价值观念遭遇迷惘。榜样作为主流价值取向的形象化表达，新时代榜样蕴含着社会主义核心价值观的标准。对此，弘扬榜样精神进行榜样教育要积极弘扬新时代榜样的价值观念，“树立鲜明时代价值取向，彰显社会道德高度”[②]，引导大学生向榜样学习，争做社会主义核心价值观的坚定信仰者、积极传播者和模范践行者。

二、弘扬榜样精神与高校网络思想政治教育的功能契合

“思想政治教育功能是指思想政治教育对受教育者和社会生活所能发挥的积极的有力的作用或影响。”[③]新时代高校网络思想政治教育是在信息技术飞速发展的时代背景下，运用互联网技术引导大学生学习、交往、娱乐以及创新的实践活动，

①习近平谈治国理政(第3卷)[M].北京:外文出版社,2020:33.

②新时代公民道德建设实施纲要[M].北京:人民出版社,2019:11.

③陈万柏、张耀灿主编.思想政治教育学原理(第3版)[M].北京:高等教育出版社,2015:63.

其功能是指它对大学生群体思想观念、政治觉悟、道德品质、法制意识、心理素质、行为规范以及文化选择的有益影响。榜样教育通过榜样人物潜移默化地塑造高校大学生正确的思想和健全的人格，为社会主义现代化培养合格的建设者和可靠的接班人，与高校网络思想政治教育的传播、导向、道德规范功能相契合。

（一）弘扬榜样精神与网络思想政治教育的传播功能契合

传播功能指的是高校网络思想政治教育利用传统媒体与新媒体，传递信息、传播文化和建立网络思想政治教育话语权的功能。传播功能强调的是高校网络思想政治教育利用传统媒体和新媒体传播信息，信息的深度和广度较之前更加深和广。传播功能主要有信息传播功能、文化传播功能和话语传播功能。

1.信息传播功能

信息传播功能表现在随着媒体融合步伐的加快，不仅大学生获取到的信息与日俱增，获取信息的形式也在逐步多变，大学生流转于传统媒体和新媒体之间来获得国家、社会和学校等层面的信息内容。高校网络思想政治教育逐步扩大了其功能，更好地将其功能发挥出来，引领大学生的健康成长，其扩大化的趋势是可以通过媒体平台数量的增多、传播的内容、传播的方式和传播的理念来呈现。思想政治教育要做到全域育人和全程育人相互结合，要把信息传播功能扩大，不能仅仅局限于虚拟空间中。高校把握新时代的发展趋势，利用校园中的广播、网络教学平台，微博、微信、抖音等各类新媒体，传播正能量，提升主流意识形态引领力，让大学生在媒体融合的浪潮中利用各种媒体扩充自身的认知面。弘扬榜样精神也成为信息传播的一种方式，以榜样为载体能够传播真善美和社会正能量。如大力弘扬志愿者的榜样精神，能够传播“奉献、友爱、互助、进步”的志愿服务理念，使学生积极投身到志愿服务中，通过榜样的事迹介绍，也可以使有意向的大学生了解志愿服务的相关信息。

2.文化传播功能

文化传播功能指的是在传播功能发挥时，对优秀的中国文化加以宣传，扩大中国优秀文化的影响力。思想政治教育与文化有着密切关系，其教育目标反映文化的性质、教育内容是文化的重要组成部分、教育活动的开展需要文化载体和文化环境的支撑。[①]互联网自诞生之日起，就因其信息传播力强、文化覆盖面广和信息传递交互性的特征，在文化传播中始终扮演着重要的角色。网络思想政治教育和弘扬榜样精神的文化传播功能主要体现在以下几个方面：一是帮助大学生在纷繁复杂的网络文化环境中基于正确的价值判断和信息甄别力做正确的文化选择，有效避免有害信息和资本主义文化渗透对大学生思想观念的不利影响。二是为社会主义先进文化传播提供有力阵地。一方面，促进马克思主义思想理论的有效传播，从而引导人、塑造人、发展人，推动社会主义思想文化深入人心。另一方面，用中华优秀传统文化培根铸魂，贯彻思想政治教育显性和隐性相统一的原则，彰显我国文化软实力，增强大学生文化自信，达到文化激励的作用。三是对文化创新有着重要的推动作用。文化创新不仅是文化自身发展的内在动力，而且体现着社会主义先进文化发展的必然要求。党的二十大报告指出，要始终坚持中国特色社会主义文化发展道路，坚持为人民服务、为社会主义服务，坚持百花齐放、百家争鸣，坚持创造性转化、创新性发展，突出强调了文化创新的重要性和必要性。网络思想政治教育通过提供丰富、直观、形象的信息资源，很好地满足广大学生对知识的渴望，充分调动起大学生学习的主动性、积极性，从而促进大学生的智力与能力的全面发展，开发大学生的内在潜能，推动文化的创新发展，培育民族复兴大业的时代新人。

（二）弘扬榜样精神与网络思想政治教育的导向功能契合

导向功能指的是高校网络思想政治教育引导学生在媒体融合背景下学会信息的判断和选择，建立符合时代要求的情感意识的功能。

1.行为导向功能

高校网络思想政治教育充分利用课堂、微博、微信、微课等方式，把学生的思想和行为引导到符合社会发展要求的正确方向。榜样的力量是无穷的，在进行大学生思想政治教育时，教师通过运用榜样教学，能够在思想上、行为方式上为学生树立积极正面的标杆，能够从思想到行为影响学生的为人处世的态度和方式。在榜

①王瑞.论思想政治教育在推动社会主义文化大发展大繁荣中的作用[J].长春理工大学学报(社会科学版)，2012(05):6-7.

样的影响下，学生在日常学习和生活中潜移默化地结合榜样行为对自己的行为进行约束和引导，根据榜样的行为对自身的思想和行为进行调整，促进学生的身心健康发展。大学生处于成长的重要转折点，需要有正确、端正的思想进行引导。因此，学校在思想政治教育中必须充分利用榜样的导向性作用，为学生的良好观念、思想形成提供帮助，促进学生完成人生转折。

2.情感导向功能

情感导向功能侧重于学生的情感认知，加强学生的情感认同度，坚守高校主流意识形态阵地，进而培养学生的爱国主义情怀。高校通过媒体的声音，增强了大学生的政治定力。大学生的政治定力是情感导向功能发挥的外在表现。高校网络思想政治教育和弘扬榜样精神依照政治定力养成的机制，持续为网络文化打造筑基，灌输党、国家和人民的信仰，在大学生的精神上用符合学生发展的思想意识进行补钙，引领社会风尚。高校在党建和团建中特别重视大学生思想意识的引领，在红色节日中鼓励自主拍摄小视频、短片并进行评比。高校采用这样的方法完美地将媒体融合和情感导向功能结合在一起，擦出别样的火花。另外，高校思想政治工作者注重各类媒体的积极跟进和建设，要求各类媒体掌握好时、度和效果，为情感导向功能发挥构建好的媒体环境。

（三）弘扬榜样精神与网络思想政治教育的道德规范功能契合

习近平总书记在北京大学师生座谈会上强调：“道德之于个人、之于社会，都具有基础性意义，做人做事第一位的是崇德修身。”[①]党的二十大报告指出：“实施公民道德建设工程，推动明大德、守公德、严私德，提高人民道德水准和文明素养。”[②]道德教育是构成思想政治教育的重要组成部分，道德规范是每一个社会公民都应该遵守的行为准则，也是一个国家、一个民族维持健康平稳运行的前提保障和目标遵循。在信息化时代背景下，互联网越来越成为人们日常生活中不可或缺的一部分，在为大学生学习、工作提供便利的同时，也因其虚拟、匿名的特性导致许多道德失

①习近平谈治国理政[M].北京:外文出版社,2014: 173.

②习近平.高举中国特色社会主义伟大旗帜为全面建设社会主义现代化国家而团结奋斗——在中国共产党第二十次全国代表大会上的报告[N].人民日报,2022-10-26.

范现象的发生。网络思想政治教育和弘扬榜样精神的道德规范功能作用的发挥主要在于两个方面:一是培养大学生道德意识,让大学生认识到虚拟的网上活动与现实的社会活动在本质上是一样的。不能因为在网络空间匿名、数字化的交往环境中就随意发布虚假信息,做违反道德的事。认识到违反社会道德规范无论在线上还是线下都必将受到社会舆论的谴责与良心的自责,自觉增强道德自律。二是帮助大学生养成良好的道德习惯,勇于与不道德行为做斗争。大学生需自觉维护公共利益,自觉对不道德行为予以谴责,发出自己的声音。

三、弘扬榜样精神与高校网络思想政治教育的路径契合

弘扬榜样精神和高校网络思想政治教育既关系学生个人道德素养的提升,也关系党和国家未来的发展。弘扬榜样精神和高校网络思想政治教育的路径按照实施主体、实施平台和实施方式划分具有一致性。

(一)弘扬榜样精神与高校网络思想政治教育的实施主体契合

弘扬榜样精神的主体具有不同的类型。一般来说弘扬榜样精神主体以两类形式存在:一类是以个体形式存在。主要包括教师、家长、领导等。另一类是以群体形式存在。主要包括各种组织、团体、机构等。但是一般情况下两者没有截然的区分只是侧重点不同。弘扬榜样精神的个体正是一定群体中的个体,弘扬榜样精神的群体也正是一定个体组成的群体。弘扬榜样精神的个体主体在教育过程中具有相对的独立性、灵活性、针对性和自主性,而弘扬榜样精神的群体在教育过程中更注重发挥群体的智慧、凝聚力和号召力。

高校网络思想政治教育的实施主体与弘扬榜样精神的主体实现了高度重合。高校网络思想政治教育的主体,是开展网络思想政治教育最重要的有生力量。置于网络环境下,思想政治教育工作主体改变了以往“单打独斗”、唱“独角戏”的局面,融入了很多“隐形”的教育主体,这些主体包括高校党委、思政课教师以及辅导员等育人主体;行政、后勤、财务、保卫及办公室等职能部门的员工;学生家长、校友、学生骨干等,他们为育人队伍提供了重要支持,形成了育人合力。

（二）弘扬榜样精神与高校网络思想政治教育的实施平台契合

党的十八大以来，数字中国建设取得显著成就，大数据、移动互联和人工智能等数字化技术赋能，让人们的物质生活变得更加便捷美好。网络思想政治教育是思想政治教育在互联网时代的新发展，人工智能、大数据、物联网等新技术和微博、微信、抖音等平台的兴起，为网络思想政治教育的优化提升提供了全新的视野选择和实践路径，给网络思想政治教育带来变革性的影响。正如习近平总书记所强调的，要运用新媒体新技术使工作活起来，推动思想政治工作传统优势同信息技术高度融合，增强时代感和吸引力。新媒体平台在教育宣传、价值引领、互动交流等方面有着很强的育人价值，迎合了当代大学生的需求和喜好，也是当下广泛开展的媒介形式。

弘扬榜样精神与网络思想政治教育都需要借助传播的载体，从而实现教育的目的，新媒体平台的兴起，为两者均提供了便利。新媒体是弘扬榜样精神的网络宣传媒介，也是高校网络思想政治教育的重要载体。随着数字信息时代的深入演变，传统媒体信息技术在不断地向新媒体信息技术创新的转变，形成多元化的媒介形态、双向化的受众互动、精准化的信息推送为传播特征的新媒体平台，深刻地改变着人们信息交流、信息更新以及传播方式，并在高校网络化育人工作过程中占据重要地位，已成为高校学生日常学习生活的重要组成部分，更加推进榜样人物及精神事迹所内含的精神力量在网络空间的互动分享。通过借助互联网、终端设备、5G技术的支撑打造新媒体平台，充分利用新媒体的即时性、互动性、虚拟性等传播优势，打破榜样精神传播的时空局限和物理屏障，构建榜样与高校师生之间精神共鸣的桥梁，增强大学生对榜样的认同感、崇拜感和自豪感。与此同时，新媒体平台以开放性、便捷性、互动性、传播速度快以及涉猎内容广泛等方面的优势，为高校开展思想政治教育和学生进行自主学习提供了极大的便捷，备受高校和青年大学生的青睐。

（三）弘扬榜样精神与高校网络思想政治教育的实施方式契合

实施方式是弘扬榜样精神的重要元素，也是关系到网络思想政治教育成效的关键因素。新时代的大学生是思维活跃、个性鲜明的人群，这就要求不管是弘扬榜样精神还是网络思想政治教育都不能因循守旧，要以受众为中心，更加注重话语风格和表达形式。为宣传榜样精神，武汉市文联创新宣传形式，组织漫画家木瓜等人以漫画的艺术形式展现10位道德模范助人为乐的精神风貌，并配以文字，通过图文并茂的形式展示他们勇于担当的无畏精神、以诚待人的高尚品格、勤勉做事的职业操守、孝老爱亲的至美亲情、无私奉献的牺牲精神，在全社会形成崇德向善、见贤思齐、德行天下的浓厚氛围。思想政治教育是教育者采用各种手段方法，将特定的思想政治教育内容和价值观念传导给受教育者的有目的、有计划、有组织的社会实践活动。因此，话语表达是思想政治教育不可或缺的重要环节，根据社会发展、科技进步和学生成长环境变化，不断改进话语表达，是保证思想政治教育取得实效的必然要求。目前很多高校适应时代的发展需求，紧跟视觉化传播潮流，适应短视频表达模式，积极探索将短视频运用到高校思想政治教育的有效路径，采用“中央厨房”的工作模式，厘清不同类型媒体平台特性，针对不同媒体平台特点适时调整宣传策略，挖掘符合不同媒体传播属性的宣传点，不断提升传播效能。在策划选题时，主创人员抓住短视频“短、平、快”特点，结合与大学生息息相关的热门话题，用故事化理念制作趣味性短视频产品，引发学生情感共鸣，让学生在快乐中成长、在快乐中受感化、在快乐中受教育。如高校通过抖音发布本校军训拉练的视频，通过震撼的画面，让学生沉浸在爱国主义教育中。

第三章 榜样精神融入高校网络思想政治教育的现状审思

网络信息技术对榜样精神融入高校网络思想政治教育模式创新、增强育人实效等方面起到了推动作用，但笔者在多年的高校榜样精神传播和网络思想政治教育的工作实践中发现，在融入中也面临着与数字技术结合度不够、网络平台一体化育人格局尚未健全、榜样精神弘扬课程创新性不足以及家庭、学校、社会协同育人合力尚未形成等方面的现实困境。这些困难对榜样精神融入高校网络思想政治教育存在一定的影响。因此，为更好地推动榜样精神融入高校网络思想政治教育入脑入心，取得良好教育效果，对榜样精神融入高校网络思想政治教育的现状进行深度审视和思考重要且必要。

第一节 榜样精神融入高校网络思想政治教育的现实做法

网络给人们的生产生活、学习工作和交往交流等方面带来了巨大而深刻的影响，也对人才培养提出了更高的要求。《高校思想政治工作质量提升工程实施纲要》强调大力推进网络教育，构建网络育人体系，为加强高校思想政治教育网络育人工作指明了方向。在推进教育数字化的背景下，榜样精神融入高校网络思想政治教育应与时俱进、顺势而为，积极运用新技术，主动向网络平台延伸，开发网络阵地，以发展的眼光创新教育方法，丰富教育内容，助力"大思政课"格局构建，着力推进育人工作取得新成效。

一、榜样精神网络思想政治教育与高校课堂教育教学相融合

随着网络信息技术的普及，高校开展榜样精神融入网络思想政治教育应与时俱进，在教育教学的实践过程中注重运用先进的教育理念和技术手段，将榜样精神

融入思想政治教育理论课和课程思政中，提高网络思想政治教育课堂教学质量。

一是将榜样精神融入思想政治教育理论课。高校充分运用思想政治教育理论课作为主要阵地来开展榜样精神网络思想政治教育。当前，使用虚拟现实（VR）、增强现实（AR）、手机App课堂互动等在思想政治教育课堂开展教育的高校层出不穷，如有的高校建设了基于VR技术的榜样精神网络思想政治教育虚拟仿真项目，建成了融合文字、图片、图表、声光电、视频演示、人机交流、研讨互动于一体的网络思想政治教育情景教室，教育者通过当前的先进技术与榜样精神的相关内容结合，以新颖的表现形式吸引教育对象的注意力，使教育对象通过视觉、听觉、触觉等方面的冲击，以及零距离、浸润式、沉浸式的学习方式，大大加深榜样精神网络思想政治教育的效果。高校还尝试建设榜样精神网络思想政治教育课程资源库。该资源库包括了思政教材和教学参考书以及各类与课程相关的学习资源，如借鉴榜样精神优质慕课或在线精品课程，改进教案、教育方式，自制榜样精神网络思想政治教育微课，生动阐释重难点内容；整合多媒体资源，如纪录片、图片、视频等，组建素材等。在具体教学过程中，教育者将课程资源库进行多级分类与管理，构建多维度榜样精神网络思想政治教育教学资源体系，并根据学生需求进行课程资源分发，及时根据教学进度进行调整。此外，高校打破时空局限，积极盘活榜样精神网络思想政治教育的资源，实现了教育资源的共建、共享。比如，通过慕课、短视频等平台，高校大学生可自由选择名校、名师、名课，公平获取关于榜样精神网络思想政治教育的资源。

二是将榜样精神融入课程思政。课程思政将思想政治教育元素融入专业课程教学的各环节、各方面，以发挥思想政治教育的显性与隐性育人功能，形成全课程育人体系。榜样精神与课程思政相融合，最主要的是将榜样精神与其他专业课程相融合。首先，高校各专业课程是学生学习专业知识、培养专业认知、提高专业能力的重要途径，课程数量也较多，是学生形成科学知识体系最基础也是最重要的课程。其次，每一门专业课程的发展过程中，或是在专业领域中都存在榜样，这些人物事迹、品格和精神等蕴含着其特有的价值理念，对于学生具有很强的精神引领作用。因此，高校积极在各专业课程教育教学中融入榜样精神网络思想政治教育的相关元素，使学生在专业领域也能培养高尚的道德情操和精神境界。

二、榜样精神网络思想政治教育与高校全媒体矩阵相融合

开展榜样精神融入高校思想政治教育不只是课堂教育教学的责任，在任何时间、任何地点都可以进行。在新时代条件下，媒体融合趋势向纵深推进，各大高校紧跟时代发展步伐也纷纷成立融媒体中心，着力推动新旧媒体融合，形成全媒体传播矩阵以扩大宣传效果。当前，高校不仅运用全媒体传播矩阵来讲好本校故事，传播本校好声音，也高度重视并运用各种传播媒介的优势，多角度、全景式、深层次开展榜样精神网络思想政治教育，拓展教育的途径，增强教育效果。

高校根据各网络平台的传播特性，把新媒体网络传播平台和传统媒体网络传播平台融合成全媒体传播矩阵。新媒体网络传播平台包含了微信公众号、微博、抖音、快手、小红书、央视频、学习强国等；传统媒体网络传播平台包括高校校园网站、校园电子报刊、电子大屏幕、校园广播等。一是高校充分运用新媒体网络传播平台开展榜样精神网络思想政治教育。在教育内容上，高校通过调研和大数据分析的方式对大学生的内容需求进行精准研判，精心策划榜样精神网络思想政治教育的主题内容，运用"网言网语"与"有料、有理、有心、有用"的高质量内容相结合，创作了一批形象生动、有时代价值和教育意义，并且深受学生喜爱的网络思想政治教育的优质内容。在教育形式上，高校贴近学生喜好，坚持学生喜欢什么方式，就运用什么方式开展网络思想政治教育的理念，结合大学生的上网需求、特点以及新媒体传播平台特点，再结合教育目标，以长视频、短视频、音乐短片、情景剧、微课、图文等展示方式，以学生喜闻乐见的方式开展榜样精神网络思想政治教育，使得教育对象对教育内容真正入眼、入脑、入心。二是高校充分运用传统媒体网络传播平台开展榜样精神网络思想政治教育。相较于新媒体网络传播平台，传统媒体网络传播平台在内容和形式上活泼性不足，但其所发布的内容具有很强的权威性，是学生确认信息正确与否的重要途径。因此，高校也十分重视运用传统网络媒体平台开展榜样精神网络思想政治教育，如将教师制作的榜样精神网络思想政治教育微课、微视频等，以及学校策划的榜样精神网络思想政治教育品牌栏目等通过校园网主页展示出来；运用校园电子报刊刊发榜样人物的先进事迹；通过电子大屏幕、校园广播展示榜样精神的相关

宣传，以此烘托高校大力开展榜样精神网络思想政治教育的良好氛围。

三、榜样精神网络思想政治教育与“一站式”学生社区相融合

学生社区是距离学生最近、沟通交流最多的地方，当前，许多高校高度重视“一站式”学生社区的育人功能，并且将榜样精神网络思想政治教育的相关实践活动转移到学生社区，使得这一方小天地发挥出巨大的育人作用。

一是高校充分考虑教育对象作为“数字原住民”的成长特点，积极探索打破传统思想政治教育的壁垒，在“一站式”学生社区通过数字技术及互联网整合榜样相关资源，自主开发榜样精神网络思想政治教育线上平台，通过线上听榜样事迹、虚拟参观榜样教育场馆等方式，拓展线上榜样精神网络思想政治教育场域，更新育人载体，创新育人方法，扩大育人效果。二是通过在“一站式”学生社区深度挖掘网络思政+智慧党建的育人价值，在开展榜样精神网络思想政治教育的过程中重点将其与党建活动结合起来，一方面充分运用和调动社会资源，与其他高校进行合作联动，积极邀请各领域、各行业、各阶层的优秀共产党员、先进模范、榜样人物等为学生开展线上讲座或讲授线上党课等；开发红色资源平台或虚拟红色教育基地；另一方面，积极拓展与线上讲座、党课相对应的线下实践活动，如党组织开展党日活动、学习榜样活动等，推进榜样精神网络思想政治教育线上与线下、理论与实践相结合，打造网上网下同上一堂榜样精神网络思想政治教育课，引导教育对象将榜样精神和党性修养内化于心、外化于行，顺利完成网络思想政治教育的闭环。

第二节 榜样精神融入高校网络思想政治教育的现实困境

一、开展榜样精神网络思想政治教育与数字技术结合度不够

网络数字媒体所带来的社会性变革是推进高校网络思想政治工作的重要力量，但是高校在开展网络思想政治教育的过程中，思政工作者的数字技术意识、信息理念和运用能力与数字时代迅速发展的要求存在很大差距，并没有与数字媒体能力发展速度相匹配，这是榜样精神融入高校网络思想政治教育面临的现实困境。

首先，在数字化时代，高校思想政治教育工作者数字化意识和认知相对不足。

目前,高校网络思想政治教育依赖于网络传播新媒体新技术的运用,但高校思政工作者还普遍缺少对新技术的系统认知,缺少大数据意识,一方面导致对于数据间潜在关联的分析和把握不到位,因此在开展榜样精神网络思想政治教育的过程中难以通过数据分析来快速、精准选择对自己教育教学有用的信息内容。另一方面,由于无法发现数据之间的关联,就难以运用其进行预判,难以掌握事态发展的可能性,因而对于事态的预警和情况预控有待提升。

其次,高校思想政治教育工作者的教育作用和效果与其运用数字技术的能力有很大关系。客观来看,由于投入经费和配套保障不足等客观实际,许多地方高校尚不能对高校思政工作者进行系统的、基础性的数字技术培训,思政工作者运用数字技术的水平和能力还普遍较低。一是高校思政工作者对于数字化专业知识和运用能力尚待提升。高校思政工作者是实施网络思想政治教育的主体,他们应掌握必要的数据采集、分析、存储和共享的知识和能力,但在实际工作中,一部分教师基本不具备这样的能力,他们的能力仅仅停留在少量的数字化表格整理水平上,总体上欠缺分析能力。二是高校网络和信息服务部门尚不能提供较完备的设备和技术支持。数据的搜集、整理,信息的分析、评价,后期的储存、保密,都需要相应的专业技能和实操支持。这都需要经过比较系统的学习和实践,一般的网络思想政治教育工作者的业务水平难以达到,需要学校网络技术部门的协助和支持。但高校受限于编制和薪资等问题,专门的网络技术人员十分有限,不能对网络思想政治教育进行全力的支撑和保障,会影响数字技术运用于网络思想政治教育的效果。

最后,高校思政工作者尚不能将榜样精神网络思想政治教育与数字技术进行有效结合。数字技术对于高校开展榜样精神网络思想政治教育是一件利好之事,数字技术不仅可以极大丰富榜样精神网络思想政治教育的展示形式,在内容上也可以结合流行的网络语言,从而更加贴近学生,赢得学生的青睐。然而,在现实情况中,高校思想政治教育工作者比较难跳出传统思想政治教育的理论和模式,充分结合和运用数字技术的教师不多,效果也参差不齐。

新时代开展榜样精神融入高校网络思想政治教育,需要高校思想政治教育工作者将传统思想政治教育理论与数字技术进行有效结合,既有传统的思想政治教育经验积累,也能掌握一定的数字化分析处理技术。但在当前的高校思想政治教育工作队伍当中,这样的人才还比较匮乏。

二、运用网络平台一体化进行榜样精神网络思想政治教育的格局尚未健全

网络思想政治教育平台是榜样精神融入高校网课思想政治教育的重要载体,拥有高水平的网络思想政治教育平台能够极大地增强网络思政育人成效。当前,众多高校自媒体平台建设已初具规模,在抖音、B站、小红书、快手等校外平台也相继开通了官方账号,产出了一些榜样精神网络思想政治教育的高质量作品,但是缺少矩阵式网络资源平台,发布作品平台较为分散,运用网络平台一体化宣传榜样精神的格局尚未健全。

首先,开展榜样精神网络思想政治教育的网络平台软硬件基础设施尚未健全。一方面,由于大部分高校均未设置榜样精神网络思想政治教育的独立课程,学校没有特地用于开展榜样精神网络思想政治教育的专项经费,因此,高校还未开发出独立的专用于榜样精神网络思想政治教育的网络传播平台,平台配套软件也就无从谈起。另一方面,部分高校由于资金有限,对网络思想政治教育的平台基础设施投入较少,导致部分网络平台的硬件设施缺乏专人维护,存在老化故障、卡顿闪退、安全漏洞等问题,难以应用于教学实践。此外,部分高校缺少与网络思想政治教育平台相配套的、完整的软件设施,或是配套的软件设施未进行更新,如一些录课软件、音视频剪辑软件等,从而影响榜样精神网络思想政治教育课程录制的效率和效果。同时,部分高校思想政治教育资源库、数字图书馆等建设水平不高,学生获取丰富多样学习资源的途径较少。

其次,媒体传播平台管理较为混乱,高校内部平台建设多点开花,传统网络媒体平台有校园网网站、校园广播电台、电子校报以及校园宣传电子大屏幕等,新兴媒体平台有微信、微博、抖音、B站、小红书、快手等。一是由于传统媒体与新兴媒体的传播方式有所区别,在传播内容上两类媒体存在很大差异,传统媒体具有很强的权威性,新兴媒体的传播形式则相对活泼,而且新兴媒体平台是在信息技术迅猛发展和人们对于信息和文化多元化的基础上产生的,因此两类网络媒体平台在资源和技术支持上无法形成耦合关系,显露出信息交互“圈层化”问题。二是由于宣

传平台较多,如果需要制作优质的榜样精神网络思想政治教育的传播内容需要花费大量的时间和精力,对于榜样精神网络思想政治教育的选题策划和内容采编以及推送互动等需要有专业的运营团队来进行,但是由于种种原因的影响,目前很多高校很难做到这一点。三是因为高校开展榜样精神网络思想政治教育的主体有很多,包括学校领导、行政部门人员以及专业课教师等,因此也很难做到各级各类网络平台运营主体一致。综上,各级各类网络媒体平台账号运营主体不一致,信息定位不准确,在一定程度上削弱了账号的权威性。

此外,各网络传播平台未形成榜样精神网络思想政治教育合力。一是高校网络传播平台中大部分的资源是与学生专业领域相关的知识,对于榜样人物及其先进事迹和崇高精神的独立宣传和弘扬的资源非常少,也未进行归类,资源分布较为零散;在涉及榜样精神的教育内容中,大部分是作为课程知识点的讲解案例,没有专门的榜样精神网络思想政治教育课程。二是开展榜样精神网络思想政治教育的网络平台内容建设质量不高。当前,各高校的网络平台涉及范围广泛,但这些网络平台多是用于给教师上专业知识课程,内容多表现为教学课件、案例分析、时事热点等,对于教学与实践资源的开发和建设力度不足,表现形式单一,内容多为图文制作,视频资料欠缺且呈现效果不佳。平台内容更新速率较慢,存在滞后性,难以满足教育主客体即时学习的需要。三是网络平台功能应用程度不足。网络平台功能较齐全,为提升教学效果和质量提供了有力支持。但部分教师对于网络平台的应用局限于课程内容学习和课程通知、测验,平台的交流互动、沉浸式体验以及娱乐休闲等功能利用率不高,导致平台缺乏吸引力。

三、开发线上榜样精神弘扬课程的创新性不够

目前,高校开展榜样精神融入网络思想政治教育仅仅是依靠日常授课课堂,如各门类的专业课、公共课、通识课和选修课等,在内容讲解上还是运用传统的思想政治教育的方式方法较多。此外,高校榜样精神融入网络思想政治教育在新技术开发和运用方面还不够充分,因此,高校在开发线上榜样精神弘扬课程方面的创新性还有待提升。

第一,线上榜样精神弘扬课程与日常教育教学课程结合的创新性不够。一是

课堂教育教学方法的创新性不足。新时代的网络思想政治教育与传统的思想政治教育有很大的区别,其更加注重与新技术、新平台的融合,以轻松活泼的语言形式和丰富多样的表现形式呈现出教育内容;传统的思想政治教育或以往的网络思想政治教育比较注重使用讲授法来开展思想政治教育,表现形式较为单一,缺乏吸引力。高校开发线上榜样精神弘扬课程正尝试探索吸收以往思想政治教育的经验,向新时代网络思想政治教育靠近,但要开发出高质量、高水平的线上榜样精神弘扬课程仍有很长一段路要走。二是对于榜样精神弘扬课程缺乏相关素材的深度思考。好的教学案例应该是“一案到底”,即一个案例串通整节课的知识点,这样的案例能够使课程教学具备很强的整体性,学生也很容易明白课程知识点之间的逻辑关系,利于学生更好地了解知识的实质。但在实际中榜样精神只是作为课程的某个知识点的讲解案例,知识点与素材之间只是进行简单的整合,并未深入挖掘两者之间的深层关联性。知识点的相关案例相对简单,常常出现一个知识点一个案例的情况,这就导致知识点与知识点之间是相互割裂的。

第二,信息科技进步为高校开发线上榜样精神弘扬课程,提升榜样精神融入网络思想政治教育效果提供了更多先进手段,也提供了重要技术支撑,但目前高校运用先进技术开发线上榜样精神弘扬课程的能力还有待加强。具体来说,一是还未充分使用人工智能技术和大数据技术来进行内容的生产、推送和分析,对于榜样精神弘扬课程的议题策划、规律探索、趋势把握以及效果预测上需要进一步探索,要进一步使用大数据系统快速收集、储存、分析和展示与榜样精神有关的信息,并对其进行多维度、精准化的分析,将数量庞大而繁杂的数据简单化、关联化和可视化,为教育对象提供清晰、准确、有价值且喜闻乐见的榜样精神弘扬课程内容。二是在表现形式上,当前大多数高校的线上课程还是以短视频的方式或者多媒体与教师教授结合的方式进行,没有充分运用虚拟现实(VR)、增强现实(AR)以及人工智能技术来创新形式,由于技术和资金等方面的原因,高校榜样精神弘扬课程还未尝试使用“AR/VR+5G”等技术以直播的方式将课程的相关场景进行全方位的展示;大部分高校还未开发榜样精神弘扬课程IP形象用以在视频类的课程作为专门的讲解员对榜样精神弘扬课程进行讲解;使用虚拟现实(VR)、增强现实(AR),通过电脑或者穿戴设备体验课程的虚拟环境也只有部分高校开发使用,并未得到普及。

四、家庭、学校、社会协同育人合力尚未形成

当前,教育改革发展的外部环境和宏观政策环境已经发生深刻变化,特别是信息技术突飞猛进的发展,对榜样精神融入高校网络思想政治教育产生了直接而深远的影响。但从全国来看,家庭教育、学校教育、社会教育之间依然存在断档、脱节,没有形成育人全链条,因此榜样精神融入高校网络思想政治教育家庭、学校、社会协同育人合力尚未形成。

家庭教育缺位。家庭是孩子的第一所学校,父母是孩子的第一任老师,家庭教育对个人的健康成长和世界观、人生观、价值观的形成具有最直接、最重要的影响。在榜样精神融入高校网络思想政治教育中家庭教育处于一种“缺位”的状态。一方面,在现实情况中,有许多高校学生的家长存在一种观念:教育是学校的事情,跟家长关系不大。甚至很多家长都不知道辅导员或班主任的联系方式,缺乏与学校和老师的沟通联系,并不了解学生在学校的学习内容和学校的教育教学工作。另一方面,家庭条件对于榜样精神融入高校网络思想政治教育也有很大的影响。一些家庭由于家庭条件有限,缺乏榜样精神网络思想政治教育需要的网络信息软件和硬件设备设施,家长更是缺乏相应设备设施的技术操作培训,因此难以与学校和社会一起形成协同育人合力。

学校教育越位。高校是开展榜样精神融入网络思想政治教育的主要阵地,承担着学生教育的大部分任务,影响着榜样精神网络思想政治教育的价值立场,在家庭、学校、社会协同育人的实践中起主导、协调和带动作用。然而,高校在开展榜样精神融入网络思想政治教育家庭、学校、社会三方协同育人实践中责任被无限延伸。当前,学校在榜样精神融入网络思想政治教育协同育人工作中需要承担的职责和具体工作尚未形成清晰的界定,缺乏明确的方向和边界,导致难以发挥重要导向作用,甚至严重影响其自身正常的教育教学工作。一方面,学校对于协同育人工作存在一定的盲目性和错误认识,在进行榜样精神网络思想政治教育的过程中将所有的任务都归到学校,独自“扛起”榜样精神网络思想政治教育的责任重担。也正是由此,学校缺乏与家庭和社会方面的沟通交流,家庭和社会不了解、不参与学

生在校的教育教学任务的开展，导致高校领导、任课教师和行政人员等的教育责任被放大、延伸。

社会教育空位。社会相较于家庭和学校，其进行榜样精神网络思想政治教育的素材资源更加丰富，技术更加发达，范围也更广更深，是学校教育和家庭教育的重要补充。优质的社会教育不仅有助于形成良好育人氛围，也能弥补学校教育和家庭教育的不足，提高协同育人的成效。然而，社会教育在当下榜样精神融入高校网络思想政治教育的过程中没有得到应有的重视，未能发挥应尽的功能职责。社会教育主体力量分散。当前对于各主体，包括社区、博物馆、图书馆等公共服务单位和商业培训机构等，在协同育人工作中各自发挥的作用缺少明确定位，导致责任不清，难以为学校和家庭教育提供充足有力的支持。社会中有很深厚、高端的技术来与高校联合开展榜样精神网络思想政治教育，但是其责任意识比较淡薄，也没有相应的政策和机制体制的规定，因此导致社会在榜样精神网络思想政治教育中出现空位的状态。

第三节 榜样精神融入高校网络思想政治教育的困境之因

一、榜样精神融入高校网络思想政治教育的顶层设计不够

高校要做好榜样精神融入网络思想政治教育的工作，不仅需要领导高度关注和重视，还需必要的顶层设计，形成上下协同联动。然而，当前部分高校由于缺乏必要的顶层设计，对榜样精神育人资源存在认识不清晰、重视程度不够的问题。

一是部分高校缺乏对榜样精神融入校园重要制度内容和目标的顶层设计。在学校的章程、学生培养计划的相关规定、教师考评和聘请相关要求等重要制度中融入学习榜样精神的元素远不够，而且各项相关规定也缺乏有效衔接。二是部分高校的组织部门协调不到位，没有形成上下协同联动保障制度体系。部分高校因为领导不够重视、人员短缺、资金有限等因素限制，难以设置专项部门来强力推动榜样精神的融入工作，绝大多数都是党委领导牵头相关职能部门负责落实，这样必然会导致榜样精神融入工作落实不力的现象出现；并且部分高校教师片面认为学校

倡导榜样及其精神的相关工作是党委宣传部、组织部、学生工作处的工作，并且认为用精神资源开展育人工作只是高校各级领导部门为了完成上级意识形态建设任务要求，即使开发和利用榜样精神这种精神资源也只是党委宣传部门的宏观布局，因此教学部门、管理部门自然对榜样精神融入工作重视和关注度较低，定制相关制度很难体现榜样精神的元素。三是榜样精神有效融入相关保障体系还有待强化。部分高校在推动榜样精神融入网络思想政治教育工作中，存在各项组织保障、载体保障、协同保障、制度保障有待强化的问题，往往是党委领导开会讲得多，具体举措落实执行相对较少。以上这三项都是影响榜样精神融入高校网络思想政治教育进程的原因所在。

二、榜样精神融入高校网络思想政治教育线上线下结合度不够

目前榜样教育融入高校网课思想政治教育线上线下的结合度不够是导致榜样网络平台一体化宣传榜样精神的格局不健全的主要原因。高校探索榜样精神融入网络思想政治教育的过程中高度重视运用校级、院级的新媒体平台和传统媒体平台，对学校和学院选树的榜样人物及其先进事迹进行大量宣传报道，通过文字或视频等方式传递榜样精神，使得榜样精神与网络媒体平台相结合，推动网络思想政治教育的开展。另外，教师在课堂教学中也会运用多媒体进行榜样精神思想政治教育教学，在此过程中，教师会选取与课堂知识点相关的榜样人物、先进事迹和崇高精神等作为辅助教学讲解的例子，例子展示包括呈现图文案例、音视频展示或者是教师的口头讲述等方式，重点不在于特地宣传榜样精神，而是作为辅助教学知识点讲解的案例，通常知识点讲完之后，该案例也就讲完了，几乎不会开展与榜样精神相关的课后实践活动。

高校探索榜样精神融入思想政治教育过程中缺乏实践活动，原因主要表现为以下三个方面：第一，融入活动形式较为单一。绝大多数高校仅仅局限于课堂教学实践活动，没有更多地探索融入实效性强、育人价值高的实践活动，例如将榜样精神融入红色教育实践活动、创新创业教育等形式的实践活动来提升榜样精神育人价值，当前实践活动形式较为单一且缺乏新意。榜样精神融入实践活动不够，学生在学习过程中缺乏体验式、感悟式的教育方法，导致学生学习兴趣不足。绝大多数

学生对榜样精神认知、认同现状良好,情感态度表现为正向积极,但高校在融入过程中普遍存在的共性问题就是实践教学方法运用不足,导致学生积极主动学习榜样、传承和弘扬精神的意识不强。第二,没有打造独具特色且长效融入的品牌实践活动。多数高校在开展榜样精神融入思想政治教育实践活动时,基本是由党委领导、宣传部门统筹、学工部门牵头开展,因人力、财力、物力的限制,实践活动数量、质量、师生的参与度很难以保障,自然难以形成独具地方特色且长效的品牌实践活动。三是开展榜样精神融入实践活动碎片化。往往是上级有任务要求,高校组织相关部门开展,上级没有任务要求则不予开展;或是哪里活动需要则通知学生参与,否则不会轻易开展融入实践活动。碎片化和断片式地开展实践活动,难以形成育人合力,同时导致榜样精神育人成效式微。

三、榜样精神融入高校网络思想政治教育的内容吸引力不强

榜样精神融入高校网络思想政治教育的相关内容符合社会主流价值,集中反映社会进步的发展方向,对青年大学生的思想进步潮流起到引领作用,对于发挥其育人功能具有十分重要的实践意义。随着互联网技术的深度发展,用于网络思想政治教育的各种新平台甚至新阵地层出不穷,展现出强大的网络社群力量。然而,在这海量信息中,很多网络思想政治教育新媒介所宣传的内容含金量有限。

一是部分高校未对反映榜样精神的素材进行严格的审核,更未进行深度设计,只是简单地将海量信息直接上传至学校相关网络平台。这导致网络思想政治教育内容泛化、缺乏针对性,网络思想政治教育逐渐与高校主流教育思想偏离。二是网络语言出现差异,导致内容亮度有限。互联网技术大大提高了社会发展的速度,使得师生间原来因为年龄和角色背景不同所引起的语言习惯等不同的差距越来越大。语言作为沟通的基本要素,共同的语言是快速拉近师生彼此距离的有效方法。就现实情况来看,部分高校思想政治教育工作者存在着对网络语言不了解的情况,甚至有些教师是完全与当前的网络环境脱节的,对于学生群体的网络语言习惯一概不知,在一定程度上真正快速融入学生群体有难度,更谈不上用学生喜闻乐见的方式有效地传输榜样精神。网络思想政治教育主体语言的差异,无法有效引起学生的参与兴趣,网络思想政治教育平台失去了其应有的吸引力和聚合性,使得教育

内容形式的呈现也陷入低水平的重复循环，难以利用网络创新榜样精神教育教学的方式方法，不能很好地将学生吸引到网络思想政治教育的特有空间，无法使学生自觉接受教育、改变认知、调整行为、完善人格。三是互联网交互场景虚拟化，导致内容情感温度不足。高校思想政治教育的根本任务是立德树人，网络思想政治教育作为思想政治教育的重要场域，其对学生展开的也是一种对温度、情感关怀的追求和实践。网络思想政治教育在提高育人效率、扩大影响范围的同时，也因交互场景的虚拟化而不可避免地陷入情感教育的缺失。在互联网虚拟环境中，教师和学生的交流载体无法有效传递面对面沟通所具有的情感和温度。学生通过观看榜样视频、浏览照片、阅读文字等方式去感受和理解榜样精神的主题内容和实质，这种教育方式虽然提高了榜样精神融入网络思想政治教育的效率，但难以有效兼顾并满足学生的情感需求，无法感受到课堂榜样精神所带来的情感和温度，空洞的互动容易引起学生的情感疲劳，也容易使学生错误地认为网络思想政治教育目的就是接受视频、照片和文字冲击与影响的假象。

四、家庭、学校、社会三方育人共识未达成一致

家庭、学校、社会协同育人教育目标分散。教育目标直接决定了整个教育系统协调行动的逻辑起点和路径选择，在榜样精神融入高校网络思想政治教育的过程中，家庭、学校和社会应该具有相对一致的教育目标，这也是学校、家庭和社会协同育人的先决条件。然而现实中，由于各自理念、方法等方面的区别，家庭教育、学校教育和社会教育目标不一，导致家庭、学校、社会协同育人实践难以真正落地。教育兼具个体发展目标和社会发展目标，以学校为主导的教育目标只有得到家庭和社会的认同才能形成协同育人、同频共振的局面。

第一，高校开展榜样精神网络思想政治教育的目标更多的是从教育的整体与局部、当前与今后、社会和个体的有机统一出发，要为国家的稳定和发展培养德才兼备的高级人才，因此高校更多的会从符合主流意识形态并能服务于社会生产发展的角度要求教育对象。毫无疑问，作为社会主流规范和文化的传递者，当前高校最根本的教育任务就是立德树人。第二，家庭是个体社会化的最初场所，对个体的身心健康发展起到基础性、终身性的影响。在应然层面，在父母对子女的全面作用

中，道德教化应该是最为重要的。但是，在家庭教育的实际过程中，许多家长希望孩子在专业学习上有所成就，从而在未来职业市场获得更多优质资源，以学业成绩作为最重要的目标，导致出现了“重智轻德”问题。第三，社会对学生的健康成长也具有重要作用。榜样精神网络思想政治教育对于社会政治、经济和文化活动的开展就有重要的推动作用。另外，社会的政治、经济和文化是高校开展榜样精神网络思想政治教育的物质基础、保障力量。社会教育和学校教育的目的相似，为了培养德智体美劳全面发展的人才，促进社会和谐、稳定、健康、快速发展，但是社会教育因为缺少人格化的责任主体，也有可能产生偏差。如社会更有可能因为资本的驱动，异化网络思想政治教育的本质目标。

家庭、学校、社会协同育人功能定位模糊。作为教育生态系统的三个有机组成部分，家庭教育、学校教育和社会教育应是地位权重平等的三部分，三者的区别应该是类型的区分而不是层次的差异。但在现实中，三者并非同等权重，学校教育处于教育生态系统的绝对核心位置，家庭教育和社会教育处于相对的边缘和弱势地位。教育部等十三部门印发了《关于健全学校家庭社会协同育人机制的意见》，其中明确指出“学校积极主导、家庭主动尽责、社会有效支持”。家庭、学校、社会协同育人的前提是三者具有均等的教育地位，并且各主体有自身教育的优势，这是三方形成教育合力的前提条件。在高校榜样精神融入网络思想政治教育的家庭、学校、社会协同育人实践中，学校主导常常被误解为学校全责，学校承担了教育的无限责任，反之，家庭和社会不知不觉成为学校教育的附庸。由于家庭条件和环境的影响，大部分的家长存在技术短板和教育水平参差不齐的情况，无法成为榜样精神网络思想政治教育的主导者之一，只能作为学校教育的配合者和辅助者。在现实中，高校和社会开展榜样精神网络思想政治教育的合作较简单。大部分高校采取与社会开展榜样精神网络思想政治教育的合作的方式基本上是媒体联合报道。一是高校自发地将学校选树的师生榜样的优秀事迹通过人物通讯报道的方式或是以凝练榜样精神融入网络思想政治教育的相关经验和做法等供稿给社会媒体，社会媒体再通过各个平台进行宣传；二是社会媒体主动挖掘对于社会有重要贡献的高校师生，并对其进行宣传报道，但是这种情况还是较少。另外，社会各主体进行榜样精神网络思想政治教育时与高校是割裂的，即各自独立开展教育活动，双方的联合度很小。综上，学校、家庭和社会各方在榜样精神融入网络思想政治教育的育人功能定位上具有模糊性，导致协同育人实践动机的弱化，协同育人效果被削弱。

家庭、学校、社会协同育人机制构建松散。党的二十大报告明确指出，要健全学校家庭社会育人机制，今后，家庭、学校和社会协同育人的机制建设将成为重点工作。由于家庭、学校和社会协同育人涉及部门和主体较多，建立健全的管理运行机制是对协同育人工作进行统筹规划，保障工作协调、有序、高效开展的关键，但就目前的情况来看，家庭、学校、社会协同开展榜样精神融入思想政治教育的相关制度尚未完善。一是政府统筹机制不健全，导致高校开展榜样精神融入网络思想政治教育协同育人的责任主体不够明确。目前，国家和各级政府尚未出台家庭、学校、社会协同育人包括榜样精神融入高校网络思想政治教育的专门政策或文件，已有的相关政策文件和法律法规中未明确规定榜样精神网络思想政治教育的责任主体，导致开展家庭、学校、社会协同育人没有依据或者依据不明确，三方在实践的过程中缺乏共同的教育框架和目标，教育节奏和速度也不一致，进而阻碍了家庭、学校、社会协同育人有效落实落地，育人效果大打折扣。二是家庭、学校、社会之间沟通合作机制不健全，三方信息传递不畅通、理解不一致，导致协同育人合力难以形成。在开展榜样精神融入网络思想政治教育的实践中，家庭、学校和社会育人方面都没有专门的机构或人员负责协调和促进各方之间的合作，进而出现教育信息不对称和透明度不足：家庭、学校和社会之间的信息不对称和透明度不足可能导致合作机制的不健全。如果各方无法及时分享信息和了解彼此的行动，就难以形成有效的合作机制。三是资源开放共享机制尚未形成，协同育人资源供给受阻，我国各级企事业单位、公办校外机构、公共服务单位和社会组织，如图书馆、博物馆、文化馆、科技馆等，拥有丰富的适宜学生全面发展的教育资源，但由于缺乏明确的对接机制以及有效的沟通渠道和平台，使得这些社会资源与学校、家庭、社区对接不畅，社会公共服务机构难以进入学校、家庭、社会协同育人工作中。此外，已有的社会资源存在一定的功利性，缺乏公益性和便利性，学校和家庭获取社会教育资源受阻。

第四章 榜样精神融入高校网络思想政治教育的优化路径

自古以来，传承与弘扬榜样精神一直是中华民族的优良传统。榜样精神是榜样人物或先进集体优秀品质的集中体现，有着丰富的科学内涵，具有先进性、典型性、崇高性等特征，是时代精神的标杆，蕴含着思想价值引领以及精神激励等方面的育人功能，合理挖掘与应用榜样精神，能够推动高校思想政治教育工作的高质量发展。

伴随着互联网技术的迭代更新和广泛运用，高校思想政治教育改革创新迎来了崭新机遇。网络育人越来越成为当代大学生喜闻乐见的受教育方式，高校思想政治教育应注入新鲜血液，改变以往传统的育人方式，以大学生喜欢的方式切入，使网络技术与大学生思想政治教育相结合，突显高校思想政治教育的时代性和创新性。对于高校而言，将榜样精神融入高校网络思想政治教育是高校落实立德树人根本任务、引领大学生培育和践行社会主义核心价值观的重要途径，能够丰富高校网络思想政治教育内容、提升高校网络思想政治教育实效性及引导学生树立正确的世界观、人生观、价值观，调动大学生模仿、学习、践行榜样精神，积极进取，追求卓越。因此，可通过打造特色数字技术育人品牌、利用网络平台讲好榜样故事、开发线上榜样精神弘扬课程、凝聚榜样精神网络育人合力等方式，真正将榜样精神融入高校网络思想政治教育的各个环节，引导学生感受榜样力量，传承榜样精神，筑牢信仰之基，增强责任担当，争做时代新人。

第一节 打造特色数字技术育人品牌

当前，新一代数字技术，如大数据、云计算、物联网、区块链、人工智能、虚拟现实和增强现实等,正在广泛渗透到社会发展和生活的各个领域中,并对教育形态和教育系统产生深刻变革,从而显著改变了人们的教育与学习方式。习近平总书记着重指出:"要运用新媒体新技术使工作活起来,推动思想政治工作传统优势同信息技术高度融合,增强时代感和吸引力。"①党的二十大报告提出"加快建设数字中国""推进教育数字化"。加快建设数字中国、推进教育数字化离不开数字技术的支持,数字技术的融入是高等教育创新发展的战略支撑,也是高等教育实现中国式现代化发展的必然选择。

数字技术对高校网络思想政治教育工作具有重要的赋能作用,它提供了新的方式和手段,促进信息传播和学生参与,推动思想政治教育工作的创新和发展。在大数据时代,信息传播速度加快,传播平台多样化,人们越来越关注文化产品的内在品质和情感认同,同时也更追求数字图像的视觉冲击和感官体验,他们对数字技术在教育、文化、艺术、传播业态创新等方面的期望不断增加。因此,将榜样精神融入高校网络思想政治教育要善用数字技术,通过算法技术、元宇宙、智能可视化、区块链等数字技术深度赋能榜样精神创新传播,带给学生新颖的审美体验,激发榜样精神传承的内生动力,达到启智润心、激扬斗志的育人实效。

一、依托算法技术打造"智慧榜样平台"

通过智能化的算法分析和推荐,为学生提供榜样的信息和资源。该平台可以使用机器学习和数据挖掘等算法技术,对大量的数据进行分析和处理,以识别出在特定领域或特定能力上具有卓越成就和经验的个人或团体。通过收集和整理他们的相关信息和案例,为学生提供一系列榜样人物的故事、成功经验、学术成果、领导力等方面的素材,集成高质量、动态化的理论问题库、案例资源库、素材库等,形成榜样媒资系统。平台通过全面立体展现榜样人物和先进集体事迹,以人机交互的方式满足读者一站式查询、阅读与研究需求,同时通过算法技术的支持,基于学生的浏览历史、搜索行为、评价反馈等数据,根据学生的兴趣、需求和背景,动态加大优质且有针对性的榜样资源的供给。比如通过算法分析,能发现学生往往更关注

①习近平.在全国高校思想政治工作会议上的讲话[N].人民日报,2016-12-09.

身边榜样,身边榜样贴近他们的生活实际,更有说服力和吸引力,所以平台会利用推荐算法进行智能匹配和个性化推送,提高榜样精神传播的针对性和有效性。此外,该平台可以建立一个互动社区或讨论版块,让学生和榜样之间进行在线交流和讨论,学生可以提出问题、寻求建议,榜样可以回答问题、给予指导,并与学生进行深入交流,激励他们超越自我,努力追求自己的梦想,塑造自己的个人品质和能力。

二、依托元宇宙技术打造“榜样精神传播使者”

通过元宇宙技术向学生展现可信、可爱、可敬的榜样形象。元宇宙通常基于网络和云计算、虚拟现实、增强现实、人工智能、区块链、3D建模和渲染等技术,促使整个传播媒介形态发生根本性改变,它超越了传统的计算机界面和网络应用,提供了一种更加沉浸式和综合的虚拟体验。在元宇宙中,用户可以通过虚拟角色与其他用户进行互动,参与各种活动,探索虚拟环境,并进行虚拟交易。因此,可以以榜样精神为思想内核,发挥元宇宙技术支撑功能,推出榜样数字人,在学校教学楼栋、图书馆、专门学习区等地方以“榜样精神传播使者”的身份亮相。所谓“数字人”,是指通过数字技术打造出来的具有人类特征和行为的虚拟实体,可以是以人类形象为基础的虚拟角色,也可以是通过自然语言处理和机器学习实现自动化对话和交互的虚拟助手。榜样数字人通过3D建模和渲染技术、语音合成和语音识别技术,能够以逼真的方式展现榜样的外貌和形象,模拟榜样的声音和语言表达,还可以利用人工智能和机器学习技术,模拟榜样的智能行为和决策能力,根据学生的需求和情境,提供个性化的指导和解决方案,同时能够借助虚拟现实、增强现实或者其他互动技术,让学生通过触摸、手势或语音指令与其进行互动,通过与学生进行互动和交流,展示自身事迹、精神内涵、人格魅力等,起到激励、指导和启发的作用,增强学生对榜样事迹的视听体验。

三、利用仿真技术打造榜样纪录片

利用仿真技术,如虚拟现实、增强现实等技术打造一批榜样纪录片,最大程度还原真实的场景,为学生提供身临其境的观影体验。此类榜样纪录片利用3D建模、全景视频、音频等技术手段,创造出逼真的虚拟体验,学生可以通过虚拟现实头显设备或AR眼镜,身临其境地感受榜样人物的环境、场景和情境。为了增强学生的参与感,还可以设计一些与榜样互动的元素,使他们更加深入地了解榜样人物的事迹和精神。

四、利用数字技术和虚拟现实技术打造校园数字榜样展示馆

这是一个以"实体体验+虚拟体验"的方式创建的虚拟展览空间,这个虚拟空间可以模拟真实的博物馆或展览场所,提供与真实展览类似的观展体验,展馆中展示和呈现各种榜样人物的形象、故事和成就,可以通过虚拟人物模型、图像、视频、文字介绍、音频讲解、虚拟导览等多种形式,了解榜样人物的相关信息,还可以与榜样人物进行对话、提问或者观看其演讲等活动。学生在其中自由移动和探索,既可以开阔视野,又可以丰富审美感受。在建设的过程中,高校要加强与纪念馆、博物馆、展览馆、红色实践教学基地等资源的合作,充分利用VR/AR等技术让榜样人物、事件、正能量故事"活"起来,持续加强研究和资源开发,让数字技术赋能榜样精神传播。此外,可以在展示馆内另辟一块场地,让学生开启榜样精神探索之旅。通过寓教于乐,组织开发知识性强的榜样事迹过程还原与探索的游戏软件,利用映射场景和虚拟场景,增加智能化的NPC、故事引擎等在内的大量的数字内容,达到情景交融。学生在探索游戏时增强了自己的时空体验,将大大提升学习的实际效果。

第二节 利用网络平台讲好榜样故事

网络平台是指通过互联网提供特定服务或功能的在线平台。它们通常是基于软件和网络技术构建的,为用户提供各种交互、信息传递和服务功能。网络平台可以是网站、应用程序、社交媒体平台、电子商务平台等。随着传播技术的发展更迭,网络平台知识传播迅速走进大众视野,构建起内容多元、渠道丰富的知识图景。通过互联网这一媒介,可以将信息、内容、思想、文化等实时传播给更多的人,最终实现信息共通、资源共享和情感共鸣。

2017年2月,中共中央、国务院印发的《关于加强和改进新形势下高校思想政治工作的意见》指出,要加强互联网思想政治工作载体建设,加强学生互动社区、主题教育网站、专业学术网站和"两微一端"建设,运用大学生喜欢的表达方式开展思

想政治教育。[1]2023年5月29日，习近平总书记在二十届中共中央政治局第五次集体学习讲话中强调："坚持改革创新，推进大中小学思想政治教育一体化建设，提高思政课的针对性和吸引力。提高网络育人能力，扎实做好互联网时代的学校思想政治工作和意识形态工作。"[2]高校作为一个集聚了大量年轻人、思想活跃、知识密集、网络技术应用迅速的场所，是多样思潮交汇的重要场所，也是意识形态工作的前沿阵地。在互联网普及的今天，高校必须守牢意识形态阵地，了解学生的心理特点、行为习惯以及认知规律，根据互联网传播特点开展网络思政育人工作，把高校网络思政平台用精、用准、用透，提高网络思政育人实效。

互联网技术催生出了许多成熟的新媒体平台，比如主题网页、微信公众号、微博、抖音、QQ空间、今日头条、电台、视频号、易班等。如今很多高校已经开始利用网络平台来创新性开展思想政治教育活动，引领校园文化风尚，弘扬积极向上的正能量。就榜样精神融入高校网络思想政治教育工作这一议题而言，通过借助新媒体平台推出身边可学可鉴的榜样人物，能够让榜样事迹和精神宣传摆脱时间与空间的限制，打破传统媒体宣传的局限性，构建见贤思齐、比学赶超的浓厚氛围。目前许多高校纷纷响应国家要求，成立了融媒体中心，并根据自身实际情况创建了相应的新媒体平台，以此来创新开展榜样精神融入网络思想政治教育工作，但是值得关注的是部分高校并没有对榜样人物及事迹内容进行精心设计和传播，导致最终宣传的内容对学生的吸引力不足、关注度不够。在此背景之下，高校应深入思考校园网络官方平台对榜样信息传播的重要性，打造多位一体传播矩阵，做到同频共振、立体发声，营造良好的榜样精神教育氛围，实现线上育人的目标。

一、在校园官方网站开设榜样精神教育专题网站

开辟榜样精神教育专栏，传播榜样事迹，为学生学习榜样精神提供线上交流互鉴的平台。在进行榜样事迹及精神的传播中，应将该专栏作为主要宣传阵地，榜样人物可以是国家评选的各行业类涌现出来的先进典型，但建议尽量以身边榜样为

---

①关于加强和改进新形势下高校思想政治工作的意见[N].人民日报，2017-02-28.

②中华人民共和国中央人民政府.习近平主持中央政治局第五次集体学习并发表重要讲话[EB/OL].(2023-05-29).https://www.gov.cn/yaowen/liebiao/202305/content_6883632.htm.

主，比如学校学生、教师以及与日常教学相关的教职工先进典型，这样可以让学生感到榜样不是触摸不到的“天花板”，他们也是一个个有血有肉、有情有义、可感可触、可追可及的身边人、普通人。网站需做到定期更新，扩大实用性，要积极搜集有关榜样的一手资料，并把这些资料内容进行系统梳理，为学生构建结构完整、导向正确的线上资源库，培养学生自主获取学习资源的能力。如在网站设置“榜样典型事迹”“榜样纪录片”“专题党课”“身边榜样人物评比”“线上访谈”等版块，发挥文字、图片、音频、视频等作用，多形式展示榜样事迹和精神内涵，促进学生对榜样精神的认同、理解和内化，并主动践行社会主义核心价值观。还可以在网站中的阅读、视频版块下方开设互动窗口，设置与榜样精神相关的讨论话题，让学生在学习或观看后能够方便地留下自己的感想和评论，使学生发自肺腑地去认知榜样、欣赏榜样，进而模仿榜样、成为榜样。同时，为了保持、提高网站的利用率，最大限度地激发学生利用网站进行学习、查阅资料和完成作业的兴趣，可以在网站中设置不同难度和类型的学习积分任务，覆盖学生的各个学习环节，帮助学生培养综合能力和实践能力，同时促进他们对知识的深入理解和应用。学生在完成相关任务后能获取一定的积分奖励，用于兑换学习用品或者学分等，从而发挥网站的教育效果和潜力。

二、依托融媒体平台矩阵强化榜样精神传播

除建设校园榜样精神教育专题网站外，高校应充分利用好各大新媒体平台，持续、及时推送榜样事迹，对学生形成潜移默化的内容输出。在媒体融合时代，各类新型媒体已经逐渐取代传统媒体成为大学生获取知识和信息的主要渠道，并对他们的价值观念、学习、思维方式产生深刻的影响，他们可以自主自觉地查阅自己想要获取的内容知识。如何结合大学生的阅读思维、习惯、需求，充分利用各大新媒体平台推进榜样事迹及精神内涵在网络空间上的互动、交流、分享，定向打造具有思政内涵的精品内容，是高校需要不断思考的课题。

一是要坚持内容为王，优化榜样内容生产。在网络时代，随着大学生自主意识的觉醒和增强，他们对榜样选树的评价标准也变得更加多样化，对自身学习和模仿对象的需求不再局限于传统的单一榜样形象，而是呈现出更加多样化的精神需求。传统的榜样教育模式已无法满足现代大学生的多元需求。因此，在宣传内容上，应

以宣传符合国家发展需要和体现社会进步要求的榜样为基础，着重宣传贴近学生生活实际的身边榜样。要创造引人入胜的内容，确保宣传的榜样故事内容有吸引力和独特性，寻找那些能够触动人心、引发共鸣的元素。可以通过互联网信息相关抓取系统，利用“云计算”“大数据”收集学生的思想状况、行为方式、兴趣爱好等相关数据，并做好相关数据分析处理，实时监测传播数据效果，找到学生喜闻乐见的榜样类型多加宣传，实现教育资源精准覆盖和精准传播。同时，为了提高学生的参与度和获得感，高校可以充分利用新媒体平台的留言、投票等功能，让学生推选和票选出他们心目中的榜样。

二是要打造一体传播矩阵，做精校园融合产品。高校应充分利用网络平台开展榜样教育内容供给，定时推送个性化内容，形式上实现互动体验创新。新媒体平台是一个多元化的传播媒介形态，包括音频类平台、视频类平台、社交平台、问答类平台、文字类平台、自媒体平台等，因而高校应该构建一个综合主题网页、微信公众号、微博、抖音、QQ空间、今日头条、电台、视频号、易班等平台为一体的“1+N”动态化宣传平台，在推进榜样精神融入网络思想政治教育的过程中针对不同平台的优势特点和大学生的关注点，将宣传形式合理划分，选择合适的网络平台进行传播，有效增强榜样精神育人的时效性和感召力。例如，在学校官方微信公众号宣传榜样事迹时，可以通过“有奖问答”的互动方式，引导学生自发探索榜样事迹的兴趣，对榜样精神内涵进行深度思考。还可以在平台开展榜样故事征集活动，让学校各单位、各部门提供榜样线索，并组织学生开展榜样人物采访宣传，深入校园各处，挖掘报道各个岗位的先进典型，让学生对榜样事迹熟记于心，在采写人物通讯稿、设置视频等方式中亲身体会榜样的人格魅力。又如，在校园广播电台中播报整理好的榜样事迹，通过叙事性强、声情并茂的表达方式让学生“入脑入心”，或以网络直播的形式邀请榜样人物进行在线宣讲与互动，拉近学生与榜样之间的距离，唤起学生对榜样的思想认同、情感共鸣、主动学习的热情。再如，高校可以充分利用抖音短视频的流行，发起榜样短视频拍摄竞赛，学生们可以参与创作与榜样相关的短视频作品，以展现不同领域、不同背景的榜样形象和他们的精神特质。同时，还可以与音乐教师、艺术专业的学生进行合作，共同创作一批符合时代要求和青年审美要求的讴歌榜样的歌曲，通过创作旋律优美、歌词鼓舞人心的作品，表达对榜样精神的赞颂和崇敬，这些歌曲可以在校内广泛传唱，通过音乐的力量激发学生的情感共鸣，引导他们向榜样学习。同时，这也为音乐专业的学生提供了展示才华和创作能力的机会。值得注意的是，由于新媒体传播带有双重舆论影响，高校在榜样精神传播过程中应注重把握好网上舆论引导的时、度、效，在创新网上宣传内容和形式的同时，注重激发正能量，弘扬主旋律，大力培育和践行社会主义核心价值观，让榜样力量陪伴学生成长。

三是加大与校外资源合作，实现榜样精神"云传递"。学校可以与各地革命旧址旧居、纪念馆、博物馆等教育实践基地合作，开通网络参观渠道，如在学校微信公众号中增添"VR榜样展馆"栏目，学生只要点击这个栏目，场馆就会以3D的形式出现，通过场景递进、场景切换、自动漫游等多种导览模式，了解革命先烈的英雄事迹，足不出户就能接受榜样精神的熏陶。

三、培育和孵化品牌网络思政工作室

在网络育人建设项目立项中，设立网络思政育人研究专项，鼓励开展榜样网络思政研究，持续探索浸润式思想政治教育路径。高校网络思政工作室要以习近平文化思想为指导，立足人才培养，结合自身特色，聚焦学生需求，开展品牌化建设、项目化运作、优质化产出、实践化运用，充分发挥创新、示范、引领等功能，力争产出一批有特色、品牌和效果的网络思政产品。因此，在推进榜样精神传播的过程中，组织遴选出来的网络思政工作室，要凸显工作室的特色，根据自身优势围绕微电影、动漫、摄影、网络文章、公益广告、音频、短视频、微课、原创校园歌曲、讲故事等类型选取方向，明确重点，用学生喜欢的网络语言形式开展榜样教育，进行各种各样理论和实践的宣传阐释，逐步打造在校内外有一定影响力的榜样栏目品牌，如每年支持网络工作室创作一批网络名站名栏，用心用情打造微课、微电影、短视频、动漫等榜样网络文化精品，形成内容丰富和形式多样的内容"生产线"，助力学校打造更具强大引领力、传播力、影响力的融媒体传播矩阵，使榜样精神传播无所不在，让榜样为学生成长注入精神力量。高校还可以通过组织开展大学生网络文化节，赋予呼应榜样主题的内容，加强网络文化作品的选题策划、创意设计、网上宣传，让学

生主动参与进来，实现自我育人。

四、加大媒体网络平台传播榜样精神的力度

加强与各级各类媒体合作，开展宣传身边榜样等相关活动，进一步推广榜样精神，提升榜样宣传的影响力和实效性。如举办与榜样相关的讲座、座谈会和论坛，举办榜样颁奖典礼，组织与榜样相关的展览、艺术活动或演出，出版与榜样相关的书籍或杂志等，可以与媒体合作进行活动的报道和宣传，或者邀请他们来校深入报道学校师生、杰出校友的先进事迹，深入探讨他们的成功经验、价值观和对社会的影响，吸引更多人了解榜样故事，使他们成为牵引社会向上和向善的动力。高校还可以创新合作途径，寻找合适的网络自媒体平台合作伙伴，通过了解不同的网络自媒体平台，选择与榜样精神相关且具有一定影响力的平台进行合作，考虑平台的受众群体、专注领域以及关注度等因素，确保合作能够达到传播的预期效果。如联系专注传播榜样精神的网红博主、网评专家等，与他们的平台账号合作，共享资源和关注度，向他们提供有价值、有吸引力的合作内容，敲定合作的形式和呈现方式，创新推广和分享榜样故事，在合作中吸引、鼓励观众的互动和参与，如留言评论、转发分享等，提高榜样故事的曝光量和传播效果。

第三节 开发线上榜样精神弘扬课程

随着信息技术的飞速发展，带动了教育信息化和现代化的变革，传统的教学方式已难以适应现代教育发展的需要。为适应现代教学的需要，推动教育教学的改革，网络课程教学平台应运而生。网络课程教学平台是指通过互联网提供在线教育服务的平台，它为学生和教师提供了一个虚拟的学习环境，学生和教师可以利用电脑、手机等网络设备，借助这个平台进行课程讲授、实时互动和答疑，包括直播和录播等形式。网络课程教学平台在一定程度上弥补了传统教学的一些缺憾——提供了时间和空间的灵活性，学生可以根据自己的学习节奏和时间安排进行学习；提供了丰富多样的学习资源，包括教学视频、在线课件、电子书籍、习题和参考资料等，学生可以根据自己的需要和兴趣选择合适的学习资源，等等。

《中共中央关于制定国民经济和社会发展第十四个五年规划和二〇三五年远景目标的建议》提出，发挥在线教育优势，完善终身学习体系，建设学习型社会。[①]为进一步提升榜样教育效果，高校应积极开发线上榜样精神弘扬课程，进行榜样在线教学资源的建设。

一、整合网络资源，加快高校榜样精神网络精品课程建设

互联网与教育的深度融合，打破了传统教育的壁垒，实现了指尖上随时随地学。网络有着丰富的榜样精神资源，为榜样精神融入高校网络思想政治教育提供了便利。为激发学生的学习兴趣，可以开发构建包含榜样名人、先进集体、身边榜样、思想理论、课件资源等思政案例库和思政视频库的在线课程思政资源，让学生可以结合自身的兴趣和需求，自主选择感兴趣的榜样学习内容，通过在线学习平台观看相应的学习栏目和讲座视频，增长知识、启发思考、身体力行、锻造自我。此外，为了打造榜样精神系列精品微课和慕课，高校要将优质的教师、教学团队和教学资源整合到线上榜样精神弘扬课程建设中，设立专门的团队负责该项课程的开发、制作和运营，并将学校遴选出来的优质示范课堂共享，通过图文并茂的形式和老师们的精彩解说吸引学生点击学习。还可以通过雨课堂、超星等满足线上直播课程要求，重点开辟学生在线互动模块，鼓励学生在榜样故事下进行评论、分享自己的感受并提出相关问题，启发学生思考交流，增强教育效果。高校之间可以建立合作关系，共同开发和推广榜样精神网络精品课程，通过合作，可以分享教学经验、教材资源和教学技术，提高网络精品课程的质量和覆盖范围。同时要注重建立评估体系，评估可包括对课程内容、教学方法、学习成果等方面的评估，以及对学生和教师的反馈和评价，从而改进课程和提升教学质量。此外，高校还可以与行业、企业或其他教育机构建立合作，共同开发符合实际需求的网络精品课程。在课程合作建设中，要根据学生的知识结构、认知习惯、个性差异、思维特点等方面精准施策，以鲜活的网络育人载体与表现形式吸引学生，构建特色鲜明、精准供给的线上榜样精神弘扬金课，同时进行云端数据共联共享，实现同上一堂课、同享一片云，为

①线上课程如何达到高质量教学效果[N].光明日报，2022-05-03.

推动新时代思政工作守正创新发展汇聚网络力量。

二、发挥学生主观能动性，打造“移动”榜样育人课堂

在线上榜样精神弘扬课程建设中，高校教师要学会充分发挥学生的主观能动性，为学生提供榜样角色模拟，通过模拟榜样的角色和行为，让学生参与到榜样精神的实践中。如可以让学生选择自己感兴趣的榜样开展角色扮演、团队合作和决策模拟等活动，让学生自行查阅相关资料，收集信息，亲身体验榜样精神的具体表现和应用场景，拍摄成榜样精神展示短片，并在课堂上播放，让全班同学共享、交流学习成果。值得关注的是，为顺应全媒体时代信息传播方式，高校先后纷纷上线校园公众号、视频号、抖音号等网络平台。因此，可以通过开展大学生讲榜样微课活动、“我心中的榜样”微电影活动，引导大学生组队拍摄微课视频、微电影等，投放到学校网络平台，打造属于他们自己的“移动”榜样育人课堂。让学生参与到榜样网络课程的建设和录制中，不仅利于学生形成更适合个人的学习方式，将榜样知识内化，还能提升其团结协作能力，更加积极主动地参与到思想政治教育实践活动中，提升网络思想政治教育的效果。

三、加大数字化技术应用，打造沉浸式课堂

当前高校思政课的受众主要是00后，他们成长在经济高速增长、互联网高速发展的时代，他们追求时尚、崇尚自由，自我主体意识突出，若对传统的灌输式课堂和普通的网络课堂不感兴趣，会出现“隐性逃课”的现象，所以就要在提升课堂吸引力上下功夫。随着5G时代的到来，云计算、大数据、人工智能等先进数字化技术在社会得到了广泛应用，在新时代的高校网络思政课堂中，要学会加大数字化技术的投入与使用，构建更加注重学生需求和体验的思政课程，用学生“听得懂”的语言和“喜欢看”的形式去授课，站在时代的最前沿，做好思想政治教育工作。比如可以用云直播、人工智能等智能技术加强对榜样人物事迹的讲述，用专题式、案例式、互动式等方法呈现，推动榜样数字人走进思政课堂，引领学生进入深度学习境界。又如可以通过教学造境的方式，打造亲临其境般的透视课堂，即通过全息投影成像、3D追踪镜头等技术，还原当时的榜样事件场景，让学生以仿佛在场的视角获得沉浸式

的良好学习体验和效果。有条件的学校可以委托专业人员建设虚拟仿真实验教学平台，创设虚拟情境，打造交互可感的叙事课堂，将榜样事件置于可视可感的场景中进行解读，让学生通过角色扮演等方式融入榜样事件、感悟榜样人格魅力，引导学生在情境体验中深入理解事件背景和本身，以寓教于乐的方式，增强大学生对榜样精神的真实体验，让学生耳目一新，让思政课入心入行。

第四节 凝聚榜样精神网络育人合力

马克思指出，“人的本质不是单个人所固有的抽象物，在其现实性上，它是一切社会关系的总和”①。个人的成长发展能动地与周围环境发生联系，并受到各种社会关系的制约和影响，而榜样教育的发生过程是与马克思的理论观点相契合的。榜样教育是一个涉及家庭、学校和社会等多个环节的教育生态系统，这些环节相互作用、相互影响，共同塑造个体的思想道德品质。家庭、学校和社会应该相互配合，共同培育和传递榜样精神。只有汇聚起家庭、学校、社会等各方面的力量，形成各类参与主体相辅相成的育人体系，才能有效打通育人过程中的难点、痛点、堵点。

思想政治工作是学校各项工作的生命线。如何理解生命线？线是不绝如缕、一体连贯的，思想政治工作这条线被视为生命般重要，要使其焕发生命力就需要汇聚各方面、各领域合力，才能达到育人的理想效果。习近平总书记强调，要“建立党委统一领导、党政齐抓共管、有关部门各负其责、全社会协同配合的工作格局，推动形成全党全社会努力办好思政课、教师认真讲好思政课、学生积极学好思政课的良好氛围”②。这就为我们指明了前进方向，提供了根本遵循：将榜样精神融入高校网络思想政治教育工作的主体不单单是思政教师，还包括党政干部、专业教师、行政管理人员、家庭、政府、企业等，进而形成全员、全过程、全方位育人新格局。

党的十八大以来，以习近平同志为核心的党中央高度重视思政课建设，其建设成效是显著的：教学理念不断更新、教学方法不断创新、教师教书能力和素质稳步

①马克思恩格斯文集，第1卷[M].北京：人民出版社，2009:60.

②中华人民共和国中央人民政府.习近平主持召开学校思想政治理论课教师座谈会[EB/OL].（2019-03-18）.https://www.gov.cn/xinwen/2019-03/18/content_5374831.htm.

提升、教学研究成果不断涌现等，但我们也要清醒地认识到，思政课建设中仍然存在一些问题需要解决，比如过去大家对思想政治教育缺少共识、各行其道，认为思想政治工作只是思政教师的事，家庭、学校、社会协同推动思想政治工作的合力没有完全形成。家庭、学校、社会协同育人面临着协同意识淡薄、家庭和社会教育缺位空位、沟通协调不畅等问题。而榜样教育作为一项思想政治工作，是涉及全社会的系统性工程，关系到国家的政治治理、社会的文明进步，又关系到个人思想政治水平的提升。个人思想政治水平的提升是家庭、社会、学校等力量共同作用的结果。榜样教育要落实到个人，不仅不能忽视这些力量的作用，还要获得这些力量的支持。

榜样精神网络育人是一个广泛吸纳各类主体参与并持续激发主体活力的过程，需要最大程度地发挥各类主体参与育人的效能，保证榜样教育的有效、有序开展。其中，一个重要前提就是培育合格的家庭、学校、社会育人主体。要改变教育只是思政教师单方面的事情的思维定式，树立“人人有责”的主体责任意识。“人人有责”强调人人应树立参与榜样精神网络育人的自觉性，深刻认识榜样教育对青年大学生健康成长的价值引领作用，具有参与教育、与其他主体合作的意愿。为此，应切实加大宣传力度，引导各类主体树立主人翁意识，培养积极参与榜样育人的良好心态，不断增强使命感、责任感。同时还要鼓励家庭、社会积极参与其中，培养与提升他们参与榜样教育的能力。

一、高校层面

榜样教育不能仅仅依赖思政教师，应是“全员、全过程、全方位”，要覆盖到学校各个主体、各个方面、各个环节。各个主体即全体教职员工都有职责，不管是做管理服务的，还是搞教学科研的，还是搞后勤保障的，都是大思政的主体。学校党委和党委书记要把好社会主义办学方向，抓好榜样教育的顶层设计，还要做好制度、物质、条件、经费上的各项保障。各专业课教师要齐心协力，将专业课程和课程思政有机结合，形成协同效应。因为专业课、业务课不仅传授知识、培养学生技能，也有思想政治教育的职责，也有思想政治教育的功能。通过专业知识传授，加强对学生的价值引领、思想引导，培养学生的家国情怀，引导学生树立崇高信念，热爱祖国，热爱中华民族，热爱我们的社会主义制度，从而更好地确立自己的人生理想。行政管理人员、后勤和保卫人员等同样具备从事榜样教育的条件，如融媒体中心人员积极联系、采访学校各单位、各部门师生先进典型，持续做好身边榜样宣传报道，厚植校园浓厚的榜样育人氛围；食堂人员、保卫人员、宿管阿姨爱岗敬业、无私付出，他们传递出的态度、服务和言行也可以影响学生的生活学习状态，对他们进行润物细无声的价值引领，使他们从生活细微处受教育，等等。具体而言，为了将榜样精神有效融入高校网络思想政治教育，高校应建立健全协同育人机制。第一，坚持学校党委的统一领导，加强整体规划和指导，确保榜样精神融入网络思想政治教育工作的有效推进。学校可以成立一个专门的机构或委员会，负责榜样精神融入网络思想政治教育的工作。首先，该机构的主要负责人由学校党委书记担任，党政办公室可以牵头制定整体规划、具体文件和详细的融入方案，以及制定评估和监测机制等，这样可以明确和规范各单位、部门在融入工作中的职责和范围，形成工作合力，提高工作质量和效果。其次，其他的校领导要负责协调好融入工作的推进实施，对分管的单位、部门进行工作的具体指导。最后，各单位、各部门负责人要积极参与到融入工作的全过程，依据责任范围制定相应的实施细则，保障融入效果。第二，各部门应通力合作，各教学单位要认真执行。如宣传部门应协助制定全校榜样精神融入网络思想政治教育的年度工作规划，并负责相关的宣传工作；组织部门、人事部门应协助开展对领导干部和教职工的榜样精神融入教育、培训工作；教务部门应协助制定榜样精神融入网络教学的安排和措施；学工部门应协助选树和宣传榜样；团委应协助做好对大学生的教育引导、榜样育人活动开展等实践活动；后勤部门、保卫部门、校医院做好服务育人的榜样人物宣传工作等，各教学单位应把榜样精神融入专业理论学习、网络课程；等等。在实施过程中，各部门应定期举行工作会议，加强沟通与协调，确保各项工作有序推进。

二、家庭层面

家庭是个体成长和发展的第一环境。可以说，家庭教育对个体的思想道德品质有孕育、萌芽、启发等作用。家庭通过家庭的氛围、家庭成员之间的关系、父母的教育方式等对个体的成长和发展产生潜移默化的影响。家庭是孩子榜样精神教育的启蒙之地,在家庭中,孩子与父母建立最早的亲密关系,他们会通过观察和模仿父母的行为来学习和成长。父母作为孩子的第一任老师,他们的言行举止直接影响孩子的行为和价值观。因此,父母要努力成为孩子眼中的榜样,坚持言传身教,培育优良家风,弘扬向上向善的传统美德,一方面充分尊重和理解孩子,与他们平等沟通交流,给予关心关爱,另一方面要积极将榜样教育内容引进家庭之中,特别是要与时俱进,主动学习前沿技术,提升自身的网络素养,合理有效利用网络上的丰富、生动的榜样教育信息,及时选择榜样,更新教育内容,在日常家庭生活中提高榜样教育的感染力。同时学校要保持与家庭的常态化密切联系,有针对性地引导家长做好家庭教育,循序渐进提高科学教育孩子的能力,配合学校做好榜样育人工作。

三、社会层面

榜样教育不仅需要学校、家庭的力量保证,还需要社会力量的支持。政府、企业是开展榜样教育不可或缺的社会力量。首先,榜样教育的开展需要政府的大力支持。政府,特别是教育主管部门,在榜样精神融入高校网络思想政治教育方面具有重要的指导和支持作用。他们应该提供政策性指导和建设性意见,加强对高校的指导和监督,并促进高校之间的经验交流与合作,同时也需要加大榜样教育资源、平台、经费建设等投入,以及出台相关制度作为推动工作开展的保证,为榜样精神融入工作保驾护航。如政府可以制定相关政策和法规,明确榜样精神网络思想政治教育的目标、原则和发展方向;可以提供资金和资源支持,用于网络思想政治教育平台的建设、师资培训、教材开发和技术设备更新等,可以促进学校、家庭、企业等各方的合作与协调,推动各方共同参与榜样精神网络思想政治教育的实施,分享资源和经验,互相支持和协作;可以建立监督和评估机制,对榜样精神网络思想政治教育进行监督和评估,确保网络教育平台的安全性和教育质量,防止不良信息的传播;可以利用宣传渠道和媒体资源,广泛宣传和推广榜样精神网络思想政治教育的理念和实践,提高公众对榜样精神网络思想政治教育的认知和理解,引导社会舆论的关注和支持。其次,榜样教育的开展可以寻求与企业、社会组织、媒体等合作,保持网络思政育人的活力与张力。如学校可以积极与企业开展合作,邀请企业榜样参与网络思想政治教育的建设和实施。企业榜样可以分享自己的成功经验和职业发展道路,为学生提供实践机会和职业指导,帮助他们更好地了解职业领域和就业市场;可以与社会组织,如非营利机构、公益组织等开展合作。社会组织通常有丰富的实践经验和资源,可以为学生提供志愿服务、社区实践等机会,同时开展公益讲堂,邀请榜样现身分享自己的故事。可以与各大校外媒体开展合作,通过媒体渠道宣传和推广榜样精神网络思想政治教育的理念和实践。媒体要创新形式加大对高校榜样人物的宣传力度,分享他们的成功故事,或主动到高校挖掘报道榜样精神融入网络思想政治教育的事例,提高大家对榜样精神网络思想政治教育的认知和关注度。

总而言之,榜样精神融入高校网络思想政治教育工作是一项整体性、系统性、协同性的工程,需要统一高校、家庭、社会等多元主体的思想自觉与行动自觉。高校与家庭、社会要保证融入工作的步调统一,做到相互信任、沟通合作、信息资源共享、实时互通反馈。只有有效整合榜样教育的各方力量,汇聚榜样融入多元主体育人合力,增强各类主体间的互信合作,在共同的实践中相互配合,形成各主体间的良性互动,才能为学生提供良好的受教育环境,保证榜样教育的全面推进。

下篇 实践探索

第五章 “崇德向善”榜样精神融入高校网络思想政治教育实践

第一节 实践案例

团中央报道桂电校友杨科璋烈士（感动中国2017年度人物）事迹

民房起火，有人被困。2015年5月29日深夜，杨科璋接到任务，与战友们紧急前往火灾现场。此时，熊熊烈火在大楼第2、3、4层猛烈燃烧，这座9层建筑中的生命岌岌可危。

楼内临时木梯已被烧毁，杨科璋和3名战友组成搜救组，沿消防梯爬到起火楼房楼顶，逐层往下搜救，然而，狭窄的楼梯间形成“烟囱效应”，吸收着火场的高温和浓烟，即使借助强光灯还是伸手不见五指。

终于，杨科璋和战友们在摸索中发现5楼一处卫生间内有3名被困人员，一名妇女瘫坐在地，10岁大小的男孩因为吸入烟雾剧烈呕吐，另一个小女孩也不停咳嗽，浓烟正不断涌入卫生间，如果原地等待，被困人员会有生命危险，杨科璋立即用防火服包住小女孩冲出卫生间。

时间一点点流逝，当其他被困人员平安脱困时，杨科璋和小女孩却久久不见踪影。战友们返回着火建筑，一处一处搜索着他们的踪迹，终于在一楼电梯井口处，发现小女孩。一片漆黑中，消防队员伸手去抱孩子，可孩子被什么卡住了，他摸过去，那是杨科璋的手。“我用了一定力气才把他的手打开”，他就那么仰面躺着，胸前的双手紧紧环抱着女孩，那天起火的楼烟雾太大、能见度低，杨科璋在5楼踩空坠楼时，他把小女孩护在怀中，保住了那女孩的生命，而他却永远地离开了热爱的战场，年仅27岁。

“高空坠落紧急避险是我们的常训科目，杨科璋坠落时只要本能地张开双臂，抓摸到楼板或钢筋就能减缓下坠冲击和调整落地姿势，极有可能生还。”杨科璋的战友欧灵说。但他没有张开双臂，因为他怀里还抱着小女孩，他把自己的血肉之躯当成孩子的保护垫。“大姐我救你女儿出去，你放心！”是杨科璋留下的最后一句话。他做到了。

杨科璋生前参与过200多次救援，他和战友从生死线上抢救回160多条鲜活的生命。这一次他用自己的生命完成了最后一次救援。

2015年5月29日，晴，阳光正好，如正直坚守的他，在生死关头舍己救人。杨科璋把生的希望留给他人，他的烈火青春，如流星划过，让人泪目，也让人铭记。人们自发来到当地广场，点燃心形蜡烛，拉起写有“悼念消防英雄杨科璋”字样的条幅，不少市民纷纷落泪。

2015年6月1日，公安部批准杨科璋同志为革命烈士，颁发献身国防金质纪念章。2018年，杨科璋入选“感动中国2017年度人物”。

（来源：共青团中央微信公众号、中国军网微信公众号、微博@中国消防、新华网）

桂电校友崔译文（第八届全国道德模范）事迹

一个打耳洞都怕疼的姑娘，面对凶徒冰冷的尖刀，她毫不畏惧，阻止行凶并用身体护住女同学，身中8刀。一个品学兼优的姑娘，经过四年的学习沉淀获得了2022年广西壮族自治区和桂林电子科技大学“优秀毕业生”荣誉称号，顺利完成自己本科阶段的学习……她是2022年“全国向上向善好青年”崔译文。

“我们俩都活着就是最好的结局”

2019年3月10日晚上，崔译文和同班女生小梁晚自习后结伴回宿舍经过操场时，身后一名男生叫住小梁，崔译文回头一看发现该男生要对小梁动手，赶紧上前将男生拉开，但该男生手中有刀。在拉扯过程中，崔译文身中2刀，她大喊：“小梁，快跑！”男子紧接着追上去，继续行凶，小梁身中多刀倒在血泊中。崔译文顾不上疼痛，捂着伤口挣扎起身，毅然用自己瘦弱的身体护住女同学，又不幸身中6刀，鲜血直流。行凶男子丢下尖刀，逃离现场。此时已经浑身是血的崔译文始终紧握住小梁被划伤动脉的手臂止血，一直等到医护人员赶来。崔译文虽然有170厘米的个头但体重只有90来斤，这个瘦弱的女孩胸腔、肝、腰、肚子、手臂内侧全都是伤痕。胆囊和肝脏受伤严重，胸口到腹部还有一道长达17厘米的伤口。经检查，小梁身中16刀。如果不是崔译文用身体挡在前面，后果不堪设想。而崔译文身中8刀，在ICU抢救了3天才转危为安。当被问到“你想过当时情况很危险吗”，她说：“我只知道我不冲上去她可能会死，那不行啊。我们俩都活着，就是最好的结局。”

“我是军人的孩子”

“她说她是军人的孩子。一般的伤啊都是绳子缝的，看到她的腹腔是用订书机订的。”当兵28年的硬汉父亲在ICU看见遍体鳞伤的女儿时，都忍不住落泪。可坚强的崔译文却自己默默地忍住伤痛，还一个劲安慰父母“不疼的，真的，一点不疼”。在医院里，坚强的崔译文没有掉过一滴泪，反而一直笑着安慰住在同一间病房的小梁。直到出院前一天，身上的纱布被拆下，这个爱美的姑娘第一次号啕大哭：“我以为自己还是以前的模样，这些伤口看起来比想象中可怕。”

事后，谈起当时的情况，崔译文只是轻描淡写地说：“我以为不捅到心脏就不会死我避开了心脏，却忘记了肝。”母亲问她后不后悔，她却笃定地说：“如果再选一次，我还是会冲上去。”出院返校的她还拍摄了一段视频给大家报平安。听听都让人心疼，网友看哭了，为勇敢善良的女孩点赞。

“荣誉不是‘氢气球’，不能让自己飘起来，而是要化作动力”

瘦弱身躯蕴含巨大勇气，崔译文用自己的行动诠释了新时代青年的勇敢与担当，她被授予第八届全国道德模范荣誉称号。面对多项荣誉称号的她说：“之前的人生已经归零，划上了句号，接下来要有新的开始，要更加努力、积极向上为社会做出更大的贡献。”

她在家乡浙江宁波奉化成立崔译文绘星志愿服务队为抗击疫情、帮困助残、关爱老兵等公益事业凝聚力量、奉献自己。疫情期间,她主动报名参加社区防疫志愿服务,数十天坚守一线,挨家挨户开展摸排登记等工作。从小在部队家属院长大的她,并不觉得见义勇为是一时冲动,母亲教导她要以军人父亲为榜样。小小的身躯蕴含着巨大的勇气,她用实际行动生动诠释了见义勇为,印证了普通人也可以成为英雄,是当代年轻人可敬可学的楷模。

2019年,崔译文荣获“中国好人榜”见义勇为好人称号。2021年,被评为2020年“最美大学生”。2021年,被授予全国见义勇为模范。2022年,被授予“2021年度全国三八红旗手”和2022年“全国向上向善好青年”荣誉称号。

(来源:人民日报微信公众号)

成文智,好样的

2022年8月,桂林电子科技大学大二学生成文智克服家人反对和疫情带来的不便等困难,在柳州市造血干细胞采集医院成功捐献80毫升造血干细胞混悬液。随后,这份生命的种子被成功移植到一名重症血液病患儿的体内。成文智成为桂林市第51例造血干细胞捐献者。

成文智是崇左市人,2020年考入桂林电子科技大学,并于当年11月在学校组织的献血活动中捐献200毫升血液。2021年3月,在市红十字会志愿者的宣传引导下,他留取血样,加入了中国造血干细胞志愿者捐献库。

2022年5月,成文智接到市红十字会志愿者的电话,被告知他的血样与一名重症血液病患儿匹配成功,并询问他是否愿意捐献。成文智毫不犹豫地答应了。

当他将这个消息告诉家人时,却遭到了反对,因为家人曾在电视剧里看到,捐献造血干细胞需要从骨头穿刺抽取,非常痛苦,可能会给他带来危险。

配型成功来之不易,如果放弃捐献,那名重病患儿可能因为得不到救治而离开人世。由于无法说服家人支持,成文智想到那名重病患儿时,心里十分难受,便将情况告知市红十字会造血干细胞捐献志愿服务队队长喻显明。

喻显明向他详细讲解了捐献过程:现在造血干细胞捐献已不同于过去通过抽取骨髓来采集,而是与献血一样,是采用针管通过血管采集,非常安全。同时,喻显明还把我市历年捐献者采集造血干细胞的视频发给成文智，让他转发给家人看。他的家人在了解捐献过程后，又征求了一位亲戚（职业是医生）的意见后，终于同意他捐献造血干细胞。

7月8日，成文智接受了体检，符合捐献要求。随后，他回到崇左家中休养等待捐献。

7月下旬，崇左部分地区出现疫情，成文智担忧不能顺利出行，影响捐献。于是，他又主动联系了市红十字会志愿者，希望能提前到达柳州市造血干细胞采集医院，做好捐献前的各项准备。经过市红十字会与中国造血干细胞捐献者资料库广西管理中心、医院协调，8月1日，成文智提前入住医院。

因为造血干细胞采集时间定在8月10日，在等待捐献期间，成文智认真调理身体，确保达到最佳状态。他说：“虽然我多等了一些时间，但比起挽救一个幼小的生命，这种等待是值得的。”

8月10日，经过2个多小时的机采，院方从他的外周血中采集了80毫升造血干细胞混悬液。捐献成功后，他感觉轻松了很多，他说：“从我采样入库那一刻起，就盼着捐献造血干细胞挽救他人。没想到仅一年时间就实现了愿望，希望那个孩子能早日康复，拥有美好的未来。回到学校后，我还要用亲身经历带动更多同学加入这种大爱的善举中。”

另据了解，2022年上半年，桂林共有1000多人留取血样加入中国造血干细胞志愿者捐献库。截至目前，全市累计入库志愿者人数超过11000人，位居广西前列。

（来源：《桂林晚报》 桂林电子科技大学微信公众号）

考试延后一周，怎么回事？

2023年2月17日，桂林电子科技大学材料科学与工程学院学生何海智成功捐献200毫升造血干细胞混悬液，成为中华骨髓库第14684例、广西第517例、桂林第55例造血干细胞捐献者。他的善举，为一位素未谋面的患者带去了生的希望。

这次成功捐献的背后，除了何海智的付出，也离不开老师和同学们的支持。上周末本是数学考试的日子，为了让他安心参加捐献，老师多方协调，将考试延后一周。这一举动也得到了同学们的全力支持。

捐献与考试时间冲突，面临两难选择

何海智是桂林电子科技大学的一名研究生，出生于1998年，有着多年的献血经历。2月18日，在成功完成本次造血干细胞捐献后，他接受了记者的采访。

何海智说，在刚满18岁那年，他就给自己送上了一份特别的成人礼——无偿献血。从那时起，他一直保持着献血的习惯。

在一次献血的过程中，何海智从志愿者的口中了解到了捐献造血干细胞的相关事项。他感到这是一件很有意义的事，就留了血液样本，加入了中华骨髓库。“当我把这件事告诉父母时，他们都非常支持我，说只要能救人就是一件好事，义无反顾地去做就行。”

捐献造血干细胞能为血液病患者带去重生的希望，但配型成功的概率却很低。2021年3月，何海智接到了市红十字会的电话，工作人员告知，他与一名血液病患者造血干细胞初筛匹配成功，征询他是否愿意捐献。他十分激动，毫不犹豫地给出了肯定答复。2022年9月，他再次抽取血液样本进行了高分辨检验。高配成功后，他又配合完成了体检等准备工作。

今年春节过后，何海智接到了市红十字会的通知，捐献日期定在2月17日。他需要在2月11日到广西医科大学第一附属医院做好相关准备，之后进行捐献。得知捐献日期后，何海智一直很期待。

眼看捐献日期将近，何海智却接到了数学考试的通知，时间上产生了冲突。“上学期没有进行期末考就放假了。原本说本学期开学后两周内会考试，我一直很担心这两件事的时间会冲突，结果真撞上了。”何海智说。

他告诉记者，收到考试通知后，自己马上联系老师说明情况。但是，按照学校的规定，研究生不能补考，如果不参加考试，只能以后重修这门科目。而询问市红十字会之后，得知患者已经入舱，全身造血功能已经清零，捐献时间无法延迟。

一边是生命，一边是学业，何海智遇到了两难选择，但他很快做出了决定。“生

命肯定是最重要的，我不能给了患者希望之后又让对方失望，所以我必须去捐献。”何海智说，由于考试时间是2月18日，如果捐献完立刻返回桂林，也能赶上第二天的考试。“捐献后其实还要继续留在医院观察身体指标。不过，我咨询了医生，如果没什么问题，当天也可以办理出院。那时我就想着，自己当天应该能出院，虽然辛苦点，但起码能两边兼顾了。”

老师多方协调，将考试时间往后移

其实，在何海智犯难的同时，学校老师们也在为协调考试时间而努力着。他的数学老师李姣芬告诉记者，按照教学计划，开学两周内要完成上学期的期末考试，因此几位任课老师便商定在开学第一周的周六进行考试。

“定下考试时间后我们就发了通知。之后，小何同学马上联系我，说他17日要在南宁捐献造血干细胞，可能无法参加18日的考试，询问是否能补考。”李姣芬说，按照规定，研究生考试没有缓考或补考机会，若是没有成绩只能重修课程，这对学生来说是不小的损失。

在李姣芬看来，何海智捐献造血干细胞是一件充满正能量的事，对患者来说，这也是一次赢得重生的机会，作为老师必须全力支持。但是，变更考试时间并不是一件简单的事，需要多方协调。为了让学生没有顾虑地参加捐献，李姣芬立刻决定联系研究生院，争取调整考试时间。

“考试都是提前安排好的，也已经给学生发了通知，没有特殊原因不会随意变动。但我向研究生院的老师说了小何同学的情况后，他们都非常支持，当即同意协调考试时间。”李姣芬表示，考虑到何海智捐献后需要有充足的时间恢复和复习，他与研究生院考试中心一起协调相关事宜，希望能在学校规定的期限里，把考试时间尽量往后调。经多方协调，考试时间最终确定在2月24日。

记者在采访中得知，考试完成后，任课老师还需要完成阅卷、将成绩录入系统等工作，而开学第二周就已经进入了本科的正常教学周。这也意味着，将研究生考试时间延后，会让老师们本周的工作更加忙碌，需要同时兼顾本科教学和研究生考试等相关事宜。

“和小何同学捐献造血干细胞的行为比起来，我们能做的很有限。学生有这种助人为乐的想法，老师肯定要尽全力支持，让他没有后顾之忧。”李姣芬说。

这次捐献背后，有着数百人的支持

考试能顺利延后，除了老师之外，也离不开同学们的支持。据了解，参加本场考试的学生有三四百人，由于此前已经下发了考试通知，因此调整考试时间也要征得学生的同意。

“考虑到学生隐私，起初我并没有在群里说明小何同学的情况，只是说有同学无法按时返校。”李姣芬说，有些学生私下向他询问原因，当得知有同学要捐献造血干细胞时，大家都非常支持，马上同意延后考试。

“知道考试时间与捐献冲突后，何海智自己和老师沟通的同时，也拜托我帮他一起向老师反映。”在何海智的班长范卓群看来，捐献造血干细胞意义重大，身为何海智的同学，她无条件支持。“调整考试时间对我也没什么影响，但却能让他安心捐献。我很佩服他能去做这件事，也想向他学习。”

何海智的室友何玉亭表示，室友们都很支持他的行为，也愿意调整考试时间。“何海智学习挺好，又有爱心，很愿意帮助别人。之前我们也打算一起帮他向老师申请能否补考，但还没等我们说，老师就通知考试延迟，说明大家都很支持这件事。”

对于老师和同学们的支持，何海智十分感动。他表示，今后会继续坚持献血，希望能帮助更多人。“如今身边有越来越多的人开始关注无偿献血和捐献造血干细胞，我也希望有更多人加入这个行列中来。”

近年来，桂林电子科技大学越来越多的大学生积极参与到捐献造血干细胞和无偿献血的公益活动中，年轻一代正扛起生命接力的爱心旗帜。

（来源：《桂林晚报》桂林电子科技大学微信公众号）

第二节 实践工作及其效果

国无德不兴，人无德不立。杨科璋、崔译文、成文智、何海智他们中既有火海中逆行的感动中国人物，也有见义勇为的全国道德模范，还有在道德沃土上播下希望种子的一个个普通桂电学子，他们用温暖的举动滋养人心、滋润社会，在感动你我的同时，推动全社会形成崇德向善、见贤思齐、德行天下的良好氛围，兴起崇尚模范、关爱模范、争当模范的时代风尚。

一、融入策略

社会公德是人们在社会生活中应当遵守的道德规范和行为准则，宣传“崇德向善”榜样就是要推动广大师生自觉践行公德规范，优化德育环境，凝聚道德力量。如何将榜样精神融入网络思想政治教育中？我们采用了立体化融入策略，首先是充分发挥官方媒体和校园媒体的担当作为，通过学校官媒和各学院、各二级单位的各类平台搭建上下联动的传播体系，讲好先进典型的先进事迹；其次是开展线下活动将榜样精神转化为师生的实际行动，打破时空界限，实现效果最大化。

二、融入效果

截至2023年底，微信平台发布我校校友杨科璋烈士先进事迹相关文章共计229篇，自2015年5月29日杨科璋烈士牺牲至今，师生、校友、家乡人民一直以各种方式祭奠这位英雄，桂林电子科技大学微信公众号陆续推出系列报道29篇，从悼念杨科璋烈士的牺牲、号召广大师生为感动中国人物投票，到落成杨科璋烈士雕像、组织清明悼念线上线下活动，以多种形式在多个平台深切缅怀学长，这既是对英雄的崇高敬意，也为全体桂电人树立起一座精神丰碑。

2023年3月14日，杨科璋烈士雕像落成仪式在桂林电子科技大学花江校区举行。杨科璋烈士父母杨家荣、林业新出席这次仪式。学校师生代表200余人参加。来自商学院的李江表示，作为新时代青年学子，要以杨科璋烈士为榜样，弘扬英烈精神，厚植家国情怀；练就过硬本领，永葆奋斗本色；立足复兴征程，践行使命担当，让青春在全面建设社会主义现代化国家的火热实践中绽放绚丽之花。

2023年5月30日，在杨科璋离开我们的第八个年头，我们前往杨科璋的家乡玉林市开展“缅怀英烈，传承杨科璋烈士精神”系列活动，对杨科璋烈士父母及其生前共事战友进行了专访，制作了专题纪录片《烈火燃青春 英魂永不灭》，回忆学长生前事，不忘英雄遗志。这一宣传片在多个平台播放，感动无数网友。

截至2023年底，微信平台发布我校崔译文同学先进事迹相关文章共计177篇，微信视频号推送163条；其中人民日报微信公众号推送7篇，桂林电子科技大学微信公众号推送25篇，奉化发布微信公众号推送47篇，新华网、光明网、腾讯网、网易等新媒体客户端及《广西日报》《桂林日报》《宁波日报》《奉化日报》等纸媒也发布了相关内容，她的事迹被媒体广为报道，总阅读人数已超过千万，可谓暖遍全国，圈粉无数。同时，在各大平台客户端，大家纷纷不吝赞美，为见义勇为的她点赞致敬。网友纷纷在评论区留言："这个女孩真勇敢，军人的热血果敢在这位女孩身上流淌传承，敬佩！"在桂林电子科技大学微信公众号推文后台，网友"蝶舞轻扬"评价道："这么瘦弱的女孩子太有正义感了！这是优秀的军人家庭培养了时代的楷模，也是桂电的骄傲，要让这种勇敢的精神发扬光大！"网友"呼啦"留言说："关键时刻挺身而出，伸张正义，大爱无疆，无愧于新时代青年大学生学习的楷模！"

成文智、何海智分别是桂林市第51例和第55例造血干细胞捐献者，他们的善举为素未谋面的患者带去了生的希望，其先进事迹被《桂林晚报》、桂林电子科技大学官方网站和微信公众号宣传报道后，得到了大家的点赞，尤其是何海智同学捐献时间偶遇考试，为了让他安心捐献，学校老师多方协调，将考试延后一周，这一举动得到了参加考试的同学们的全力支持。网友"胡湖"留言道："有这种冲动的人不少，真正付诸行动的不多。这份善举，不只救助了一个患儿，更是拯救了一个家庭！"网友"湛然明清"留言："为何同学的善举点赞，为桂电坚强后盾的大力支持点赞。"相信他们的公益行动将带动更多青年学子积极参与其中，用实际行动扛起生命接力的爱心旗帜。

这些勇敢者应该被铭记，勇敢的行为应该被倡导，勇敢更需要接力。我们大力宣扬杨科璋、崔译文、成文智、何海智的高尚品质，在温暖人心、感动中国的同时，也是为全社会树立榜样，引导人们特别是广大青年学子向道德模范学习。通过宣传这些朋辈们崇德向善的精神，希望带给青年一代思考，当希望寄托在自己身上的时候，该如何迎接时代的重任，无愧青春。希望一代代青年学子用实际行动传承这种精神，努力争做崇高道德的践行者、文明风尚的维护者、美好生活的创造者。

第六章 “勤奋好学”榜样精神融入高校网络思想政治教育实践

第一节 实践案例

桂电刘梦媛保研浙江大学

刘梦媛，中共党员，材料科学与工程学院材料科学与工程专业2020级学生，在校期间学分绩91.30，专业排名第一；曾获国家奖学金、国家励志奖学金、自治区人民政府奖学金、领益奖学金，连续三年获得学校一等奖学金、三好学生标兵、优秀共青团员，两次获得优秀学生干部。4篇论文发表在SCI期刊，以第一作者撰写1篇英文论文（SCI期刊在审），主持1项国家级创新训练项目，参与1项国家级创新训练项目，参与1项区级科研课题，参与1项“一流”学科科研素养国际班项目（约克大学）；获得发明专利1项；曾获全国大学生英语竞赛全国一等奖，外研社·国才杯全国英语写作大赛区级二等奖，第九届中国国际“互联网＋”大学生创新创业大赛区级银奖，第十二届广西翻译大赛区级特等奖，大学生物理实验竞赛自治区级三等奖，校级科技竞赛奖若干，共计30余项。现已保送至浙江大学材料工程专业攻读硕士研究生。

踏上寻梦之路

“想走保研这条路，除了专业学习要好，科研、竞赛、学生工作以及志愿服务一项也不能少。”大一到大三的3年时间就像“逆水行舟”，一刻也不能懈怠。

四年前，刘梦媛受自己高中一个学姐的影响，高考报考了同一所高校——离家

1200多公里外的桂林电子科技大学，并成功被材料科学与工程学院材料大类专业录取。进入大学后，在学习和锻炼方面，刘梦媛按时上早晚自习，平时大多数时间会主动去图书馆或者自习室学习，积极进行创高体育锻炼；在学生工作上，她先后担任了班级学习委员，加入学校国旗班、学院团委学生会和兴趣社团；在兴趣爱好上，她积极参加了英语竞赛、志愿服务等多项活动。但是，随着学习、工作、比赛事情越来越多，她感到压力越来越大。她坦言："当时感到很迷茫，不知道这是不是自己想要的大学生活。"虽然大一过得又苦又累，但是她没有选择逃避，而是夜以继日地付出和探索，大一先后通过英语四六级考试，综合测评成绩专业第一，并且在其他各方面也都取得了不错的成绩。

勇敢挑战自我

大二开学之际，有老师推荐刘梦媛加入学院实验室的科研项目团队。这时候的刘梦媛，对科研还是毫无了解，但科研竞赛的种子在内心开始萌芽。她坦言："其实当时心里摇摆不定，因为已经大二了，起步时间太晚，而且也很害怕自己不能做好。"经过深思熟虑，她最终选择了勇敢迈出这一步。第一次踏入实验室，刘梦媛感到既兴奋又紧张，她主动向同实验室的师兄师姐学习，并且第一次参加了国家级创新训练项目。在项目中，她负责样品制备、性能测试和论文撰写等工作，并基于该项目以第二作者发表了1篇SCI学术论文，以第一作者撰写了1篇英文论文，同时，与研究生师兄师姐共同发表了3篇SCI论文。

随着第一个国家级创新训练项目的勇敢尝试，刘梦媛对竞赛科研领域的兴趣愈发浓厚。之后，她便开始向更有挑战性的比赛进军。学校和学院都很重视培养学生创新创业技能，会提供"挑战杯""节能减排科技竞赛""互联网+"等多个国家级大型比赛的校赛平台。在老师和师兄师姐的指导下，她把握住校赛平台，一步步打到省赛、国赛。大学期间，她累计获得科技竞赛奖励30余项。在参赛的同时，刘梦媛还成功申请并主持一个国家级创新训练项目——富锂锰基正极材料的制备及电化学性能优化。

回忆起科研比赛的点点滴滴，刘梦媛说：“我对自己在科研竞赛上的成绩并不满意，如果大一开始就勇敢尝试，现在就没有遗憾了。但是我对比赛的过程收获还是很满意的，因为比赛不仅培养了我的实验设计思维和实操能力，还锻炼了我的语言表达能力和应变能力。到后面的保研阶段，当我能从容应对不同的老师提出的各种不同问题时，我觉得一切都值得了。”

万里奔赴前程

“保研党，表面看属于躺赢，但背后的艰辛，只有亲身经历了，才能知道。”从今年5月开始，刘梦媛投了15所大学的夏令营申请，得到了10所大学的肯定回复，先后参加了5个大学的推免夏令营。

7月25日，刘梦媛开启了前往浙江大学夏令营的旅程，这是她参加的第4个夏令营。车外的窗景飞速地从她眼前闪过，她知道前进的道路并不总是一帆风顺的，因为既然选择了远方，就只能风雨兼程。2个多月的时间，她顶着压力连朝接夕地努力，先后去了湖南、天津、吉林、浙江、南京等地的大学夏令营和推免面试，累计行程达9486公里。由于不同大学的夏令营时间间隔太短，而这一次又是梦想中的浙江大学，她难免会更紧张一些。坐在开往杭州东的G173列车上，她争分夺秒复习英语和专业课知识。

初到浙大夏令营，刘梦媛发现周围的同学都来自国内顶尖院校，这时候她觉得自己毫无希望。但她从心底里告诉自己：“要自信，既然来了就不能轻言放弃，努力三年，放手一搏！”最终她扛下了巨大的压力，通过了一场场困难的面试，获得了“优秀营员”的称号。

谈及选择浙大的原因，刘梦媛激动地说：“这或者是一种执念吧！因为读初中的时候，我表哥在浙江大学读研究生，那时候我就特别想去浙江大学。”得到浙大录取通知的那一刻，刘梦媛感到既兴奋又幸运。国内一些名校在推免招生的时候，会倾向于选择顶尖院校的学生，而浙江大学则更重视学生的专业背景实力和综合素养。“能保研成功，除了感谢自己每一步的努力外，还要特别感谢学校和学院，因为材料科学ESI全球前1%的排名为这次推免增分不少。”

感恩一路相伴

刘梦媛说，在高中时期，她相对缺乏自信，有点内向胆怯，甚至有时上台发言都发抖。因此，她渴望改变自己。

进入大学后，刘梦媛投入大量时间在学业、科研、竞赛和活动中，也积极参与组织策划了许多校级和院级活动，坚持进行体育锻炼并获得了学院运动会女子200米第一名。她充满活力，主动磨练自己的能力，改进自身不足。这不仅丰富了她的大学生活，也提高了她的综合能力。经过大学三年的成长，现在的刘梦媛依然显得有点腼腆和胆怯，但需要她上场时，她就可以做到风轻云淡、从容应对。

刘梦媛很感谢家人和朋友在保研路上给予她的支持与鼓励。当感到压力大时，她喜欢和朋友们聚在一起，在“吐槽”中释放自己、调整心态。家人对她的期望也从来不是能上名校，而是希望她把身体健康放在首位，做好自己即可。家人朋友的包容是支撑刘梦媛一路坚持下去的动力，她发自内心地感谢他们一路上的关心和陪伴，感谢他们没有放弃任何一个低谷时期的自己。在大学里，刘梦媛认识了许多良师益友，收获了许多温暖。在刘梦媛决定保研时，辅导员纪振东老师的鼓励也如同暖阳，一句“我相信你！你是非常棒的”让刘梦媛坚定地走上推免的道路。在参加浙江大学推免的过程中，辅导员纪振东给了刘梦媛很多帮助。如果没有学院和老师们的支持，刘梦媛可能在保研浙江大学的半途就因为办理材料过于麻烦而放弃了。当时已经进入暑假，但保研所需的各项材料急需盖章。她只好联系她最熟悉的“东哥”，纪振东积极地打电话和学院其他老师沟通联系，主动帮助她把材料办理好。当时能否成功保研仍未可知，但纪振东依然不辞辛劳地忙前忙后。很多大学的夏令营报名都需要提交导师推荐信，刘梦媛十分感恩学院的专业老师和科研导师们耐心接受她的咨询，热心帮助她一次次填写导师推荐信，这是她能够报名夏令营成功的关键一环。

在刘梦媛的成长道路上，得到了很多良师益友的帮助。她很感激各位老师和研究生师兄师姐以及一起参加比赛的朋友们。感受到温暖的同时，刘梦媛也希望能给他人带去光亮。从大一开始，刘梦媛先后参加了广西金相技能大赛、迎新活动、校运会等多个志愿服务活动,先后9次获得“优秀志愿者”荣誉称号。大三寒假期间,她积极参与疫情防控志愿服务工作,得到了地方的认可,获得“最美志愿者”的荣誉。这些志愿活动让她感受到了快乐,在帮助他人的同时,感到自己的价值得到了体现。在被问及保研和学习的经验时,刘梦媛也很乐意学弟学妹们有问题随时咨询她,她希望自己的经历能给别人带来一些帮助。

一路风雨兼程,身侧暖阳相伴,不畏困难的人终将抵达彼岸。刘梦媛认为桂电是一个非常好的平台,拥有许多优秀的专业老师,给了大家许多资源和机会。她希望学弟学妹们要珍惜当下,不负青春。同时,她也希望能把好运带给正在考研的朋友们。她相信:越努力越幸运,一切付出都会有回报,一切都是最好的安排!

(供稿:融媒体中心 罗福、材料科学与工程学院 刘梦媛)

桂电勇攀“高山”的少年

娄本潇,中共党员,山东济南人,建筑与交通工程学院交通工程专业2020级学生,连续三年专业第一,已推免至中南大学攻读硕士研究生。担任班级学习委员,学院2020级副年级长,学院大学生科技创新协会主席。荣获“桂林市优秀共青团员”称号,桂林电子科技大学“三好学生标兵”称号、“优秀学生干部”称号、“优秀共青团员”称号。获国家奖学金(连续两年)、广西壮族自治区人民政府奖学金、桂林电子科技大学一等奖学金(连续三年)、第八届中国国际“互联网+”大学生创新创业大赛总决赛铜奖、第十六届全国大学生节能减排社会实践与科技竞赛三等奖、第三届华数杯全国大学生数学建模竞赛二等奖、2021年全国大学生英语竞赛二等奖、“挑战杯”广西大学生课外学术科技作品竞赛一等奖、第八届与第九届中国国际“互联网+”大学生创新创业大赛广西赛区金奖、第十届“挑战杯”广西大学生创业计划竞赛银奖、第十六届全国大学生先进成图技术与产品信息建模创新大赛广西赛区三等奖、第八届中国国际“互联网+”大学生创新创业大赛红旅赛道广西赛区铜奖、第七届中国国际“互联网+”大学生创新创业大赛广西赛区银奖及红旅赛道铜奖、第十二届广西翻译大赛三等奖,主持国家级大创项目1项(已结题),参与国家级、自治区级大创各1项,发表论文3篇,申请或授权发明专利3项、实用新型专利6项、软件著作权1件。

保证有效的学习时长

入学之初,娄本潇听到了许多优秀学长学姐的故事,他们优异的成绩、丰硕的竞赛成果以及充实的课外活动极大地震撼了他。在那时起,他就下定决心认真规划自己的生活,争取在美丽的桂电度过美好而充实的大学时光。"我认为良好的学业成绩是大学生活的基石,是我花费大量时间参加竞赛和课外活动的底气,因此我在提升学习成绩方面做了大量的努力。"娄本潇如是说。

首先是树立清晰的目标:他的目标是学业成绩排名专业第一,因此每一门课都争取向满分靠近,从来不会因为某门课学分少或不重要就放弃复习。

其次是在学习过程中严格要求自己,除了做到最基本的按时上课和按时完成作业,他还规定自己在课前和课后看看网课和相关的论文,尽量让自己学得灵活有趣一点,避免陷入生硬学习。

最后是保证有效的学习时长,大一他加入了几个学生组织,平时也会参加各种活动,难免挤占了一些学习的时间。但是在参加活动之余他会花大量时间去图书馆自习,几乎每天晚上都会在闭馆时被志愿者或值班老师"赶走"。充足的学习时间让他能够在学懂课内知识之余,深入了解自己感兴趣的课外知识,这些课外知识在作答考试的开放题和推免面试等关键时刻给了他极大的帮助。

回顾大学的前三年,娄本潇真切地体会到"花在课业上的每一秒钟都会在成绩上有所体现"。因此他建议学弟学妹们在找到"学习方法和技巧"之前,不妨优化一下自己的时间安排,适当投入更多的时间在课业上,尤其是在考试周或考试月。

在实践中付出大量精力

除了理论学习,娄本潇也抓住机会锻炼自己的实践能力。他参与了贵港市停车专项规划编制项目,在大二暑假跟随老师和师兄师姐前往贵港调查该市的停车现状,主要是实地调查整个贵港城区的停车车位数量和类型,因此他和师兄师姐们骑着电动车走遍了贵港城区的每一条大街小巷。有时他还需要根据某片空地周边的交通状况和用地情况判断该地是否需要新建停车场、新建什么类型的停车场，并在报告中呈现出来供老师们参考，这让他真正感受到专业知识直接应用于实践的快乐。“虽然天气炎热，但我还是感到很新奇，从日出到日落、从城区到农田，在完成任务的同时也基本把贵港市的风景看了一遍。短短几天时间，我收获的不仅是深一色号的肤色，也对专业有了更深的理解，更增进了与师兄师姐们的深厚情谊。”娄本潇开心地说。

娄本潇在“互联网+”大学生创新创业大赛中也付出了大量精力，三年中他们的项目依次获得了“互联网+”大赛的省级铜奖、银奖、金奖和国家级铜奖。大一的时候，娄本潇就与一位志同道合的学长一起创建了智慧物流/智慧交通场景下的项目，那时的他还不擅长在专业技术方面进行创新，对创业更是一窍不通。于是不停地在网上搜集资料，模仿优秀的参赛者和优质项目，一轮轮修改商业计划书和PPT的每一处细节，但最后还是遭到评委的否定。失败让他沮丧，也让他清醒地认识到评委老师指出的都是最关键、提升空间最大的问题，因此他又针对这些问题开启了新一年的努力。

随着专业能力的提高，他们实现了技术上的创新，制作了实物，同时也在创业方面不断努力，与团队一起访问相关企业获得生产上的帮助，通过申请专利、发表论文保护知识产权，参加“上海交通工程设施展览”了解行业前沿动向，将计划书和PPT更新了几十个版本。经过一年的潜心“修炼”，加上赛前14个昼夜不断地模拟答辩，“智慧物流运输全栈解决方案”项目经过多轮比拼最终取得国家级铜奖的成绩，并入选自治区仅有的125个“金种子”项目。

除了自身能力的提高，娄本潇在参赛过程中还收获了宝贵的友谊。在2022年的省级总决赛中，他遇到了其他学院两位同年级的同学，在竞赛的环境中他们更像是代表桂电出战的战友，大家都有推免的想法，因此很快熟悉起来并保持着紧密的联系。尤其是在紧张的夏令营和预推免阶段，他们经常互相鼓励，最终成功上岸了各自的理想院校。

在学习之余丰富自己的阅历

娄本潇在外国语学院辅修了国际治理第二学位,外院老师们的指导是他能够在 Association of European Attorneys(AEA)实习的关键。AEA 总部设在德国柏林,是致力于让欧洲各国律师(事务所)间联系更紧密的非政府组织。他的实习任务主要是协助主管积极联系各地的律师事务所,邀请他们参加在维也纳召开的欧洲律师大会。

娄本潇直言:"最难过的还是语言关,由于日常的交流不像听力考试一样严谨和正式,让我本就有限的口语能力显得更加单薄,很多次都难以及时理解主管想表达的意思。因此我在每次会议之后,都会把自己未来的任务列一个清单发给主管,既能与主管统一目标和进度,也能让主管及时发现我漏下的任务。"

在联系各个律师事务所时,为了体现对该所的重视和尊重,要在邮件中写出对该所业务的了解,因此他要去网络上搜集和学习不同事务所的主要业务,还要根据每个事务所回信里对会议的态度针对性地回信,争取让他们按时参加律师大会。通过努力,他被评为了优秀实习职员。

此外,娄本潇经常参加志愿活动,以之作为繁重学习任务之余的放松。曾参加桂林市创建文明城市活动、桂林市马拉松比赛、学校迎新生等活动,在志愿活动中锤炼意志、收获快乐。

榜样的力量是无穷的,时刻鼓舞我们勇敢攀登前方一座又一座的高山。娄本潇在大一上学期遇到了一位榜样学长,单是个人简介就已让他眼花缭乱,获奖经历更是让他羡慕不已,时至今日他依然记得当时内心的想法:"这些成果每一项都来之不易,像是一座座难以攀登的大山,我希望我自己有一天也能追上他的步伐。"在这三年中,娄本潇有几次想懈怠甚至是放弃,但每次想起学长不懈的坚持与努力,总是能激励他收拾心情,重新出发。正是在这样的坚持中,他在每个方面都成功追平或超越了学长的成绩,最终成为更好的自己。

(来源:建筑与交通工程学院)

看她！“稻田游出致富鱼”

徐杨，中共党员，艺术与设计学院2019级环境设计专业学生，荣获2022年国家奖学金、1次国家励志奖学金、2021-2022学年国家二等助学金、2022-2023学年国家二等助学金，第十二届全国电子商务“创新、创意及创业”挑战赛全国总决赛二等奖，第七届“互联网+”大赛红旅赛道国家级铜奖、区级金奖。多次荣获“先进个人”“三好学生”“优秀共青团员”等荣誉称号。区级大学生创新项目立项负责人，曾任勤工助学中心副主席。累计发表论文3篇。

静思往事，如在目底

“静思往事，如在目底”是她的座右铭。静静思考、总结过去的事，生命犹如逆行之旅，即便一叶扁舟也要向前起航。作为新时代大学生，不论面对怎样的困难，都要不惧挫折，勇敢追梦，做新时代的追梦人。

不断创新，在干事创业中奋进青春之路

2021年她认识了“稻田游出致富鱼”创始人并加入团队，项目致力于苗种技术的革新，大力推广稻田养鱼模式，带动农户一起奔上富裕之路。项目切合乡村振兴战略号召，以产业带动就业，增进地区经济发展。她暑假留校，和团队到龙胜进行考察，在调研的过程中发现即使农民日晒雨淋将所有精力都放在水稻种植上，其收益仍然不高时，团队决定结合创始人家族稻田养殖的技术背景，积极响应国家乡村振兴的号召，将鱼苗技术创新的红利与农户共享。

目前逸琪龙脊金背稻花鱼养殖规模已达1475亩，帮扶2省14县445户农户，带动就业超1300余人，每户年增收超1万元。公司财务报表显示企业年营业净利润率可达20%，实现了经济价值与社会价值的融合。项目也最终获得第七届“互联网+”大赛国家级铜奖、区级金奖、校级金奖。

不断前进，在创先争优中展现青春之她

她曾担任多个职务——勤工助学中心副主席、学院团委学生会宣传部副部长

等。工作上认真负责，踏实肯干，具有热心和责任心，在自己的岗位上不断做出奉献，发挥好老师和同学之间的桥梁作用，以身作则做好自己的本职工作。配合辅导员做好院内学生生活及环艺专业各方面工作。不断完善自己，以实际行动感染身边的人。

投身公益，在志愿服务中唱响青春之歌

她始终秉承大学生志愿者的奉献精神，在平凡的工作岗位上尽职尽责做好本职工作。这是她在桂林电子科技大学的第三年，但从2017年成为注册志愿者开始，她就没有停止志愿活动。每年无偿献血，成为校庆志愿者、学院活动志愿者。在第十六届全国大学生智能汽车竞赛华南赛区荣获“优秀志愿者”称号，荣获学院“优秀志愿者”“十佳志愿者”的称号。

2021年4月，一次偶然的机会，她结识到了市区“十二时辰公益书局”的负责人，负责人说公益书局苦于没人打理，希望能获得帮助。她开始有序安排艺术与设计学院同学每周末到市区进行书籍整理，得到了书局负责人的赞赏，也激发了市民们捐书的热情。书籍整理活动已经成为艺术与设计学院特色志愿活动。在整理过程中，同学们也得到了许多游客、市民的认可与表扬，让更多人看到桂电学子优良的精神面貌。她也积极参加支教活动，在活动中感受真诚、温暖和爱，并鼓励、引导学生，希望能以小小萤火，照亮颗颗童心。

她努力为学校、为社会做出力所能及的贡献。在志愿服务的道路上，她摆脱了稚气，走向了成熟，把自己的爱心、青春奉献给校园最需要的地方，并以作为一名青年志愿者而感到骄傲。

（来源：艺术与设计学院）

想当然？不如放手一搏

汪小龙，计算机与信息安全学院学生，保研电子科技大学。曾获国家奖学金、自治区人民政府奖学金，多次获得学校一等奖学金。荣获“三好学生标兵”“优秀学生干部”等称号。参与国家级大学生创新训练项目2项，发明专利授权1

项，拥有软件著作权2项，发表EI会议论文2篇。获得中国软件杯大学生软件设计大赛国家级二等奖、全国大学生物联网设计竞赛(华为杯)华中及西南赛区一等奖等。曾担任学院科技协会软件部副部长、年级委员会学习部部长、年级委员会生活部委员等。

梦，都有一样的开始

2018年，我顺利考入桂电。在大一学年，为了尽快适应大学生活并结识更多优秀的同学，我加入了计算机与信息安全学院2018级年级委员会，并担任了学习部部长。在这一年中，我参与策划了学院运动会、学院元旦晚会，负责并组织了一次学院的书法比赛。同时还负责每周为同学们收集高等数学、线性代数等学科的试题，并整合成试卷打印出来，在每周周一或者周日的晚自习拿到教室发放给大家。此外，为了帮助同学们通过英语四级考试，学习部成员每周周末都会组织一次英语四级模拟考试，召集已经通过四级的同学监考。每周还会打印三天晨读的英语材料，材料内容包括四级单词、长难句以及作文等。一学年过去后，我们学院的四级通过率再创新高，许多学院也纷纷向我们辅导员请教经验。常有同学说高等数学、线性代数、大学物理等学科难懂，在每个学期的后半期，我和学习部成员会召集年级中学习成绩好的同学来为大家上辅导课，大家自愿参加。这样不仅营造了良好的学习氛围，还促进了大家互相交流与学习，并分享各自学习成功的经验。加入年级委员会的这段时间，我结识了许多优秀的伙伴，提升了处理事务的能力以及人际交往能力。曾经我因不善于表达而倍感焦虑，可现在我已经学会了如何快速地融入集体、适应集体。

荣誉，旅途中的花朵

大二学年到大三上学期结束这段时间，是我参加学科竞赛的“黄金时期”。大一下学期快结束时，我从助班的口中了解到年级里成绩好的同学都加入了科技类社团，并已经拿到了部分奖项，助班的话点醒了我：学习和技术都不能落下。当时的我以为，拿到一个省部级的奖项是遥不可及的。我抱着尝试的态度抓住了学院科技协会(以下简称科协)最后一次招新的机会,凭着感觉报名了机器学习方向。还记得学长出了一个考核题目,要求四周以内完成并验收。接触一个新的领域总要有一段摸爬滚打的“磨合期”,我花了两周时间完成题目,最终有惊无险地进入了科协。

伙伴,同行路上的光芒

科协里有许多成绩好、技术强的同学,没有课程的时候,即便打卡时长已经满足要求,大多数同学都会选择待在科协里学习新技术,受到这种氛围的影响,我也渐渐适应了早八晚十一的作息规律。有一次,科协邀请到了陈俊彦老师和雷晓春老师来介绍他们的团队,我又了解到原来许多比我优先进入科协的同学早已在老师的指导下开始做项目。于是我不甘落后,随即联系老师想加入他们的团队。当时正好临近申请大学生创新创业项目,我便加入了一个学生团队(加上我一共5人),团队最终成功申请了国家级创新项目(以下简称大创)。2020年5月,我第一次参加了学科竞赛——“中国软件杯”大学生软件设计大赛,初赛在暑假的7月份,复赛在8月份,前面的两个月时间主要是写代码并熟悉华为云的环境。初赛的时候官方开放测试数据,要求在3个小时之内运行完成并提交结果,越快完成且精度越高者得分也越高。我像往常一样将代码提交运行,一个多小时之后,好奇对于这个新的数据算法会得到什么样的效果,于是没有急着提交,索性下载下来查看了一番,发现结果完全错了,最终可视化效果都是空白的。我顿时慌了神,这意味着我需要尽快调试漏洞并重新运行,否则初赛没有成绩。我顶着压力调试,幸运的是花了大概20分钟就找到了问题,最后在临近终止才提交运行结果。复赛时吸取了前次的经验,比赛开始之前经过了多次测试,最终获得了国家级二等奖。通过这次比赛,我体会到了良好心态的重要性。后面我也参加了一系列的竞赛,但是印象最深刻的是数学建模竞赛,由于第一次参加没有经验,所以分工由另一名同学安排。数学建模竞赛要求三天时间内利用数学知识对实际问题进行建模,并通过写代码解题,最终需要完成一篇论文。三天时间,我们团队三人转移阵地、轮流休息、分工协作、互相鼓励,最终获得区级二等奖。虽然无缘国奖，但这次比赛让我意识到，最令人难忘的还是那些奋斗过、努力过、付出过、真心投入过、洒下过汗水的时光。

2021年暑假，我参加了中南大学计算机学院、华东师范大学数据科学与工程学院的夏令营，由于疫情原因这两所高校的夏令营活动都是线上举办的。各院校在夏令营期间举办的活动大同小异，包括考核环节和介绍环节，完整的考核环节包括面试、笔试以及上机考试；介绍环节会向学生介绍学校的师资团队、实验室、研究方向和重点、研究成果、校园文化以及校园美食等。大部分院校会最终评定“优秀营员”，评判的标准则是考核环节的总分。我在考核环节表现得比较紧张，少数环节发挥失常，不过最终都非常幸运地被评为了“优秀营员”。我的面试经历不够丰富，参加夏令营很好地锻炼了我的面试能力。这段经历让我清晰认识到，凡事要敢于尝试，与其想当然认为不可能，不如付诸实践、放手一搏，人生需要不断试错，万一成功了呢？

2021年9月，我又参加了电子科技大学计算机科学与工程学院的预推免活动，顺利通过考核环节后，我获得了拟推荐攻读硕士名额，经过权衡，最终我选择去电子科技大学攻读硕士研究生。在这里，我想对学弟学妹们说，过得很痛苦不代表在朝着目标走，因为可能方向走反了，但过得很舒服那一定在原地踏步，需要时刻跟自己作对。

（来源：计算机与信息安全学院）

星光不问赶路人，时光不负有心人

高安安，曾获广西壮族自治区优秀毕业研究生、校级优秀共产党员、校极研究生学术之星、院级优秀研究生干部等荣誉，多次获桂林电子科技大学研究生学业一等奖学金、二等奖学金，研究生国家奖学金。撰写的论文获广西壮族自治区统战部理论创新成果二等奖；撰写的舆情分析报告以及决策咨询报告中有30余篇被中央宣传部采纳，其中深度分析报告10篇。在《光明日报》发表题为《用新兴技术支撑重大公共卫生事件中的社会情绪治理》的文章；在CSSCI刊物《思想教育研究》中发表题为《技术逻辑与价值定位：算法时代网络思想政治教育新展望》的学术论文。

初生之犊

研究生一年级，每天的日常就是上课，铺天盖地的课程几乎占满了一天的时间。那时候给我的感觉好像是在读"大五"，不同的是专业课的课时变长了。每次上课抢占第一排成为我的兴趣爱好，因为我感觉坐在第一排更能得到老师的知识"灌溉"，无论从地理位置还是其他因素来讲，都是如此。马院的老师们都十分优秀，课上旁征博引、引经据典，每一堂研究生课都可以称之为精品课程，以至于在我两年后参加博士研究生考试时仍然对当时的课程记忆犹新。课余时间，我和舍友最大的爱好就是在宿舍"卧谈会"时讨论马克思主义经典作家的核心观点。在这种比学赶超的环境下，我自主阅读与专业相关的书籍，通过不断吸收知识和主动思考来逐渐构建自己的专业知识架构。也正因如此，我的付出在学习成绩中得到了体现，学位平均绩点89.6，居于年级前列，其中有六门专业课成绩达90分以上，最终获得了研究生学业一等奖学金。

除了上课之外，研一的生活还是十分丰富多彩与轻松的，现在看来也是如此。我竞选了班级的班长，也参加了校研究生会外联部，各种各样的活动进入了我的生活。曾经参与过学院元旦晚会筹备，也负责过研究生复试招录工作，学生工作忙碌但十分值得。同时，我也深知"文明其精神，野蛮其体魄"的重要性，因此，我经常约小伙伴一同进行体育锻炼，特别是气排球运动，我对其爱之深切，还代表研会外联部参加过比赛，取得学校第二名的成绩。

回想起研一的学习生活，每天都像一个不停旋转的陀螺，奔赴在课业与实践活动之间，但是我以一种"初生牛犊不怕虎"的气势度过了我忙碌的研一。

初露锋芒

在研究生二年级的时候，我开始醉心于科研。第一次真正接触科研是研究生创新课题的申报，当得知硕士生也可以作为主持人身份申报课题之时我异常欣喜。于是我积极请教导师，初步确定了研究主题，接下来就开始在图书馆来回奔波，从核心概念界定到研究现状的剖析，从研究目标确立到研究内容的阐述，都做了充分的前期准备，半个月之后，终于以“基于用户偏好的大数据精准推送技术对青少年价值观教育的影响及其对策研究”为题完成了课题申报书，并以第一名的成绩，成功入选至区级研究生创新项目。经过这次课题申报，我积攒了一些做课题的经验，并且树立了强烈的科研信心。自此，我开始逐渐参与到导师的课题中，导师广阔的平台与资源给了我许多宝贵的学习机会。

在三年的时间里，我共计参与国家级课题1项，省部级课题7项，地厅级课题7项。这些课题涉及领域十分广阔，从大数据到人工智能，从基层党建到政府公信力调研，从社会主义核心价值观传播到东盟华人社团研究，以及对广西骆越文化的新媒体传播与保护，最终再落脚到我的毕业论文“学生对思想政治理论课教学要素态度分析”等，极大地丰富了我的视野，对我个人的学术思维产生了巨大影响。这些机会来之不易，我也倍感珍惜。为了做出一份更好的材料，有时候可能需要熬几个通宵，反反复复修改也是常有之事。做研究就是要耐得住寂寞、吃得了苦，我时刻有这样的心理准备。当我的观点、思路得到大家认可的时候，这样的苦和累便都成了甜，一切都很值得，那一刻我觉得自己是非常幸福的。

在课题研究之余，我还积极参与了导师部分决策咨询报告的撰写工作。由于自己的爱好和所学专业的关系，我平时经常会在网络世界中关注现实社会热点问题，进一步探索大学生对待热点事件的所思所想。在此过程中，我关注到高校学生的价值取向往往会以网络舆情的方式展现。因此，我就以此为切入点形成决策咨询报告并经导师智库上报有关政府部门。两年里，我撰写的300余篇舆情分析报告以及决策咨询报告中有30余篇被中央宣传部采纳，其中深度分析报告10篇。对此，我感到非常高兴。一方面表明自己的社会价值得到了认可，另一方面我又实现了个人价值。

满载而归

就这样一步一个脚印，通过课题的训练以及决策咨询报告的历练，我的学术思维与能力逐渐得到提升。在导师的指导下，我开始撰写第一篇学术论文。从论文的选题、资料收集、行文表述、框架结构都徐徐开展，其间倾注了大量心血，几易其稿终有所成，于2020年12月24日在《光明日报》发表题为《用新兴技术支撑重大公共卫生事件中的社会情绪治理》学术论文。在第一篇论文发表之后，我非常兴奋，也备受鼓舞，决定再接再厉继续向前。2022年2月25日终于突破了CSSCI刊物，在《思想教育研究》发表题为《技术逻辑与价值定位：算法时代网络思想政治教育新展望》的学术论文，完成了学术成果的进阶。这些学术论文的训练过程与经验所得将成为我一生的宝贵财富。

除了学习和科研活动之外，我研二时还担任了学院研究生第一党支部副书记，积极组织研究生党支部开展理论学习会议共计30余次，多次组织研究生党员参加志愿服务活动，将理论与实践相结合，在学中做，在做中学，与党支部成员一起学习，共同进步。此外，我也积极参加校研究生工作部主办的“青年马克思主义者”研究生骨干培训班并顺利结业，于2021年7月获桂林电子科技大学庆祝建党100周年“优秀共产党员”称号。不仅如此，我不再局限于自身的一方小天地中，而走向更广阔的世界。非常幸运的是，在研二期间我代表学校以及学院参加了一些学术会议，如广西党建研究会2020年度重点课题中期交流研讨会、结题交流研讨会，2020年“第三届大数据与哲学社会科学研讨会”，第五届“大数据与思想政治教育创新”学术会议等。通过参加这些学术会议，我感受学术前沿思想观点的碰撞，对我科研水平、学术思维的提升以及今后的发展方向产生了很大帮助。

研究生三年级的到来，该往何处去成为我考虑的首要问题。经过深思熟虑以及导师的指点迷津，我决定继续攻读博士学位。就这样，另一场没有硝烟的战争打响了。我初步筛选了五所学校作为目标，后来又增至八所，每所学校的申请材料、备考资料都要一一做好。在此期间，我曾无数次想过放弃，但是在导师的鼓励和学院老师的支持下，我咬牙坚持住了。最终，功夫不负有心人，经过层层筛选我终于被四川大学录取。当然，回望研三这一年，也是收获满满的一年，这一年，我获得了“研究生国家奖学金”，校级“研究生学术之星”荣誉称号，并被评选为自治区优秀毕业生，这也是对我研究生阶段最大的肯定。

写在最后

岁月不居，时节如流，转眼之间，自己马上就要完成硕士研究生的学业，下一阶段就要进入四川大学继续攻读博士学位，继续追逐自己的梦想了。三年时光里，我有青春的颓废和迷茫，也有成熟之后的坦然和温暖，更有从学业、科研工作到个人素质的全方位培养与锻炼，是充实且有意义的三年。毕业之际，我内心充满不舍，非常感谢学校、学院提供给我求学的机会，感谢所有老师们悉心指导与培养，特别是我的恩师邓国峰教授，使我在专业、品德等方面都得到极大的提升；也非常感谢这一路陪伴的小伙伴们。接下来，我将继续踔厉奋发、笃行不怠，不负母校的培养，不负老师的期盼，不负自己的梦想！

（来源：马克思主义学院）

人生只有走出来的美丽，没有等出来的辉煌

陈宇通，中共党员，信息与通信学院学生。保研浙江大学，直接攻读博士学位。通过大学英语四、六级，雅思6.0分，学分绩专业排名第一。曾获全国大学生数学建模竞赛全国二等奖、美国大学生数学建模大赛一等奖（M奖）、广西大学生电子设计大赛一等奖等近30项奖项；主持一项区级大学生创业项目，参与一项国家级大学生创新项目。曾是信息与通信学院科技协会秘书部理事、晨读领航志愿者、知行社小讲师、乒乓球爱好者协会技术部部长、信息与通信学院乒乓球队长、校乒乓球队成员。

树立目标，坚定信念

2018年9月，我从浙江省杭州高级中学考入桂林电子科技大学信息与通信学院，就读电子信息类专业，开始了大学逐梦的旅程。想到高考的失利，我内心十分失落，于是便暗自下定决心，哪里跌倒就要从哪里爬起来，一定要在大学好好努力。我的家乡是浙江杭州，从小到大，能进入浙江大学学习一直是我的梦想。因此在踏入桂电校门的那一刻起，我就给自己定下了两个目标：基本目标是保研，最终目标

是保研到浙江大学。于是，在大学四年里，我坚持认真听好每一节课，认真完成每一次作业，认真准备每一次考试。我找到了自己的方向，不断改进不足之处，在潜移默化中进步，在深刻反思中成长。

追求目标，坚持不懈

有了方向，就有了前进的动力。我明白，要实现目标，光靠学习成绩是不够的，还需要参加各类学科竞赛和实践活动。于是，我在大一的寒假里自学了电子设计的相关知识，并顺利通过了信息与通信学院科技协会的考核。在大一暑假，我第一次参加电子设计大赛，由于专业知识和经验较为欠缺，我只获得了全国大学生电子设计大赛广西赛区三等奖。这次比赛让我对电子设计有了新的认识，有了更加饱满的热情迎接接下来的比赛与挑战。功夫不负有心人，我在2020年广西大学生电子设计大赛中斩获一等奖。

除了电子设计竞赛，我还对数学建模有着非常浓厚的兴趣。在大一的五一劳动节期间，我开始接触数学建模，学习建模的方法和论文的写作。自学了5天，我便参加了一个数学建模比赛。在这次比赛中，我选择了研究生组的赛题，最终获得三等奖，这让我喜出望外，对9月的国赛有了更大的期望。在9月的国赛中，我遇到了一个严重的问题，一起比赛的一位队友刚开始比赛不久便打起了退堂鼓，几乎不参与解题过程，比赛的重任就落在我身上了。缺少了队友的帮助，我很是生气与难过，情绪有点崩溃，但我坚持完成了建模和写论文的绝大部分工作，最终提交了作品“机场中的出租车问题”。后来，我通过了面试答辩，获得了全国二等奖的好成绩。

在大二寒假，由于疫情的影响，美国大学生数学建模大赛调整到了线上进行比赛。美赛与国赛最大的不同在于题目是英文，写作也要英文完成。这次，我与新换的队友配合比较默契，最终斩获国际一等奖（M奖）。

实现目标，砥砺前行

虽然比赛占据了大量时间，但是在学习方面我丝毫没有放松。比赛的压力以及学习的压力常常让我难以入眠，此时我选择了不放弃，既然做出了选择，就要全力以赴，咬紧牙关向前冲。在平时上课时，我总是喜欢坐在第一排，将老师的讲解深深刻在脑海中；课后我会在进一步的复习中更深刻理解所学内容，做到全面掌握。在我看来，学习之路犹如逆水行舟，不进则退。一路走来，我严于律己，以一丝不苟的态度对待每一堂课、每一次作业、每一次进步，打下了坚实的基础。我前三学年学分绩为91.1，大部分课程都在90分以上，排名专业第一，并获得2019—2020学年国家奖学金。

由于许多名校对于英语的要求比较高，尽管我通过了大学英语六级考试，但是英语依然是我的薄弱学科。为此，我在大三下学期报名参加了雅思培训，提高英语水平。通过两个多月坚持不懈的备考，最终我在雅思首考中获得了6.0分的成绩。

除此之外，我还在软件开发、数学竞赛、英语竞赛等方面取得了一定的成绩，申请发明专利一项、软件著作权两项。乒乓球是我的爱好，我曾在校乒乓球秋季联赛和新生杯中获得冠军，代表校乒乓球队在桂林市比赛中获得团体第二名、个人第五名。作为中共党员，我还积极参加志愿者活动，进行无偿献血；作为晨读领航志愿者，带领学弟学妹们英语早读；在学习上帮助有困难的同学；担任小讲师，向同学们讲授模拟电子技术、信号与系统等课程。

大三的暑假，注定与其他暑假不同，我参加了浙江大学信息与电子工程学院、中国科学院大学声学研究所东海研究站以及厦门大学信息学院的夏令营活动，都获得了“优秀营员”称号。我也获得了复旦大学的入营资格，但由于时间冲突而没有参加。在获得浙大的录取通知书后，我很快投入浙江大学导师的项目课题当中，为“直博”浙大的研究生学习提前做好准备。

路漫漫其修远兮，我明白自己还有很长的路要走，我知道自己身上承载着许多期待的目光。在这里我也想鼓励大家：“相信自己，相信努力，只要你足够用功，足够优秀，就能成就自己。”所谓天道酬勤，天助自助者。我不曾懈怠，用无悔和热血为青春开始下一段征程，时光漫溯，伴着朝阳，毅然朝着梦里花开的暖季前行。

（来源：信息与通信学院）

用一年不长的时间，做一件终身难忘的事

王泓芳，机电工程学院学生，参加中国青年志愿者扶贫接力计划第24届研究生支教团到基层助力乡村教育，一年后回到桂林电子科技大学攻读硕士研究生。热爱志愿服务事业，努力践行“奉献、友爱、互助、进步”的志愿精神，自2020年投身志愿服务活动以来，参与了第18届中国东盟博览会、桂林马拉松比赛、学校迎新工作、疫苗接种工作、学校60周年校庆等20余项志愿服务工作，志愿服务时长达300多个小时；2022年获得我校第一届青年五四奖章，连续三年获得国家励志奖学金，连续三年获得校级“三好学生”、校级“优秀学生干部”、校级“优秀共青团干部”荣誉称号；2021年获得校级“十佳共青团员”荣誉称号；2022年获得校级“十佳青年志愿者”荣誉称号。

“想清楚自己真正想要得到的是什么。”

四年前，我高考结束，收到了桂电的录取通知书。回想起来，一个人带着两个行李箱搭上从山东潍坊到广西桂林的绿皮火车的场景至今还历历在目。

大学里我最先认识的人就是我的助班，他良好的组织交流和沟通协调能力深深地吸引了我，我也想成为和他一样的人。后来，他推荐我去了解一些学生社团，但形形色色的学生社团使我眼花缭乱，经过认真的考虑和斟酌，最后我加入了机电工程学院学生会和大学生创新创业综合实践基地。

但在工作两年后，我竞选学院学生会和校基地的主席团时，全都失败了，感觉两年的努力付诸东流，那段时间夜夜难眠。因为自己的不甘心，就主动去找了校基地的指导老师沟通，他告诉我：“你要想清楚自己真正想要得到的是什么，要脚踏实地，找到自己身上的棱角，虽然没有竞选成功，但是你可以在其他地方找到属于你的角色。”老师的话让我明白，自己的身上还有欠缺，仍然需要打磨，要去寻找自己的初心。

我真正地意识到了克服挫败最好的方法就是主动去做，用实际行动去打破别人的质疑，所以我参加了校学生会的面试，并成为校学生会文艺部的负责人。在校

学生会工作的两年中，组织了三月三民族文化体验活动、车站迎新、第十四届校园舞蹈大赛、暖冬送福袋、第一届校园提案大赛等活动和赛事，每一步都始终坚持代表同学们的利益，每一步都始终紧咬着同学们最关心的问题，努力做到真正的全心全意服务同学。

“无私奉献、敢为人先是志愿服务和学生工作的核心要义。”

四年来，我一直扎根在志愿服务和学生工作的一线，参与了第18届中国-东盟博览会、桂林马拉松比赛、学校迎新工作、疫苗接种工作、学校60周年校庆等20余项志愿服务工作，志愿服务时长达300多个小时；2021年8月至2022年3月，我在共青团广西区委社会联络部参加轮训实习了八个月，协助运营了广西志愿服务云平台——“桂志愿”系统，接听热线电话2000余次，回复邮件近5000封。四年、20余项、300多个小时、2000余次、近5000封，这些数字是志愿服务经历中可以被量化的部分，而更为重要的是我通过这段经历真正领悟了服务和奉献的意义，认识到能让青春在为祖国、为人民的不懈奋斗中绽放绚丽之花是何等的荣幸。

“用一年不长的时间，做一件终身难忘的事。”

2021年8月26日，我看到了校园网上一则喜报，我校获批成为中国青年志愿者研究生支教团高校。9月5日，我看到学校发布的关于招募优秀大学生志愿者参加中国青年志愿者扶贫接力计划第24届研究生支教团的通知，立即向老师了解详细情况，认真细致地准备材料，毅然决然地提交了报名表，经过报名、筛选、面试、试讲层层选拔之后，我有幸成为我校第一届研究生支教团3名成员之一并担任队长。我们用实际行动践行“奉献、友爱、互助、进步”的志愿精神。

回望本科四年时间，自己和更优秀的人还有差距，知有缺而补不足，向光而行，向阳而生，也许这就是成长。四年里，也曾有许多的“高光”瞬间和精彩时刻，回头看看自己一路走过来的历程，还是觉得很幸运，磕磕绊绊但最终如愿以偿。感谢我在最后给了自己一个尝试的机会，因为尝试，让我有了更好的选择。用一年不长的时间，做一件终身难忘的事，虽然在未来的一年里可能会苦，可能会累，可是没有关系,那将是一次终身难忘的经历。

值此毕业之际,又站在新的人生起点上,我由衷地感谢母校的栽培,也想对同学们说,我的故事还在继续,你们的故事亦未停歇。青春逢盛世,奋斗正当时!在这最好的年华,让我们用青春执笔,以梦为马,书写新时代的绚丽篇章!

(来源:机电工程学院)

念念不忘,必有回响

任恩伯,生命与环境科学学院学生,推免至中国科学技术大学。曾获得国家奖学金、中国航天科技CASA奖学金、校优秀学生一等奖学金;获得校优秀共青团干部、十佳团员、优秀共青团员、三好学生标兵、三好学生、优秀学生干部等荣誉称号;参与广西科技研发重点项目1项、桂林市可持续发展重大专项1项,主持完成省部级大学生创新训练项目1项,参与国家级、省部级大学生创业训练项目各1项,获授权实用新型专利4项,受理发明专利1项,发表SCI论文2篇、中文期刊2篇;曾获全国大学生节能减排社会实践与科技竞赛全国三等奖,挑战杯广西大学生课外学生科技竞赛广西一等奖,其他省、校级奖项若干。曾任学院团委副书记、学生会学习部部长、书画协会主席、班级学习委员。

初心

"靡不有初,鲜克有终",不忘初心,方得始终。我们时常走得太远,以至于忘记了为什么出发。2018年夏天,我考入了桂林电子科技大学,虽然面对着陌生的大学课程有些茫然,但还是在内心暗自定下了保研、读博的目标。从此每天早起嗅着山里清晨湿润的雾气到早读教室自习,每节课总会准时出现在教室的第一排,每天深夜总是那个最后离开自习室的关灯人。念念不忘,必有回响。期末时,我的学分绩获得了专业第一,对此,我感到非常欣喜,信心倍增。之后我开始更加专注地学习,以更加严格的标准来要求自己,坚持初心。经过不断努力,每学年都获得学校一等奖学金,并获得2020年度国家奖学金,2020、2021年度中国航天科技CASA奖学金,多次被评为三好学生标兵、三好学生。

遇见

“于千万人之中,遇见你所遇见的人;于千万年之中,时间的无涯荒野里,没有早一步,也没有晚一步,刚巧赶上了。”在上大学的第一门专业课时,我被莫德清教授的学识与亲和力所吸引。课后,我主动了解莫老师的研究方向并申请进入了莫老师的项目组。在项目组里,我收获颇多。莫老师将项目组的学生视为自己的孩子,在学习、生活和科研道路上给予我无微不至的关怀和教导,项目组的师兄师姐也给予我许多帮助。跟随莫老师学习期间,我先后参与了桂林市科技开发重大专项“桂林市会仙湿地景观生态修复关键技术研究”和广西科技研发重点项目“广西会仙岩溶湿地生态修复模式工程技术研究与示范”。也是从这时起,没有任何种植荷花经验的我与“出淤泥而不染”的荷花打起了交道。每天翻阅各种资料了解不同品种的荷花的种植条件、适宜环境以及各自的特征;来回搬运相思湖水浇灌,搭棚挡风,记录每一片叶片的孕发,每一朵花的绽放,最后成功培育了各类荷花十几种,完成了十分详细的实验研究。在科研中,我主持完成了省部级大学生创新训练项目1项,获得授权实用型专利4项,发表SCI论文2篇,中文期刊论文2篇。

追梦

大三学年,在一次和师弟师妹聊天中,谈到了关于碳达峰、碳中和的话题,由此又联系到桂林生态旅游城市的特殊身份,一个大胆的想法产生了。我们积极请教展领老师,确定该想法的可行性和研究价值后,我们便开展了新能源方面的调研项目。项目成立初期,团队出现了思路分歧、意见不合的情况,作为项目的创始人,我凝聚团队力量,带领项目成员逐一分析问题,统一思想,在遇见困难时,积极商量对策,请教老师。参加比赛期间,团队成员时常一起在办公室工作到凌晨三四点,灵感来时甚至会一起通宵工作。展领老师也对我们的项目十分关心,给予我们跨专业的知识指导与无微不至的帮助,甚至时常陪我们研究到深夜。有心人,天不负,经过不断努力,项目终于顺利完成了。该项目于2020年和2021年分别获得国家级、省部级大学生创业训练项目各一项,并在展领老师和莫德清老师的共同指导下获得了全国大学生节能减排社会实践与科技竞赛全国三等奖、第十届挑战杯大学生课外学术科技竞赛广西一等奖以及校级奖项若干。

责任

进入大学后,我加入了生命环境与科学学院的学生会,在这个大家庭认识了很多优秀的朋友。在院学生会期间,跟随学长学姐们和其他小伙伴一起工作,我获得了很多学习、工作方面的宝贵经验,也为学院的各项活动贡献着自己的力量。考试月我带领学习部为学院组织各科模拟考试,积极组织学院英语四、六级辅导,组织话剧大赛、器乐大赛,以及学校的各项活动。大学期间,我还担任了书画协会主席、班级学习委员,2020年担任学院团委副书记,同年学院团委获得“广西五四红旗团委”“桂林市五四红旗团委”“桂林电子科技大学五四红旗团委”等荣誉称号。因为一直以来的辛勤付出和积极主动的工作态度,我连续四年获得学校优秀学生干部、优秀共青团员,2020年被评为校十佳团员、优秀共青团干部等荣誉称号。

担当

2019年12月,我积极响应团市委的号召,主动加入疫情志愿服务中,到一线做志愿服务工作。由于工作积极负责,我得到了社区和市团委等单位的一致好评。共青团莱西市委、莱西市民政局、莱西市文明办、莱西市红十字会、莱西市妇女联合会、莱西市社工和志愿者联合会给我的大学发来感谢信,学校和学院在官方网站对我的事迹进行了宣传报道。

远方

大三期末,对自己三年来的成绩进行分析总结后,我申报了中国科学技术大学-中国科学院合肥物质研究院的夏令营。很幸运,顺利入营后我通过了考核,并在夏令营期间获得了“优秀营员”的称号。经学校推免,我顺利被中国科学技术大学录取了,这个成绩也是给自己三年的辛勤付出和努力坚持一个圆满的交代。四年的大学时光转瞬即逝,第一次踏入学校的场景还历历在目,毕业论文却已写下了句号。论文可以停在第十章,而远方的路还要继续走。未来,我会继续风雨兼程,成为更好的自己。

(来源:生命与环境科学学院)

士不可以不弘毅,任重而道远

谭景文,信息与通信学院学生,毕业之后到复旦大学继续深造。大学四年总学分绩92.5,学分绩与综合素质测评连续四年在年级专业排名第一;在校期间获2021年全国大学生电子设计竞赛二等奖、2020年广西大学生电子设计竞赛一等奖;获2020年国家奖学金、2019年自治区人民政府奖学金、校一等奖学金等;获校“三好学生标兵”“优秀学生干部”“自强之星”等;主持国家级大学生创新训练项目1项并以优秀等级结题;以第一发明人授权实用新型专利一项;参与发表论文一篇。

永葆学习内驱力,点燃自我增值之路

我认为,学习是一个需要长期计划的过程,需要保持着严格自律与高度专注的劲头。而我自己是一个规划性和内驱力很强的人,也许是高中时期已养成了奋勇争先、拼搏进取的学习习惯,强大的自律能力与执行能力,让我始终保持着学习的韧劲与冲劲。考上了桂电,遇到了很多同样优秀的同学,我也常常以身边的优秀同学为榜样,看到同学们认真学习,也会想起高中时期努力拼搏的自己,在这种良好学习氛围的影响下,不断地让自己沉浸在学习新知识的追求中。为了认真学好每一门专业课,我总会提前预习教材知识,并在课后阅读大量与课程相关的文献,成长没有捷径,只有积极探索自我增值的路径。

感恩生命引路人,点亮思维转变之光

在桂电求学路上,我有幸认识了很多老师,他们是我生命中的引路人和思想上的摆渡者,他们不是演员,却吸引着我饥渴的目光;他们也不是歌唱家,却让知识的清泉在我脑海中叮咚作响,唱出迷人的歌曲;他们更不是雕塑家,却塑造了积极上进、奋勇拼搏的灵魂。

大学期间我学会了合理地制定适合自己的学习计划,结合自己的实际情况,通过分析大学课程与高中课程的区别,找到一条适合自己的学习之路。高中的自己更侧重如何做题和拿高分,现在的我更加偏向理解知识并应用于实践中,从思考学到的知识是否能够带来分数上的提升转变到每个知识之间的关联性和如何去应用于实践。第一个提醒我学习思维转变的老师是我的班主任周茜老师,在我第一次向周茜老师请教电路分析基础的问题时,周老师提醒了我学习思维转变的重要性,我才意识到大学更加注重知识的理解和应用,而不是简单的会做题和考高分。另一位启蒙我的老师是教“通信原理”课程的仇洪冰老师,仇老师上课时经常会说一句话“没有没用的知识,只有不会用的人”。这句话一直提醒着我不论学习什么知识,它都会或多或少地跟其他知识有所关联,将相关的知识结合起来再加以应用才算真正地学懂知识。

创新思维找突破,点破团队攻克之关

大学最珍贵的事情莫过于交上几个知心好友,最快乐的事情也是和朋友们一起完成大学生创新训练项目。2020年5月,我担任国家级大学生创新训练项目负责人,带领团队对“公共场所异常声音的采集与识别”这一课题展开了研究。在项目中令我印象最深刻的事情就是我们在PC端实现了异常声音的识别后,尝试将识别过程放在拾音器上实现,在这个过程中,我们各司其职,江富荣负责继续训练模型,郭梦寒负责仿真,我和刘亦凡进行库的移植和尝试。当我们移植成功时每个人都非常开心,但是也出现了一些预料之外的事情,由于拾音器的配置远不如电脑,所以用它单独完成采集和识别异常声音的过程是非常缓慢的,无法实现实时的异常声音监测。于是我们转变思路,将拾音器仅作为异常声音的采集工具,识别部分放在PC端或者服务器端实时进行,最终实现了系统的所有功能。

追忆往昔守初心,筑梦未来勇担使命

2021年暑假期间,我积极地参加了复旦大学和北京邮电大学的夏令营活动,同年9月参加了华南理工大学和西北工业大学的预推免,均拿到了推免资格。我

认为研究生推免不意味着本科阶段的努力停止了，为了能够提前熟悉研究生学习的环境，我对之前的专业课知识再次进行了梳理，并在平时锻炼自己的文献阅读能力，尽可能在研究生阶段正式启航前努力提升自己。

毕业之际，我看到了自己刚入学的时候写给四年后自己的一封信，四年前的我希望不论面对什么事情都能一直乐观地生活下去，也希望能在面对困难时保持勇往直前的自信。现在，我仍然希望即将步入研究生阶段的自己能坚守初心，不畏困难，路漫漫其修远兮，吾将上下而求索。

（来源：信息与通信学院）

万里，找到了答案

许万里，中共党员，1999年6月出生，广西桂林人，2017年考入桂林电子科技大学信息与通信学院后参军入伍，2019年回到校园继续学习。现已被桂林电子科技大学马克思主义学院拟录取（推免保研）。曾担任校学生会执行主席、跑步爱好者协会主席、信息与通信学院电子科学与技术专业本科生党支部组织委员、班级团支部书记兼班长。

曾获校一等奖学金，获得优秀共青团员、优秀共青团干、优秀学生干部等荣誉称号，获得“外研社杯”全国英语写作大赛广西区复赛一等奖、全区大学生讲思政课广西区三等奖。2022年参加了全国大学生创新创业大赛获自治区级立项并顺利结题，其间申请软著一项、发明专利一项。2022年参加中国国际“互联网+”大学生创新创业大赛，获自治区铜奖。

进入大学，意味着远离父母，告别“人生得饱万事足，万千宠爱集一身”的小港湾；转而自我独立，进入“历经风雨心愈坚，从此孤身走暗巷”的大学时光。人生道路总是曲折向前，充满困难与挑战，我和大家一样，无法回避，也无法给出办法和答案，但或许有一些超越自我的故事可以与大家分享。

“我要当兵去”

我是桂林本地人，从小在桂林长大。遥想2017年时，习近平总书记在给南开大学8名新入伍大学生的回信中这样嘱托:“希望你们珍惜身穿戎装的机会,把热血挥洒在实现强军梦的伟大实践之中,在军队这个大舞台上施展才华,在军营这个大熔炉里淬炼成钢,书写绚烂、无悔的青春篇章。”听到这样的嘱托,看到他们穿上了帅气的军装,我也对军营充满了向往。

那时的我,刚拿到大学的录取通知书,如愿以偿考入了在我们广西享有“小清华”美誉的桂电。为了一直以来萦绕在我心头的军营梦想,我对辅导员说:“我要当兵去,到基层去,到边疆去,到祖国最需要的地方去!”于是我选择保留学籍,携笔从戎。

“我找到了答案”

我被分配至中国人民武装警察部队,驻扎在中越边境。在部队里,严格的军事训练和纪律要求极大磨炼了我的意志,单双杠、手榴弹投掷、武装越野、四百米障碍……刻苦的训练,日复一日的站岗执勤,一次又一次的边境巡逻、反恐处突让我意识到作为军人的责任重大,同时也明白了“青春是用来奋斗”的这一句话的价值和意义。

2019年夏天,驻地突发洪灾,有几十户老乡被困在家中,随时都有生命危险。对于我们来说,汛情就是命令,时间就是生命。连长指示我们“无论发生什么情况,一定要把老乡们救出来,一栋楼、一户人家都不能放过”。我们在搜救时得知有一位患有脑梗的独居老人被困家中,已经一天一夜没有进食和饮水了,情况十分危急。我和战友们顾不上生命危险,跳入湍急的洪水中,前去营救受灾群众。而正当我们找到了蜷缩在角落的老人时,洪水已经漫过一楼楼房,淹过我们的头顶,我们只能用手将老人举过头顶,托举着送至安全地带。经过了5个小时漫长的搜寻,30多名受灾群众全部转移。由于长时间的连续战斗,我已经全身发冷,口干舌燥,但我当时却十分清醒,因为我找到了答案:当兵,就是为了保卫国家,保护人民,守护一方平安。我开始明白,不是因为穿上了军装,就实现了价值,而是因为奉献自己、服务人民才彰显了我的人生价值。服役两年间,我先后担任步枪手、机枪手、通讯员、文书、军械员、警犬训导员,服役期间表现良好,被评为“爱警习武好战士”,连续两年被评为“优秀士兵”。

“从起步落后到超越自我”

两年的服役期很快就结束了，我脱下军装，回到桂电。由于阔别校园两年，我在学习上明显感觉到吃力，需要付出比别的同学更多的时间和精力去补课。在实验室，一次次的调试、探索、失败、重复，我不厌其烦；在图书馆，一本本的学习资料、参考文献，我如饥似渴；在自习室，一夜夜的灯火通明、奋笔疾书，我通宵达旦；在田径场，一圈圈的红色赛道，我肆意地挥洒汗水，奋力拼搏。功夫不负有心人，通过不懈的努力，我不仅圆满学完了各门功课，并且高分通过了英语四六级，各科平均成绩达到85分以上，获得了奖学金、大创项目、“互联网+”和“挑战杯”等方面的荣誉，以永不服输的精神在学习上超越了自我。

“要把论文写在祖国的大地上”

我在完成自己学业的同时，积极参加志愿者活动和学生工作，而身边的许多同学却告诉我：“你已经脱下了军装，不需要再这样做了，你要好好享受大学生活，不要让自己过得那么累。”但我知道，一旦树立了“服务人民、奉献社会”的人生追求，就应该一以贯之地践行下去。而且作为一名军人，要做到退伍不褪色，回到地方也要用自己的方式继续服务人民。

真正让我确立了想要投身于志愿服务和社会实践这条道路是在2020年。2020年我与桂林市党群服务中心志愿者协会一同前往龙胜各族自治县泗水乡参加扶贫扶智工作。起初，我只把它当成是一项普通的志愿活动，但当我真的抵达龙胜各族自治县泗水乡里茶村时，我发现村子里学校办学条件相对落后。我从小在城里生活，学校条件相比这里要好。我们志愿者也借此机会，以弘扬爱国主义精神为立足点，通过举办师生、亲子、城乡教育交流，以及经典诵读、书法绘画、太极武术、军训嘉年华等丰富多彩的教育活动，给孩子们带去了丰富的课程和充满乐趣的假期。

回到学校，我久久不能平静，我想为孩子们再做点什么，就算我力量微薄，也能比什么都不做要好一点。于是，我将在村里看到的问题、现象撰写成《关于桂林市龙胜各族自治县教育振兴的调研报告》，报送参加我校首届大学生思政课社会实践优秀成果展示活动，并获一等奖。同时我将该论文改写为提案参加2021年全国青少年模拟政协提案，获广西壮族自治区一等奖并推荐至全国参加比赛。也是从那以后，我积极投身志愿服务和社会实践，先后参加了30余次、累计300小时的志愿服务活动。在学校里，参加疫苗接种、核酸检测志愿者十余次，带头参与春秋季车站接站，累计接站人数近万人；在农村，给留守儿童上课，教他们读书写字，我乐在其中；在社区，慰问孤寡老人，助力创城活动，也有我忙碌的身影。习近平总书记强调要把论文写在祖国的大地上。"奉献、友爱、互助、进步"八个字的志愿服务精神也正是我写在祖国大地上的青春答卷。

（来源：信息与通信学院）

来自桂电的"多面学霸"，保研电子科大，下个目标是……

黄兰玲，中共党员，信息与通信学院电子科学与技术专业2019级学生，获研究生推免资格并保送至电子科技大学。在校期间曾获国家奖学金、自治区人民政府奖学金、校一等奖学金等；获校"三好学生标兵""优秀共青团员""优秀志愿者"等荣誉称号；获第七届中国国际"互联网+"大学生创新创业大赛区级铜奖、第十三届蓝桥杯大赛单片机设计与开发组区级二等奖等多项奖励；参与两项区级大创项目并结题；已授权实用新型专利一项；曾任信息与通信学院创业学院与众创空间的副主席、知行社组织监察部负责人。

道阻且长，行则将至

大学开始，黄兰玲就确定了升学深造的目标。从了解学院保研政策开始，她就制定了保研计划。在这条道路上，她一直将学习成绩作为第一重点，每次上课她都会选择坐在前排集中注意力听课，在课前了解所学内容，在课后总结与思考，通过网上和图书馆的资源解决自己的疑惑，拓宽自己的知识面。从大二开始，除了课程学习，她开始接触并参加各类科研竞赛，跟随老师的指导，从打造项目、修改计划书到练习答辩，一次次的历练使她的学习和科研能力得到了很大提高。

此外，为了锻炼表达能力以及培养自信心，她竞选了信息与通信学院创业学院与众创副主席的职位，为院级的创新创业赛事活动服务。其间，黄兰玲的组织管理以及策划的能力得到了提高，还认识到了许多有趣且温暖的小伙伴，给予了她最温暖的支持与鼓励。

学习之余，她通过参加文体活动放松自我，缓解压力，锻炼身体。一是加入二院田径队，和这个大家庭的成员们一起锻炼，她感到很幸福、很幸运；二是坚持连续参加了四届校运会，进一步理解了坚持、拼搏与团结的精神。

寒暑假期间，她还参加了社会实践活动。2021 年暑假期间，她跟随院级团队去往桂林全州参加了“三下乡”社会实践活动，在小学校园里宣传了机器人的知识，看着小朋友们渴望知识的眼神，她体会到了知识的力量，也更加理解了公益的意义。

行而不辍，未来可期

她认为“优秀”没有一个固定的衡量标尺，学习好或者奖项多只是优秀的某一方面，我们不能仅仅因为一个人某一方面的闪光点便将其评为优秀，而应该综合一个人的各个方面，做出公平的判断。

希望学弟学妹们能够确定自己整个大学生活的目标，无论是考研、保研还是找工作，目标的选择会影响自己的每一步计划。无论选择哪一条路，都是自己的追求，希望学弟学妹们能在自己的目标和追求下不断前行，成为那个优秀的、独特的自己。她也希望自己在追求的领域有所成就，坚持不断进步的习惯，行而不辍，未来可期！

（来源：信息与通信学院）

看她用实力演绎一路生花

郭怡菡，中共党员，材料科学与工程学院 2019 级高分子材料与工程专业学生，先后任班级学习委员、学院创新人才基地主席、助理班主任。曾荣获 2021 年国家奖学金，荣获广西化学化工类学术创新成果大赛一等奖、第七届“互联网+”大赛国家级铜奖，获得“三好学生标兵”“优秀学生干部”等荣誉称号。是区级大学生创新项目立项负责人，发表SCI论文两篇。目前已推免保送至华南理工大学，研究方向为光电材料。

2019年9月，郭怡菡怀揣着对大学生活的期待与向往步入桂林电子科技大学，进入校园那刻起，她便坚定了读研的决心。“行而不辍，履践致远”是她的座右铭，四年来她始终坚持朝着目标前进。

坚持不懈，突破自我

郭怡菡在学习上态度端正，勤奋努力，制定了明确的学习目标以及合理的学业规划。大学四年，她的学分绩以及综合成绩始终保持专业第一，曾获得国家奖学金、北京校友会奖学金等。

同时她对科学研究也十分投入，截至目前她已发表两篇SCI，其中第一作者一篇，第二作者一篇。

对于学习，她有自己的一套方法：对下节课的内容进行预习，并设定好学习目标，明确学习任务；课上认真听讲，做好笔记，对老师提出的问题及时进行思考；课程结束当晚睡前复盘一下当天学习的内容；对于学习过程中遇到的问题，通过查阅文献以及与同学讨论等方法解决；将学习到的知识多运用在日常生活之中。

肩负责任，锐意进取

郭怡菡勤于参加学生工作，她曾担任材料科学与工程学院创新人才基地主席、助理班主任、学习委员等。在这期间她认真负责，兢兢业业。在一次次学生工作实践中，她明白了“在其位谋其政，任其职尽其责”的重要性，她大胆创新，虚心向他人学习，时常反思，锻炼了自己的领导能力、组织能力和沟通交流能力。同时她曾多次参加志愿活动，将热情与奉献回馈社会。这些丰富多彩的经历给她日后的生活和工作带来了很大帮助。

积极参与，积累经验

郭怡菡积极参与竞赛、科研，勇于提出自己的想法和创意。她作为“新型过渡金属氧化物超级电容器”项目负责人，带领团队在较短的时间内，高效、高质量地完成策划工作。在进行科研项目时，她认识了优秀的学长学姐以及研究生，在跟着他们学习的过程中，郭怡菡收获颇丰，为她日后读研树立了极好的榜样与目标，而与成员的合作更是让她意识到了团队力量的强大。“星光不负赶路人，时光不负有心人，逐梦路上所有的付出都不会白费！”郭怡菡如是说。

（来源：材料科学与工程学院）

从齐鲁大地到八桂大地，这位“才女”是这样进阶的

王俊玮，商学院数字经济专业学生，学分绩是89.2，班级排名第一，推免至中央财经大学会计学院AI+MPAcc专业。

荣誉称号：2019年9月获桂林电子科技大学“军训先进个人”，2019年12月获第十九届中国MBA发展论坛“优秀志愿者”，2020年5月获桂林电子科技大学2019年度优秀共青团员，2020年10月获桂林电子科技大学“三好学生标兵”，2020年10月获桂林电子科技大学“优秀学生干部”，2021年4月获桂林电子科技大学“自强之星”，2021年5月获桂林电子科技大学2020年度优秀共青团干部，2021年10月获桂林电子科技大学“三好学生标兵”，2021年10月获桂林电子科技大学“优秀学生干部”，2022年6月获桂林电子科技大学第五期青年马克思主义者培养工程培训班“优秀学员”。

获奖信息：2021年11月获第十七届“挑战杯”全国大学生课外学术科技作品竞赛红色专项国家三等奖，2021年12月获国家奖学金，2019年11月获第十一届广西写作大赛一等奖，2020年9月获第九届“挑战杯”广西大学生创业计划竞赛银奖，2020年9月获第六届中国国际“互联网+”大学生创新创业大赛广西赛区金奖，2020年11月获第十二届广西翻译大赛特等奖，2020年12月获广西壮族自治区人民政府奖学金，2021年7月获第八届全国证券投资模拟实训大赛投资策略组南部赛区团队二等奖，2021年9月获第七届中国国际“互联网+”大学生创新创业大赛广西赛区银奖，2021年9月获第七届中国国际“互联网+”大学生创新创业大赛广西赛区铜奖，2022年7月获北京校友会奖学金，2022年9月获第八届中国国际“互联网+”大

学生创新创业大赛广西赛区金奖，2022年9月获第八届中国国际“互联网+”大学生创新创业大赛广西赛区铜奖，2022年9月获第十届“挑战杯”广西大学生创业计划竞赛铜奖。

科研情况：（一）论文《An explainable machine learning framework to forecasting crude oil prices during the COVID-19 pandemic》第二作者，《Research on the Construction Mode and Application of Big Data Service Platform in the Digital Economy》第一作者，《Research on financial risk early warning of listed companies based on neural network》第三作者，《乡村振兴战略下农产品电商发展研究》第二作者，《浅谈高校结转结余资金管理核算问题及对策》第二作者，《关于基于vbl2技术的位置感应系统的研究》第一作者。（二）实用新型专利《一种基于LoRaWAN的通信终端》《基于NB IoT的独立式热敏感温火灾探测器》《基于NB IoT的可燃气体探测器》《管理调度台》。（三）国家级大学生创业训练计划项目——“兼容并包，云上车通——新型高速公路收费系统”、国家级大学生创新训练计划项目——“基于城区积水防涝预警智能系统的可行性研究”、自治区级大学生创新训练计划项目——“乡村振兴战略下农产品电商发展研究”、自治区级大学生创业训练计划项目——“基于vbl2技术的位置感应系统”。

实践经历：2020年9月—2021年9月担任商学院学工办助理，2021年5月—2022年5月担任商学院团委组织部负责人，2021年5月—2022年5月担任商学院大学生艺术团副团长，2022年5月—2023年5月担任桂林电子科技大学创新创业团队Aedi Team负责人，2022年9月至今担任桂林电子科技大学党委组织部培训科-广西干部教育培训桂林电子科技大学基地助理。

志愿服务：2020年2月担任疫情防控工作大学生志愿者，2020年11月担任“智汇阳澄湖”创新创业大赛志愿者，2020年12月担任桂林马拉松赛志愿者，2020年9月担任桂林电子科技大学60周年校庆志愿者，2021年3月担任桂林电子科技大学“晨读领航工程”志愿者，2021年9月担任桂林电子科技大学2021级本科生开学典礼志愿者，2021年11月参与联合国儿童基金会“月捐为儿童”计划。

没有无缘无故的优秀 只有持之以恒的努力

从齐鲁大地到八桂大地，从济南到桂林，两千多公里的距离，记录了我一千多日夜中往返其中的光景。当我步入大学殿堂的那一刻开始，我便十分珍惜宝贵的学习时光，不敢有丝毫懈怠。无论是课堂学习还是晚自习，我都会主动坐在教室的前排，认真学习专业课程，功夫不负有心人，最终我的各门考试都取得了不错的成绩。

“凡事预则立，不预则废。”四年时间里，我总会找时间安静地坐下来，拿起纸和笔，认真描绘自己的未来蓝图，规划自己的大学生涯，量化每一个目标，并在对标检查中不断优化自己的大学规划。没有无缘无故的优秀，只有持之以恒的努力。连续四个学期专业第一，国家奖学金、自治区人民政府奖学金、自强之星，这些都是对我莫大的肯定。

入学以来，我加入了学校创新创业团队 Aedi Team，满怀着希望与憧憬积极参加团队培训，与团队成员共同努力进步。科技竞赛异常艰辛，泪水与汗水的交融，熬夜与拼搏交织，面对晦涩难懂的专业术语和深奥的理论证明，每每萌生放弃念想之时，就会看看旁边的队友，默默告诉自己：“一定要坚持到底！”因此，面对比赛中的困难，我绝不气馁，总是会以十足的信心和负责的态度，认真完成每一次比赛。第一次大赛，我付出了八个多月的辛苦汗水，一次次外出调研，一次次通宵修改文案，一次次改正自己的发音与站姿，在图书馆不停地查阅商业、法律等各种书籍，看了无数个类似比赛的视频，请教了很多专业的老师，最终才让人惊羡现时的明艳！

当一颗星星 照亮四方

只有学习和科研的大学生活是不完整的，即使学业繁重，我依然渴望全面发展。我曾在商学院团委、学生会和商学院大学生艺术团任职三年，也在学工办和广西干部教育培训桂林电子科技大学基地做过助理。这些丰富多彩的学生工作经历，不仅让我荣获优秀共青团干部、优秀学生干部等荣誉称号，也让我收获了宝贵的友谊和难得的工作经验。

我会记住每个路过自己世界的人，记住当下的幸运和快乐，做一个善良温暖的人。我愿意做一颗星星，希望小小的我们可以汇成星海，照亮四方。所以我积极地参加各种志愿活动：2019年第十九届中国MBA发展论坛志愿服务、2020年桂林电子科技大学60周年校庆志愿服务、2021年晨读领航工程志愿者、2022年联合国儿童基金会“月捐为儿童”计划志愿者……

明天过后 一切值得

时光太瘦，指隙太宽，还没来得及细细体验美好的大学生活，转眼就要毕业。很多人都说大学是“教室—食堂—宿舍”三点一线，对我来说是四点一线，更多的是活动现场，也许是大型比赛，也许是志愿活动，也许是学生工作。四年一直在成长，未来还可以更好。不同的时间路口，我们会牵手不同的人，幸运的是，我们可以路过同一道风景，走过同一段岁月。

再长的路，一步步也能走完；再短的路，不迈开双脚也无法到达；成功不是注定，而是无数汗水和努力的积累。努力不为感动，只为了不与最好的自己失之交臂。软硬实力兼修的时代，同时平衡好成绩、科研、比赛、实习等各方面更是难上加难。我们只能做最好的准备，做最坏的打算，即使未能成功，这段经历也是我们人生宝贵的财富。愿所有的学弟学妹们都有一个美好的未来！

（来源：商学院）

你是我们心中的全能“王”

王天佑，汉族，中共党员，计算机与信息安全学院2019级计算机科学与技术（卓越）专业本科学生。保研至山东大学软件学院软件工程专业。

在校期间，担任计算机与信息安全学院本科生第三党支部组织委员、学院足球队副队长、学院2019级年级委员会党务部负责人、班级团支部书记等职务。国家二级运动员。曾获2021高教社杯全国大学生数学建模竞赛国家级二等奖，第十七届“挑战杯”全国大学生课外学术科技作品竞赛“黑科技”专项赛行星级（国家级银奖），第四届中青杯全国大学生数学建模竞赛国家级二等奖，第六、七、八届中国国际“互联网+”大学生创新创业大赛全国总决赛铜奖等奖项，获得广西壮族自治区人民政府奖学金、广西壮族自治区优秀毕业生、北京校友会奖学金、校五四杯足球赛MVP、校十佳共青团员等荣誉，发表期刊论文2篇，申请实用新型及发明专利5项。

竞赛获奖：（1）第八届中国国际“互联网+”大学生创新创业大赛总决赛高教主赛道铜奖；（2）2021年高教社杯全国大学生数学建模竞赛本科组二等奖；（3）第十七届“挑战杯”全国大学生课外学术科技作品竞赛“黑科技”专项赛行星级；（4）第七届中国国际“互联网+”大学生创新创业大赛总决赛高教主赛道铜奖；（5）第四届中青杯全国大学生数学建模竞赛本科组二等奖；（6）第六届中国国际“互联网+”大学生创新创业大赛总决赛高教主赛道铜奖；（7）第八届中国国际“互联网+”大学生创新创业大赛“数广集团杯”广西赛区选拔赛金奖、银奖、铜奖；（8）第十届“挑战杯”广西大学生创业计划竞赛银奖；（9）第六届“创客中国”广西壮族自治区中小企业创新创业大赛二等奖；（10）第七届中国国际“互联网+”大学生创新创业大赛“数广集团杯”广西赛区选拔赛金奖；（11）第十届“挑战杯”广西大学生课外学术科技作品竞赛一等奖；（12）2020年高教社杯全国大学生数学建模竞赛广西赛区本科组三等奖；（13）2021年全国三维数字化创新设计大赛广西赛区二等奖；（14）第六届中国国际“互联网+”大学生创新创业大赛广西赛区选拔赛金奖。

大创项目：（1）2021年立项国家级创业项目《固体氧化物燃料电池关键材料制备技术》，并于2022年顺利完成结项；（2）2021年立项自治区级创新项目《多种传感器在转动惯量试验周期测量中的应用》，并于2022年顺利完成结项；（3）2020年立项校级创新项目《线性CCD传感器在微小位移测量中的应用》，并于2021年顺利完成结项。

论文：（1）2022年在《Wireless Communications and Mobile Computing》期刊发表《chemical synthesis data modeling based on mathematical optimization》；（2）2021年在《工程技术》期刊发表《金属材料切向杨氏模量测量方法探究》。

专利：（1）2022年公开国家发明专利《一种基于激光雷达的物流无人机》；（2）2021年公开实用新型专利《一种高精度数字无源电阻箱》；（3）2020年公开国家发明和实用新型专利《 一种移动式角钢冲压平台》；（4）2020年公开实用新型专利《一

种笔记本电脑散热装置》。

软著：(1)2022年申请并获批《多功能高效仓库物资管理系统》的软件著作权。

奖学金、荣誉：(1)北京校友会奖学金；(2)中国航天科技集团公司CASC公益奖学金；(3)广西壮族自治区人民政府奖学金；(4)广西壮族自治区优秀毕业生；(5)校第五期马克思主义青年培训班“优秀学员”；(6)校十佳共青团员；(7)校五四杯足球赛“最有价值球员”；(8)连续四年校二等以上奖学金；(9)连续四年校“优秀学生干部”“优秀共青团员”。

用勤奋点亮黑暗中进取的光芒

2019年，我踩着桂电在山东省高考录取的门槛线来到这所美丽的校园，不甘心默默无闻度过大学四年，不想漫无目的地去寻找那些所谓的“自由”。大一时候，我仍维持着高中的学习习惯，上课记笔记，下课追着老师问不会的题目，抓住课间甚至上厕所这些琐碎时间背单词，培养自己在计算机方面的兴趣，并在大二上学期以专业前三的成绩转至“计算机科学与技术(卓越)”专业。

本以为在新的专业依旧可以和之前一样顺风顺水，除了全新的专业、陌生的同学之外，还有落下的一年专业课程，这让我无所适从，焦虑、失眠导致我脱发、内分泌失调，身体状况逐渐变差。

通过与老师的交流，自己心态逐渐转变。而宿舍那盏无数次陪伴着我到凌晨三点之后的台灯一直照亮着我前行的路，最后功夫不负有心人，我获得北京校友会奖学金、中国航天科技集团公司CASC公益奖学金、广西壮族自治区人民政府奖学金，连续四年获学校优秀学生二等以上奖学金，荣获广西壮族自治区优秀毕业生、校十佳共青团员，以及“三好学生标兵”或“三好学生”等荣誉称号，并最终以综合测评专业第一的成绩推免至山东大学。

宿舍、图书馆、实验室，极为单调的三点一线生活见证着我对于科研的敬畏和执着，凭借着直面困难的勇气与团结合作的信念，每一个成果与奖项都是脚踏实地后收获的果实。我会把在日常学习中碰到的问题，结合专业理论知识融入科学研究，进而努力转换成研究成果：担任项目负责人、核心成员获得大学生创新训练项目自治区级1项、校级1项，发表国家重点期刊论文2篇，拥有实用新型专利3项、发明专利2项。

在实践中激发创新思维的火花

“纸上得来终觉浅，绝知此事要躬行。”为了真正做到理论联系实际，我积极参加“互联网+”“挑战杯”等创业科技赛事，努力在创新合作中提升自我，同时加入了学校永旭动力创业团队并担任团队负责人。从产品研发到成员培训，从撰写申请书到现场答辩，再去全国各地推广团队产品，探索市场动向，每一个足迹都凝聚着团队迸发的创新火花。最终，我带领团队斩获第六、七、八届中国国际“互联网+”大学生创新创业大赛全国总决赛铜奖、第十七届“挑战杯”全国大学生课外学术科技作品竞赛“黑科技”专项赛行星级（国家级银奖）等多个奖项，累计获得国家级奖项5项，省部级奖项9项，市级及校级奖项20余项，被学校授予“十佳创新创业团队”称号并获得大学生创业训练项目国家级和区级立项各1项。

不止于创业赛事，努力践行“终身学习”的理念，坚持开拓思维和视野。在尝试和探索中，我对数学建模产生了浓厚的兴趣，大一开始自学数学建模知识，寻找合适队友一起参加数模比赛。从第一次参加2020年中国大学生数学建模大赛获得广西赛区三等奖。在之后的一年里和队友坚持训练，强化任务分工，在美国大学生数学建模竞赛中获s奖，在第四届中青杯全国大学生数学建模竞赛中获国家二等奖。随着和队友配合的默契度提升，对于赛题的把握越来越游刃有余，最终在2021年中国大学生数学建模大赛上斩获国家二等奖。

积极工作是实现自我价值的途径

我积极承担学生工作，从大一开始担任学院年级委员会学习部副部长，并加入校学生会学术生活部，此后在班级内担任学习委员或团支部书记，所在支部被评为“五四红旗团支部”，个人也连续四年被评为“优秀学生干部”“优秀共青团员”。此外，我还积极参与校园足球赛事。作为国家二级足球运动员，日常组织学院球队刻苦训练，带领学院足球队夺得2021年五四杯冠军，实现学院在该赛事中的三连冠，个人更是荣获学校“五四杯”足球比赛中“最有价值球员”，累计获得相关校级奖项10余项。

我积极参加全国金相大赛、学校周年庆、迎新生及养老院义工等志愿服务活动，累计服务时长超100个小时。曾在大二上学期参加晨读领航工程，每天早读带领大一新生备战四级考试，班级四级通过率提升至85%以上。

很多人问我：你大学参加了这么多比赛这么多活动，那其中哪个让你收获最大？我可能没法去衡量每一个不同的比赛带来的收获大小，它们在不同方面不同角度帮我形成了一套相对稳定又独属于我的世界观和人生观，推动我变成一个情绪稳定并且积极向上的人，而这大概就是我大学生活的最大收获吧。

毕业寄语

感恩母校，时至今日这四年的经历像是五彩斑斓的颜料被肆意泼洒在专属于我的人生画布上，让我的大学生活充实而又绚丽多彩。感恩计算机与信息安全学院，感恩遇见的每一位老师，不仅让我收获了专业知识，更收获了很多做学问做人的道理。感恩陪伴我的朋友和同学，让我一路不曾孤单。还有感恩一直站在我背后默默付出的父母。

愿学弟学妹们活成自己想要的模样，相信独属于你们的花期就在不远的将来！愿母校名扬四海，学子满天下！

（来源：计算机与信息安全学院）

桂电这位小伙全国大奖+N

王文金，桂林电子科技大学电子工程与自动化学院2019级自动化专业本科学生。推免至西安电子科技大学人工智能学院攻读硕士研究生。担任电子工程与自动化学院CDIO实验室负责人，任职期间带领实验室成员获得电子工程与自动化学院“最佳团体”称号。荣获2021年全国大学生电子设计竞赛全国一等奖、第十六届全国大学生智能汽车竞赛全国二等奖、2021年蓝桥杯大赛国家级优胜奖、第十六届全国大学生智能车竞赛华南赛区一等奖、2021年蓝桥杯大赛省部级一等奖、

2021年全国大学生工程训练综合能力竞赛省级三等奖、2020年广西大学生电子设计竞赛省部级二等奖、2020年全国大学生光电设计竞赛省级三等奖、“互联网+”大学生创新创业大赛铜奖。

初入大学

2019年入学时我带着憧憬和迷茫，在助班学长的带领下，参观了学长所在的实验室，见识了许多的智能车、无人机等种类繁多的电子设备，被那些复杂且有趣的装置和设备所吸引。助班学长耐心地向我解释各种设备的原理和用途，介绍实验室学长获得的电子设计竞赛的全国一等奖，这给我留下了深刻的印象，让我对电子学和实验室研究产生了浓厚的兴趣。我入学时的迷茫逐渐被实验室的探索和学长的指导所化解，期待加入这个充满科学奇迹的实验室，书写属于自己的科学故事。憧憬着以后可以成为和学长一样的人，获得电子设计竞赛的全国一等奖。

大学之旅

在大学的岁月里，我积极参与各类电子相关竞赛，用毅然不懈的奋斗，终于达成了当初大一时所树立的目标——斩获了备受瞩目的全国大学生电子设计竞赛国家一等奖。此外，我还荣获了包括全国大学生智能汽车竞赛的国家二等奖等三项国家级奖项，还摘得了六项省部级奖项。

2021年，我们团队报名参加了全国大学生电子设计竞赛，这是我在大学期间唯一一次有机会参加电赛国赛，因此对这个机会倍感珍惜。为了准备这次电赛，我早早开始筹备，提前准备好了可能用到的电路和设备，投入了大量的时间和精力，奉献了无数的黎明时分和疲惫夜晚，以确保自己在比赛中拥有充分的准备。电赛进行的四天三夜里，我几乎未曾合眼，只是偶尔稍事歇息，却并未感到倦怠，反而充满了激情和振奋，因为我希望能够将自己的设计做得更好、更完善，四天三夜期间一次又一次突破难关的喜悦成为团队共同的美好回忆。正是这种永不服输以及追求完美的信念，最终我们获得了全国大学生电子设计竞赛国家一等奖。参加这次电赛对我来说具有深远的意义，当我们站在比赛的终点时，我意识到这次电赛不仅是一个目标的达成,更是对我们一路努力和成长的检验。

在硕果累累的竞赛之路上,我也经历过漫长而艰难的摸索,每一个分量十足的奖项背后都有无数困难和挑战。我们团队在参加全国大学生智能汽车竞赛时,由于是第一次参加,没有这方面的比赛经验,一切都需要自主摸索。在调试摄像头的时候我发现白天的阳光对赛道会产生巨大的干扰,而正式比赛是在室内,没有阳光的影响。于是只能选择白天休息,晚上趁着夜色在赛道上调试智能车和摄像头的程序。在比赛前的一个月里,大家基本都是黑白颠倒的状态。在比赛的前几天,由于智能车长时间在赛道上运行,导致编码器损坏脱落。当时购买新的也来不及,于是只能换另一个型号的编码器重调程序。所幸,最终还是在赛前及时补救了这一问题。

在漫长的备赛时光中,我经历了无数次车模迭代、打印、运行调试、修改参数……有过参数调节的自我怀疑,也有过智能车损坏的沮丧迷茫。然而都没有被这些困难所击倒,而是坚持了下来,凭着自己的努力和智慧,最终获得了全国大学生智能汽车竞赛国家二等奖。

在大三的这一年,我担任了实验室的负责人。这是一项具有挑战性和责任感的角色。我与实验室成员一起制定了招新宣传计划,包括制作海报,组织线下宣讲会和面试等。通过积极宣传和精心准备,吸引了一批有才华、有潜力的新生加入了我们的实验室,并对实验室大二成员进行指导和培养,包括与他们讨论研究方向、制定实验计划,以及对他们进行实验能力的培训。在我们的共同努力下,实验室还获得了"最佳团体"的荣誉称号。

祝福语

毕业在即,学弟学妹们,我有几句话想对你们说:无论是在学业上还是个人生活中,首要之务是要确立明确的目标,为奋斗提供方向和动力。其次,培养良好的学习习惯,积极参与课堂,认真记录笔记,进行复习和总结。同时,积极参加各种竞赛活动,将自身所学的理论知识付诸实践和应用,提升自己的知识技能,成为一名真正的实干家。

“我相信优秀并不仅仅指个人的智慧和天赋，它是通过持之以恒的奋斗和持续不断的成长而实现的。优秀是一种态度和生活方式，是在各个方面追求卓越的意愿和努力。”

（来源：电子工程与自动化学院）

太厉害了！桂电这位本科生11个大奖+2篇SCI+2项专利

王旭，汉族，中共党员，桂电人工智能学院2019级数据科学与大数据技术专业本科学生。考研上岸湖南大学信息科学与工程学院电子信息-计算机技术专业硕士研究生。

担任班级团支部书记、人工智能学院学生会学习部负责人。连续四年专业成绩名列前茅，并积极参加各种学科竞赛和科研活动，任职期间带领团支部连续四年获得“五四红旗团支部”等称号，三次获得“十佳团支部书记”等荣誉称号。获得2021年全国大学生数学建模竞赛广西赛区一等奖、第二十三届中国机器人及人工智能大赛二等奖等荣誉，发表专业论文3篇，申请发明专利2项等。

如果有人问我，大学给予了你什么？我会说大学给予我的不仅是知识，更多的是能力，这是一种成长的能力、交流的能力、合作的能力、创新的能力、妥协的能力。同时大学也给予了我更多的友谊与平台。我在感叹大学时光太短暂之时，也欣喜地感受到了自己的成长，意识到了前途的挑战与希望。

怀揣梦想 追求卓越

水杉林里的蝉鸣响了，老楼的墙也渐渐被爬山虎染绿。夏天悄悄来临，又一批学子即将告别大学，踏上人生的新征程。四年又四年，多少学子匆匆走过，留下了属于自己独特的大学记忆。这些记忆散落在大学校园的角角落落，留在一个个与你擦肩或并肩的人心里，更固化在一个个关于桂电的校园小物什上，这些小物什也承载着大寓意。

还记得高考结束那个暑假，在家里日夜期盼着收到录取通知书，那是一种怎样的心情？当邮递员按响门铃，将这份通知书交到我们手中时，那一刻，对拼搏三年的感激，对大学校园的向往，还有对未来生活的遐想，全都浓缩在这一份沉沉的录取通知书里。这是开启桂林电子科技大学未来四年的钥匙，也是我对桂电最初的记忆。

怀揣着无尽的憧憬和追求，我踏入大学的校门。我梦想着在学海中翱翔，追求卓越的成绩，不仅为了那些光鲜的学分和荣誉，更是为了拓展我的智慧与理想。我渴望掌握专业领域的核心知识和技能，成为那个在竞争中脱颖而出的人，引领专业的未来。这个理想驱使着我，让我不断奋斗，追逐着知识的光芒，为自己的梦想努力前行。

以梦为马 不负韶华

踏入大学，我与伙伴们携手走向学科竞技的舞台。那是2020年10月，我们积极报名参加了第四届“长风杯”全国大学生大数据分析与挖掘竞赛。作为我人生中的第一个学科竞赛，我对它格外珍视。

面对艰辛，我们奋斗不息，耗时半月，终于在截止前完成了参赛作品，迎来了大学生涯中的第一次答辩。在坚持不懈地努力下，我们最终获得了华南赛区二等奖。那一刻，喜悦涌上心头，骄傲的泪水闪烁着光芒。这个奖项不仅是对我们团队的肯定，更是大学探索之路上的第一道荣耀。它激励着我，让我更加坚定地追寻知识的海洋，为梦想而努力奋斗。

在大二下学期，我迈入了本科生科研计划（URP）的世界，这为我打开了科研的大门。那时，我既兴奋又忐忑，更多的是一种对未知事物的好奇与渴望。我毅然决然地填写了申请表，经过层层选拔和考核，终于加入李玉洁副教授的科研团队，开始了人工智能领域的探索与实践。

心怀敬畏和憧憬，我站在科研的起点，面对着无限可能的未知世界。在这个团队里，我与志同道合的伙伴们一起研究探索，挑战前沿的科学问题。每一次的实验与研究都是一次深入思考与勇往直前的旅程。我沉浸其中，从理论到实践，逐渐领略到科研的奥妙与魅力。这段科研的旅程注定不会一帆风顺，但我坚信，只有通过不断地探索与努力，才能在人工智能的海洋中寻找到属于自己的闪光之处。

第一个项目

大学生是当代创新的主体,我也深深地感受到创新的重要性。在本科期间,我参与了三个不同的项目研究。在第一个项目中,我在供应链规划领域使用遗传算法和长短期记忆网络(LSTM)设计了一种高效的供应链规划求解算法解决了供应链规划中的实时性、场景复杂性等主要问题,通过自动决策来应对实时供应链挑战,从而更有效地促进供应商、买家和消费者之间的货物流通。我提出的算法结合了遗传算法和LSTM模型,通过基因编码的方式来优化决策方案,并利用LSTM模型对时间序列数据进行建模和预测,从而高效地实现原材料供应链上决策规划问题的求解。我们将该成果汇总为论文,并发表在EI会议上。

第二个项目

在第二个项目中,我参与了人眼凝视估计算法的研究。人眼凝视估计旨在通过计算机视觉技术预测人眼观察目标时的凝视点,其广泛应用于眼动跟踪、人机交互和视觉感知等领域。我们提出了一种崭新的视线估计残差结构设计,能够巧妙地筛除无效图像。借助自注意机制,我们成功地解决了个体校准问题,并通过AD模块增强了校准信息的重复利用。这些改进使得我们的模型在凝视估计的性能上取得了引人瞩目的突破。最终,我们以此为基础发表了一篇SCI论文,并申请了一项国家级发明专利。

第三个项目

在第三个项目中,我深入研究了基于深度强化学习的视频关键帧提取。关键帧提取旨在从视频中挑选出那些具有代表性的帧,以供视频摘要、检索和浏览等用途。我们构建了一个以深度强化学习为基础的视频关键帧框架,并对其实用性和可靠性进行了深入分析和研究。我还致力于设计合适的奖励函数,以进一步提升模型的准确性,并解决处理视频中长期依赖问题的挑战。最终,我们提出的模型在视频关键帧提取方面取得了显著的突破,并发表了一篇SCI论文,同时也申请了一项国家级发明专利。

学海漫漫 尽享芬芳

学海漫漫,学习乃生命之根基,然亦须尽享人生之芬芳。踏入大学的那一天起,我参与各式各样的志愿服务活动。从校庆志愿服务到运动会的忙碌,无论大小活动,我都竭尽全力。志愿服务不仅让我保持积极乐观、奉献社会的美好心态,而且从中获得了友谊,学会了感恩,体察了民情的温暖,领悟了人生的意义。

我还担任学院学生会学习部负责人一职,与志同道合的朋友举办了编程训练、学生沙龙等,为学院的良好学风传承贡献自己的一份力量。

新的征程已经开启。我将继续在人工智能领域奔跑,以创新和坚定书写自己新的人生篇章!

(来源:人工智能学院)

他是2022年度广西高校大学生年度人物

高钰博,共青团员,山东济宁人,桂林电子科技大学数学与计算科学学院应用统计学专业2020级本科生。曾担任学院团委组织部委员,现担任学院团委副书记(学生)、院学生会执行主席、校学生匹克球协会主席团成员,2022年被广西团区委聘为广西青年讲师团成员。曾获中国大学生自强之星奖学金、广西区级优秀共青团员、广西高校大学生年度人物,连续两年获校一等奖学金,获全国大学生市场调查与分析大赛一等奖、全国大学生统计建模竞赛三等奖。主持、参加全国大学生创新创业训练项目3项(2项结题)、发表EI会议论文1篇,申请国家专利8项;曾获全国大学生服务外包创新创业大赛全国三等奖、中国国际“互联网+”创新创业竞赛广西赛区银奖2项。

从2020年入学桂电时的迷茫、随波逐流到认真规划大学四年,开启人生的崭新篇章,他用行动诠释新时代青年担当。

寻求转变努力成长

2020年刚进入大学的高钰博还没想清楚大学四年想要干什么,应该干什么,一度开始随波逐流，像一只迷途的大雁，没有方向。“直到我爸妈第一次给我打来电话，他们对我生活的关心和对我学习的担忧，让我下定决心认真规划大学四年，不能让他们失望。”高钰博如是说。于是，他主动加入学院团委、学生会，自理事做起，通过不懈努力，成长为如今的学院团委（学生）副书记、学生会主席团成员。

三年来，高钰博的主要工作任务是协助学院团委书记做好学院基层团组织建设、青年思想引领和创新创业教育等工作。他认真学习基层团组织建设工作条例，熟悉发展团员工作流程，研究智慧团建系统建设，组织各团支部做好“三会两制一课”等。在他和其他学生干部的努力下，学院发展团员录入率、毕业生学社衔接率、新生升学衔接率均达到100%。五四青年节、建军节、国庆节期间，他紧跟时事热点，组织开展了十余项主题团日活动，参与人次达5000余人。但在工作中，高钰博发现许多同学对于讲座等纯粹的理论学习类活动并不是很感兴趣，活动效果常常达不到预期。通过与同学们聊天了解到大家更喜欢形式活泼的活动。于是，他就想方设法改进，牵头组织开展了“百年党史我来讲，红色基因薪火传”主题宣讲团日活动，让同学们从听众变成主讲人，让同学们可以在准备演讲的过程中、听别人演讲时都能够更好地了解党史，同时也可以很好地锻炼口才。果不其然，活动受到了同学们的欢迎，参与度达到了90%以上。这次全新的尝试，让高钰博深刻体会到了开展工作必须学会主动思考。

2022年11月，他被广西团区委聘为广西青年讲师团成员，为党的二十大等重要会议精神作宣讲。为了能够学习、理解、宣传党的二十大精神，他在培训过程中认真听讲，积极准备，主动参与讨论，博采众长，改进提升，重复修改宣讲PPT及讲稿二十余次，彩排试讲五十余次。高钰博格外珍惜这次机会，他细致严谨地对待，表示一定不负团区委期望，努力成为一个更可信、可敬的宣讲员。

一颗热心回馈社会

高钰博的天地，并没有局限在学生工作。他弘扬“奉献、友爱、互助、进步”的志愿服务精神，积极响应政府和学校号召主动参与疫情防控、乡村振兴及青少年防洪防汛志愿服务活动，深入社区街道，走进各中小学校园，宣讲中央和地方各类防控扶持政策,开展中小学生防溺水教育宣传。

高钰博将专业知识与志愿服务相结合,在老师的悉心指导下成立了“鸿鹄筑梦”实践团队。

利用暑期,他与团队前往七星区朝阳乡龙门村、漓东街道办、东江街道羊角山社区,对52名少年儿童开展宣讲活动。为强健体魄,开展了“穿越呼啦圈”“货币抱团”等体育类活动;为树立品德为先的思想,开展了演绎少年英雄故事、宣讲社会主义核心价值观等思想教育活动;为完善知识学习、做好数学启蒙,开展了“七巧棒神奇变换”“数字‘3’的变化”“数字传真”等趣味益智游戏;为根植远大志向,通过画志向、讲志向的活动形式,引导少年儿童思考自身志向,加深自我认同感。聊到活动经历,高钰博开心地说:“孩子们比较喜欢我们这种形式的宣讲活动,参与度比较高,我们后来回访,小朋友对当时我们宣讲的知识记得比较牢固,家长反响也比较好。我们团队也获得国家级平台报道1篇、区级报道2篇、其他报道若干篇,我也多次获评优秀志愿者。”

学得好不如用得好

在学生工作和志愿活动之外,高钰博深知学生的第一要务是学习。他在长时间的努力后,选修的40余门课程均顺利通过,其中80%的科目获得90分以上的成绩,入学至今学分绩为88.9。“想在专业领域有所建树,单靠书本上的知识是远远不够的。”高钰博主动找到老师,期望加入老师的研究团队,不仅在统计方向深造,也开始进入微分方程与动力系统领域学习。每天起得比别人早,学得比别人勤,做得比别人多,先后参与国家级大学生创新创业项目3项(主持1项)、区级大学生创新创业项目2项;发表学术论文5篇,其中EI检索1篇;发表国家专利5项。

高钰博说:“要积极参与学科竞赛和创新创业竞赛,将所学化为所用。”在2022年上半年,他获得了第十二届全国大学生市场调查与分析大赛一等奖。

回顾整个参赛历程,确实充满艰辛。在2021年初次参赛之时,他选择了企业命题的项目,因为用这种项目参赛会更有经验、有成果、有积累,但是最后由于当时的知识基础还比较薄弱,掌握的统计模型有限,导致比赛结果并不尽如人意。2022

年,他毅然决定选择更具有挑战性的自主命题项目。在2021下半年通过网考初试并顺利组队后,他们团队便正式开启了桂林生态环境与生态旅游调研之旅。300多个日夜,走遍整个桂林市,实地调研了20余个生态景区,访谈调研总人数500余人,收集有效问卷2000余份,形成4.4万字的调查报告……

历经了近1年的假期调研后,团队分析总结建立出了生态环境与生态旅游相关模型。在省赛和国赛的答辩前夕,团队每一名成员都是超负荷运转,以答辩视频拍摄地为家,一遍遍地修改文字表达、修改PPT、拍摄路演视频,精益求精地修改论文的每一处段落格式、表格命名、图文命名等。在历经无数个通宵达旦后,最终努力没有白费,取得了学校第一个市场调查与分析大赛全国一等奖。

在碳中和的背景下,统计学专业的学生如何可以在数据挖掘、数据分析、运用统计学方法和计算机技术处理数据方面发挥作用?高钰博希望通过专业知识,总结和预测碳中和相关数据,帮助政府和企业更好地决策,促进统计现代化改革。他十分注重学科交叉、国际交流的重要性,在做市场调查与分析大赛的项目生态保护时,就反复思考相关问题。当得知学校有国际组织交流机会的时候,他积极报名参加“碳中和国际化人才实训项目(欧盟)”,认真学习了各大模块内容,同时也通过学到的专业知识进行了实践。高钰博同学说道:“这次学习经历让我不仅更好理解了实训过程中的参考文献内容,专业应用能力也得到了提高,我也有幸成为优秀实习生,获得了欧盟专家的联名推荐信,还获评授予率仅不到15%的‘2022 SDGs International Youth’荣誉称号,争得机会参与由联合国教科文组织、联合国环境规划署及其他联合国组织举办的国际会议。”

经过两年半的大学时光,高钰博了解和认识到了他身边的刁宇兴学长、陈允杰学长、李彬彬学姐等许许多多的优秀青年模范,“他们虽然年轻,但也都在各个领域为国家发展进步贡献着青春力量。也是因为受到他们的熏陶,我也逐渐萌生起考研读博的念头,想要成为和他们一样对国家有用的人才。”高钰博坦言。

2022年10月16日,高钰博观看了中国共产党第二十次全国代表大会开幕式直播,习近平总书记强调“青年强,则国家强”,指出“当代中国青年生逢其时,施展才干的舞台无比广阔,实现梦想的前景无比光明”,对广大青年提出了“立志做有理想、敢担当、能吃苦、肯奋斗的新时代好青年”的重要要求。自此之后，他更加清晰、坚定认识到了今后的道路，要用知识规划自己的未来，用行动实现自己的梦想，将个人的梦想与国家、民族的未来紧密联系起来，不负党和国家的期望和培养！

（来源：数学与计算科学学院）

他说，桂电，他来对了

2021年，王春实与心中的理想大学失之交臂，这一度让他感到十分郁闷。经过家人、老师和朋友们的劝导，王春实在做了一番思想斗争后，决定要积极面对，收拾好心情，继续前行。在填报志愿时，王春实选择了桂电，幸运的是，踏入桂电的大门后，他发现自己的选择是正确的。

当年9月，王春实进入桂电人工智能学院人工智能专业学习。经过一段时间的接触和了解，他发现学院的老师富有学识又和蔼可亲，教学水平和科研能力都很强，无论是在生活和学习中，还是科研和竞赛等方面都能够给学生很好的指导；学长、学姐也非常优秀，有的学长、学姐在大二、大三就在核心期刊上发表了学术论文，也有很多学长、学姐在国家级竞赛中获奖。他被身边的师长和学长、学姐所激励。“桂电，我来对了！优秀的老师和学长、学姐们犹如一盏明灯，指引着我在桂电的奋斗之路。我要树立起崭新的目标：向他们看齐，刻苦钻研知识、开阔眼界，立志在桂电扬帆起航，成为优秀的桂电人！”王春实回忆起两年前初到桂电时的情形时如是说。

一步一个脚印，朝着目标坚毅前行

立下目标之后，王春实开始在各方面发力，他认真、勤奋、努力、踏实，一步一个脚印，朝着目标坚毅前行。

面对大学课程的挑战，王春实摸索出了适合自己的学习方法。课堂上，他巧妙运用平板与手写笔，实现教材直接批注，课后则注重深度复习与拓展提升。以高等数学这门课为例，他不仅紧跟教学步伐，还主动研读考研资料，形成了一套由浅入深的高数学习笔记，这份笔记还获得了最美笔记竞赛一等奖。此外，王春实还将笔记分享给其他同学，积极帮助同学们学习高数，提高分数。当然，不仅仅是高等数学这门课，王春实对待其他课程也是同样的用心。“我认为认真做笔记对我的学习有很大帮助，在做笔记的过程当中，我会充分发挥主观能动性，了解、消化知识点，也会积极探索与课程知识点相关的外延知识，拓宽知识的深度和广度，然后经过系统性的梳理、记录，很自然地就会形成一份很有用的笔记。扎实的基础知识积累和高效的复习策略让我在考试中如虎添翼。”王春实说道。

在竞赛、科研方面，王春实凭借坚韧毅力也取得了不错的成绩。如2023年获得全国大学生数学建模竞赛一等奖，荣誉的背后是他无数次的努力与坚持。

大一、大二时，王春实花费了大量时间和精力去准备竞赛，在备战数学建模比赛时，他平均每年要参加6次比较大型的数学建模竞赛；另外，他还参加了许多创新创业类型的竞赛，成绩均未达到预期，对此，他曾深深陷入自我怀疑中，然而他实现目标的决心却从未动摇。“遇到困难逃避是没有用的，要直接面对。”王春实带着这样的想法坚持了下来。随后，他认真分析原因，找到症结，对症下药，认真做好赛前准备，摆正心态，积极提升自我，在大三时取得了一系列好成绩。

科研方面，王春实在大一下学期也经历了一段迷茫的时期。当时他研读了大量深度学习相关方面的论文，但研读完这些文章他仍然不知道要如何去准备自己的研究，也不懂得提取各个研究中的重点，大有“囫囵吞枣”的意味。庆幸的是，在人工智能学院赵彬老师的点拨下，他认识到问题的关键在于自身的知识积累不足，看待问题不够深入，与论文中的专业观点存在较大的认知断层。

在赵老师的指导下，王春实开始注重基础知识的学习与积累，脚踏实地从零开始复现实验、进行验证。最终，当再次阅读之前的论文时，灵感纷至沓来，成功突破了“读论文无用”的困境，实现了从理论到实践的质变。目前，他正在积极进行更加优质的实验，撰写更高质量的学术论文。同时，他也取得了软件著作权及国家发明专利受理。从学业成绩，到各类竞赛，再到科学研究，每一步都印证着他的辛勤付出，留下了他的奋斗痕迹。

除了学习、竞赛和科研，王春实还积极参加社团和社会实践活动，多方面锻炼自己。大一刚入学时，王春实通过同学了解到大学生创新创业综合实践基地，他对此颇感兴趣，随后他报名并通过了基地的考核，成为其中的一员。在和学长、学姐们朝夕相处的过程中，他了解到他们都非常优秀，毕业后去向都非常好，或是进一步升学深造，或是在知名企业找到薪酬待遇优厚的工作，这无疑为他树立了积极的目标和榜样。另外，在日常学习和生活中，他有什么不懂的问题向学长、学姐们请教时，即使时间紧迫他们也愿意耐心解答，这对王春实的大学生涯规划有非常大的影响。"在这里，我得到了学长、学姐们的帮助，能力上得到了提升，也收获了许多友谊。在我做部长的任期内，我也会继续传承和发扬好这份传帮带精神，争取带好更多的学弟学妹们。"王春实表示。

步履不停，追求梦想，保持优秀

对于优秀，王春实有着独特的理解："优秀在于活出真我，追求梦想。"对于未来，王春实已经为自己制定了明确的规划与目标。首先，他计划在人工智能领域进行深入研究，攻读硕士乃至博士学位，以期在科研层面取得更具创新性和影响力的研究成果，并致力于将这些研究成果应用到实际生活中，解决现实问题，推动社会进步。其次，他也希望通过参与更多高质量竞赛和项目，持续提升自己的实践能力和综合素质，为未来的专业发展奠定坚实基础。

他鼓励学弟学妹们，在努力拼搏的同时，平衡社交和兴趣爱好等，编织属于自己的精彩大学篇章！

（来源：人工智能学院）

桂电法学才女保研中国人民公安大学

桂电，梦开始的地方

2020年9月，白若潼和父母匆匆分别，只身步入桂电校园。她坦言："作为一个来自河北的北方女孩，我对周围的环境和事物都感到陌生。但置身于绝美校园，学校舒适的学习环境和良好的学习氛围，满足了我对大学生活的憧憬和向往，也才终于有了步入大学的真实感。”她开始思考如何突破自己，充实大学生活。初来乍到，她对未来四年还没有什么明确的规划。但是她秉持端正的学习态度，经常泡在图书馆学习，抬头望，陪伴她的是落日余晖或皎洁月色。她认真对待每一场考试，多门专业课程成绩达到90分以上。在保持优异学习成绩的同时，她也积极参加各类比赛，争优争先。得益于各方面综合能力的优异表现，她连续三年获得了学校一等奖学金、“三好学生标兵”荣誉称号。

最快的成长方式就是“慢慢来”

为了让自己主动融入新的学习生活环境，她在刚入学时便竞选班干部，并成功任职，从此她踏上了学生干部的成长道路。她坦言：“我很感谢自己当初做的这个选择，虽然学生工作琐碎且繁重，需要经常组织开展团课学习、贫困认定及奖助学金评议等工作，但在工作的过程中，我也不断成长，语言表达能力和组织协调能力得到了锻炼，从最初不敢上台说话，不知道如何高效开展工作，到如今能够从容应对各种场合的发言，不断创新工作方法，使自己成为更具责任心和集体荣誉感的人，工作能力也得到了老师和同学们的认可。”在校期间，她屡次获评“优秀共青团干部”，所在支部获“五四红旗团支部”等荣誉称号。

在学习之余，她也乐于尝试和挑战未知领域。她加入了学院融媒体中心，学习推文的编辑方法，了解微信公众号等新媒体平台的运营，参与学院的宣传工作。在大二学年，白若潼加入了“青春桂电”团队，进一步学习摄影及后期制作技术。在此期间，她积极参与校运会的拍摄，制作校园十大歌手比赛的海报和节目单，结交了许多热爱摄影的朋友，培养了自己的兴趣爱好。此外，她还参加了许多有意义的活动，大学成长经历丰富，收获满满。

你遗憾吗？我不要遗憾

选择了才有机会，相信了才有方向。虽然对专业课的学习不曾懈怠，专业成绩也一直保持在前3%，但她前期并没有把“推免”当作自己的目标，只是决定了要读研深造。步入大三，时间仿佛按下加速键，周围的一切都在催促着她做出选择。确立了“读研”的目标，她下定决心要“一战上岸”。既然做出了选择，就一定要在这条道路上坚定地走下去。寒假之后，她便开始按部就班地复习和备考法律硕士相关考试科目。在与同专业学长的交流中，她了解到很多关于“推免”的相关事项，也逐渐萌发了一个念头：既然有机会，为什么不再努力争取一下呢？

她坚持做最坏的打算，但要做最大的努力和争取。因此，她不断调整生活节奏，循序渐进地提早起床时间，保持高效学习。在准备考研的同时，白若潼也争取保研资格。在尘埃落定之前，一切都还是未知数。但是，她也深知自己的薄弱点在哪里——缺乏科研竞赛的经历和成果。虽然前两年参加过各类比赛，可对于一个优秀的推免生来说，还远远不够。

一切都还来得及

凭借着大一、大二积累的参赛经验和老师、学长的耐心帮助，她决定自己担任负责人，投入大创项目和挑战杯比赛中，从头做起。今年三月到五月，她带领实践团队多次前往几百公里外的村庄进行调研实践，获得了大量一手资料，和团队成员一起查阅了大量文献和报道，为调研报告的撰写提供了坚实的实践基础和扎实的理论储备。由于是全新的课题项目，团队成员一开始都毫无头绪，团队指导教师吴耀光老师和牟春花老师在项目选题、报告撰写思路等方面为团队提供了宝贵意见，并一直给予鼓励。学院也协助联系调研地区单位，为项目团队提供了平台与帮助，共同保障了调研实践的顺利进行。

备赛过程漫长且艰辛，从前期制作调研提纲、设计调查问卷，中期组建实践团、访谈红色人物，到后期开展座谈交流、讲述实践故事形成作品。在整个备赛过程中，她的抗压能力和团队协作能力得到很大提升。经过几个月的不懈努力，视频和调研报告逐渐完善，最终获得第十八届“挑战杯”全国大学生课外学术科技作品竞赛红色专项活动二等奖，相关课题也获得了国家级大学生创新项目立项。

努力终有归处

白若潼说：“备考的过程时常焦虑，时常想放弃，时常陷入自我怀疑。”但是她还是坚持一边备考复习,一边推进项目和比赛,同时也关注推免的相关信息。在学习时,经常会有比赛的事情打断,修改申报书、调研报告、制作视频旁白等,处处碰壁,忙得“脚不沾地”,无法做到全身心投入学习,很是焦虑烦闷,她也很怕自己最终什么都顾不好。因此,今年暑期她选择留校复习,调整学习节奏。坚持每天七点前起床,十点之后回宿舍,保持每天有效学习时长在10小时以上,刷完了考研英语所有真题,专业课反复看了一遍又一遍。

九月的一个下午,她照常在图书馆背书时,突然收到了中国人民公安大学预推免复试的通知。她坦言:“虽然收到了复试通知,但当时推免资格还没有尘埃落定,我欣喜又担忧。中国人民公安大学一直是我的梦想,哪怕就只是进去看它一眼也愿意!”于是,她跨越千余公里飞往北京,但是面试过程并不顺利,白若潼的妈妈得知消息后立刻从家赶往北京,给了她很大的安慰和鼓励,使她在笔试中更加从容自信。返桂第二天,她在保研名单里看到了自己的名字,不久也被公安大学拟录取。她欣喜道:“正是凭借这份执着,让我有幸成为中国人民公安大学的一员。坚持不懈终有回音,所有努力都是值得的。”

青春的故事里,可以有战败,但不能有遗憾。我和自己一“研”为定了,这次不遗憾。

不忘初心,继续自己的热爱

热爱是第一驱动力。作为新时代的法学生,她十分渴望日后能够学以致用,为祖国的法治建设贡献自己的青春力量。她说:“作为一名党员,我会用行动践行自己的初心使命。”

大学是梦开始的地方,她说:“大学四年,我明白了要脚踏实地,更要立志高远,无论未来去往何方,我都会不忘来时的路,并会时刻提醒自己,要时常感恩。”在不断探索的过程中,她希望未来的自己可以:“明是非,坚守内心的公平与正义;更通透,在面对万般善良与邪恶时保有初心,做一名为法律与真理辩护的法律人。”

愿大家永远敢于做梦,大胆追梦,终其一生走在圆梦的路上。

（来源:法学院）

桂电全能少年保研国防科技大学

胡睿康，桂林电子科技大学信息与通信学院2020级电子信息工程专业学生，保研至国防科技大学信息与通信工程专业。他多门专业课程接近满分，前六个学期的加权平均成绩达到了90.4分，在全专业216名学生中学分绩排名第一。他曾获国家奖学金、广西壮族自治区人民政府奖学金，连续三年获得学校一等奖学金，三次获得三好学生标兵，两次获得优秀学生干部。获得2023年全国大学生电子设计竞赛广西赛区选拔赛二等奖、第九届中国国际“互联网+”大学生创新创业大赛广西赛区选拔赛高教主赛道铜奖等众多奖项。主持并结题国家级大学生创新训练项目1项，参与自治区级大学生创新训练项目1项。以第一作者身份发表3篇论文。公开受理国家发明专利1项。

敢于有梦

胡睿康自信地说：“我在大一的时候就明确了自己要推免的目标，并从那时起就一直朝着这个目标努力。”胡睿康的父亲毕业于南昌大学电子信息工程专业，或许是受父亲的影响，他对科技和电子领域产生了浓厚的兴趣。在他看来，科技和电子是当今社会发展的重要驱动力，它们不断地推动着人们生活和工作方式的改变。当初，因为兴趣和家人的影响，他选择了桂电。如今，为了实现自己的学术梦想，他将要奔赴下一个天地，他期待着在新的学术环境中不断成长和学习。

回顾大学的生活，胡睿康感觉无比的充实和快乐。在大学的第一年，他采用了高中的学习模式，花费了大量时间在专业课程上，认真学习课本中的每一个知识点，研究课后每一道习题，力求每一门课都弄懂、吃透。虽然这样的学习方式让他失去了很多加入社团的机会，但他打下夯实的理论基础，所以他并不后悔。

到了大二，他开始积极参加学校活动和各类学科竞赛。在老师的指导下，他负责了一个创新训练项目，为将项目落地，他运用课余时间自学python、Linux、图像处理与深度学习，并阅读参考文献掌握项目涉及领域的最新研究情况。大三时，拥有扎实理论基础的胡睿康开始着手项目实物的制作与项目的成果转换，并与同学们一起完成了多篇学术论文和专利的撰写和发表。这些经历让他对所学的专业有了更深入的理解,也培养了他的创新能力和独立思考能力。面对未来,他充满了信心和期待。

勇于追梦

追梦的结果或许很重要,但追梦的过程同样很精彩。在同学的引荐下,胡睿康加入了李玉寒老师的水下机器人科研项目团队。在老师的悉心指导下,他逐步掌握了图像处理与深度学习领域的知识,并开始参与一项关于水下机器人的国家级创新训练项目。他负责处理水下机器人回传图像的实时去尘与对水下海产品进行目标检测。围绕着这个项目,他们的团队已经发表了三篇论文,还公开受理了两项国家发明专利,并获得了三项科技竞赛奖项。通过参与这个科研项目,他深刻体会到了科研工作的严谨性和创新性,也认识到了从事科研工作需要付出大量的时间和精力,并需要具备坚定的意志和耐心。

他参加过很多学科竞赛,包括电子、计算机、英语和数学等领域,并且都取得了不错的成绩。让他印象最深刻的是参加全国大学生电子设计竞赛。在备赛过程中,他发现,理论芯片运用结构可以为实际芯片电路的设计提供一定的参考,然而,不同芯片的特性可能会对电路产生影响,因此需要根据实际情况,运用其他电路理论知识,对电路的部分结构与元件参数进行相应的修改,以确保电路的稳定性和可靠性。胡睿康回忆道:“在比赛过程中,我们团队遇到了很多难题,甚至有过放弃的念头。但是,我们始终保持着团队合作的精神,互相鼓励和支持,最终成功地完成了竞赛任务。”这段经历让胡睿康深刻地认识到了理论与实践相结合的重要性,也让他体会到了团队合作的力量。

胡睿康是一个积极向上、充满活力的人。他喜欢阅读,也热爱锻炼。课余时间,他广泛涉猎各个领域的书籍,丰富自己的精神世界。他热爱健身与跑步,“健身可以给我带来身体和心灵的快乐,每次健身后的疲惫和满足感都是对努力最好的回馈。而跑步则让我享受风吹过脸庞、心跳与脚步声同步的节奏,释放身体与心灵的快乐。”胡睿康说。作为班长,他积极组织各种活动丰富大家的课余生活。举办了书籍分享会，向同学们分享自己喜欢的书籍，并介绍书籍的内容和自己的阅读感受；协助班主任策划各种有趣的班级小游戏，通过这些游戏，同学们在轻松愉快的氛围中放松了自己，也增进了彼此之间的友谊和信任；组织班级排球赛，在运动中同学们不仅锻炼了身体，还增强了团队合作精神和团队荣誉感。

勤于圆梦

对于选择国防科技大学，胡睿康说道："我目前所倾向的研究方向是图像处理与深度学习，且有进一步深造学习的打算，所以我对学校的平台资源与学科实力比较看重，国防科大是'军中清华'，拥有优秀的师资力量和科研实力，而信息与通信工程又是国防科大的王牌专业，在第五轮学科评估中评为A+，所以可以说国防科大是我最理想的选择。"

在参加夏令营的过程中，由于当时还未系统地学习过数字图像处理这门课，胡睿康在面试时遇到了一些专业性的问题。然而，他并没有因此而感到慌乱，相反，他利用自己对其他课程的理解，巧妙地将这些知识迁移到面试中，回答了那些专业性的问题，得到了老师们的赞赏，最终圆梦国防科技大学。

在成功推免后，望着美丽的校园，胡睿康感慨万分。他说："保研是一场信息战，更是一场心理战。"他结合自己的亲身经历，想为有保研想法的学弟学妹们提供些建议：首先，要养成良好的学习习惯和生活习惯，合理安排时间，保持工作与休闲的平衡，面对困难和挑战时，保持冷静和自律，坚定自己的目标。其次，在准备推免材料时，一定要有明确的目标和策略。可以参考往届学长学姐的推免经验，了解不同院校的录取标准和要求，从而确定自己的定位。最后，结合自己的未来规划，选择适合自己的院校，如果打算毕业后参加工作，可以选择坐落在北上广深等一线城市的学校，因为这些地区的就业机会比较多，企业对于当地学校的认可度也相对较高；而如果想继续深造，就要综合考虑学校的师资力量、科研设施以及专业的课程设置、研究方向等方面，找到最适合自己的学术环境。

圆梦国防科技大学，他深感幸运，也心怀感激。"老师的帮助是我能够成功的重要因素。"在学业方面，他经常课后向老师们请教问题，老师们都会热心为他答疑。

在科研方面，老师以其敏锐的洞察力和前瞻性的视野为他指明了科研的方向，在开展项目、撰写论文、编写专利等方面给予了他细致的指导，鼓励他勇于尝试新的研究方向和方法，这使他在学术上取得了较大的进步。“很感谢我的辅导员，因为周晓燕老师和姜红飞老师的帮忙，让我在短暂的夏令营申请期间顺利收集到了所有需要的材料，从而得以成功入营。”胡睿康说。

“我们学院的学习氛围很好，也有很多实践的平台，这对我的成长帮助很大。”他很感激学院提供的竞赛培训机会，这些竞赛培训不仅包括竞赛注意事项和竞赛基本知识的讲解，还包括老师们在竞赛中总结的经验，让他更好地了解比赛的细节和技巧，为参赛做好充分的准备。

“在推免这条路上，感谢家人和朋友们的鼓励和陪伴，他们的建议和指导如明灯照亮前行的道路，他们的鼓励和期待如暖风，为我驱散寒冷，带来信心。这份深情厚意让我充满感激，也使我的信念和信心更加坚定。”胡睿康说。

没有人能够随随便便成功，胡睿康也不例外，他只是多了一份执着、勤奋与笃定，请你相信，时光不会辜负任何一个努力的人。

（来源：信息与通信学院）

第二节 实践工作及其效果

立身百行，以学为基。随着知识更新速度的不断加快，社会分工的日益细化，对青年的能力素质提出了新的更高要求。作为顺应时代发展、紧跟时代步伐的大学生，学习已经成为他们的一种精神追求和生活方式。我们传播“勤奋好学”的榜样精神，就是要号召广大青年，梦想从学习开始，唯有勤学苦练方能不负青春，唯有勤奋好学才能在报效祖国、服务人民中实现人生价值。

一、融入策略

如何将“勤奋好学”的榜样精神融入高校网络思想政治教育？就是要运用大学生喜欢的表达方式讲好“勤奋好学”的榜样故事。这一过程包括对阅读受众的研究、对主角故事的挖掘、对叙事方式的编排以及对发布平台的精准定位，运用网络让各要素都发挥出优势并相互配合，使得内容有看头、受众有触动、传播变主动，进而又推动故事主体持续发挥榜样作用，做好示范引领，最终实现效果最优化。

人是最为生动的叙事载体，“勤奋好学”的榜样作为大学生的朋辈，具有故事性、贴近性、表现力、感染力强的显著优势。在对这些人物进行形象塑造的同时，我们会格外注重思想上的挖掘，建立个体与群体的互动关联，充分发挥脚力、眼力、脑力、笔力，做好内容生产，在聚焦故事性、增强贴近性的基础上，不断提升思想含量和思辨力量，以主流价值塑造主流舆论。比如，我们对刘梦媛同学的宣传，会在她如何不断挑战自我上进行着墨，从高中时期缺乏自信，通过一步步克服胆怯，改变自己，直至保研浙大。诸如此类，从大学生求学路上的共性问题着手，讲故事不再宏大叙事，而是挖掘小故事，以个人的、日常的小事情，以及“大叙事”中的小细节、横截面进行创作，娓娓道来，真情流露。通过表达，把“我们想讲的”变成“受众想听的”，也可以把“受众想听的”融进“我们想讲的”，创新表达方式，赢得受众的倾听。用一个个精彩的故事，激发大学生共鸣。

在人物的选取方面，我们也会精心安排，近两年宣传的“勤奋好学”榜样都是从各个学院推选上来的广受师生好评的热点人物，宣传他们的事迹不但会获得朋辈的认同，还会增加影响力和引导力。在平台选择方面，打造“1+13”的模式，即以官方微信公众号作为主阵地，其他13个新媒体平台多渠道传播。微信公众号具有多样性和包容性，各类创新性网络思政产品都可以在此平台发布。同时，根据其他各平台特点在官微产品基础上定制产品，打造媒体矩阵，实现精准传播和全方位传播。

二、实践效果

讲好榜样故事、弘扬榜样精神是高校网络思想政治教育话语传播的实践方向，做好思想引领、培养道德情操、激发爱国情怀是评价实践效果的重要尺度。在榜样精神宣传过程中，互联网平台上频繁热烈的交流互动对于实现传播效果最大化产生了“助推器”的作用。

2022—2023年，桂林电子科技大学微信公众号共发布“勤奋好学”主题推文共计40篇，占这两年公众号推文数量的5%，阅读总量达到50万+，篇均阅读量超过

12500,是官方平台所有推送内容中广受师生、校友、家长关注和好评的类型。所宣传的榜样类型兼顾学院、专业、性别,事迹内容从学习、科研、竞赛、志愿服务等多方面入手,全方位展示桂电学子五彩斑斓的青春风采。

这些推文一经推出,立马引发强烈反响,后台留言热闹非凡,“学姐好棒”“才女一枚”“我们的偶像学长”“向某某学习”等留言充满后台;家长们多以“太厉害了!别人家的孩子” 投来羡慕的目光,同时也表达出“希望我的孩子也能这么优秀”的深切期望;还有昔日从同一学院毕业的校友们更是盛赞学院的人才培养质量不断提升——“我的学院就是牛”;更有一直关注桂电的企业单位慕名投来橄榄枝,“同学,某某企业考虑一下”,力邀这些优秀学子毕业后能加入他们。

我们罗列优秀事迹的同时,也会为广大在校生提供可学习模仿、借鉴参考的宝贵经验,对于每个人的学习方法、学习习惯、科研过程、大学规划等注意事项都会毫无保留地着墨进行分享,在树立标杆的同时,也为大家拓展个人发展的边界和不断进取的可能。勤奋好学成为桂电学子在新时代昂扬奋进、开拓进取的精神写照,更是追求卓越的精神动力。继承和弘扬他们的品德,必将激励大家常学常新。

学无涯,思无涯,其乐亦无涯。青春榜样并非遥不可及,他们就是身边人,做的就是身边事,只要肯攀登,梦想就会靠近。但愿这些学习的“灯塔”能够照亮青年学子前行的道路,让他们在宝贵的年华把勤奋当成一种追求,把好学当成一种习惯,知行合一,奋勇前行,为民族复兴伟业而不懈奋斗。

第七章 “爱岗敬业”榜样精神融入高校网络思想政治教育实践

第一节 实践案例

她是“竞赛专家”，带领学生获100余项奖

汪沙娜，博士，研究生导师，桂林电子科技大学艺术与设计学院产品设计系主任。指导学生参加全国普通高校学科竞赛设计学相关竞赛获得优异成绩，荣获国家级与省部级奖项100余项。

她是带领学生斩获100余项赛事奖项的“竞赛专家”，她以赛促教，运用比赛创新教学实践。她是产教融合的践行者，在她的课堂上能看到真实商业项目落地的过程。她善于鼓励学生奋发向上，勇往直前。她是同学们口中亲切的“娜姐”，让我们走进汪沙娜，探究她的制胜秘笈！

坚持赛教融合

汪沙娜在教学中提倡小班教学、项目驱动式的教学理念，在课堂中以赛创新，实现赛教融合，采用赛事项目驱动式教学方法，将课题制和项目制引入课堂，在教学中强化学生的设计完整性，高效提升学生的实践能力、思维能力和创新能力。在教学改革中，汪沙娜通过组织比赛和挑战促进学生学习和自身教学，激励学生积极思考、创新和解决问题，激发他们的设计思维，同时也可以帮助自身更好地了解学生们的学习情况和需求，以便更好地进行课程指导。

汪沙娜根据授课要求制定不同赛事的课题训练，在电子信息产品设计策划与

管理课程中，将米兰设计周中国高校设计学科师生优秀作品和全国数字艺术设计大赛进行赛教融合，注重培养学生的创新思维，强调把握新产品开发过程和撰写策划方案；在电子信息产品综合设计实验课程中，将全国三维数字化创新设计大赛和大学生计算机设计大赛结合，进行课题训练，培养学生的产品综合创新设计能力；在电子产品结构实验课程中，把全国三维数字化创新设计大赛和大学生工业设计大赛结合，注重学生的产品功能结构创新设计，为学生提供实践动手环节，帮助他们更好地掌握课程知识。

汪沙娜认为，产品结构设计关键在于创新与实用。在产品设计专业工程类课程中，要考虑设计方案的结构可行性、人机合理性、功能创新性，培养学生的创新能力和职业素养。

坚持以赛促教

在将课程和赛事融合的过程中，汪沙娜运用交流座谈、小组选题头脑风暴、一对一沟通的思路，针对学生不同的兴趣爱好和特长指导学生确定赛事的选题方向。她针对学生的兴趣进行赛事课题能力训练，从调研分析、问题总结、设计定位、设计展开、设计效果展示等环节，要求学生注重每个环节的知识训练。

在赛事训练中，学生们不断地运用产品设计专业知识，将设计意向很好地表达在设计过程和结果中，并获得奖项，提升了学习兴趣。汪沙娜时常教导他们要注重细节、严于律己，在设计表达训练中做到一丝不苟，在版面展示的人机场景图和结构爆炸图上精益求精。在汪沙娜的指导下，参与大学生创新创业训练项目的学生有30余人，他们在产品结构设计、软件建模和渲染上表现优异，成功申报了实用新型专利10余项。有的学生一毕业就被国企录用，有的学生成功考上研究生。汪沙娜跟学生们亦师亦友，是学生们口中的“娜姐”，师生情谊浓厚。她用心关爱工作室中的每个学生，定期与学生座谈，了解学生的学习和生活状况，课后也时常参加学生自发组织的活动。

坚持产教融合

汪沙娜在教学中引入地方企业项目，让企业项目融入课堂，让学生参与到更多的项目中。在与企业项目对接的过程中，学生们学会在实际设计中要考虑成本、生产工艺、用户体验等问题，这也提升了赛事方案的实用性和可行性。在执行教室课桌椅的企业项目时，汪沙娜为了让学生们能更多地了解到不同材质的商业应用，她带领学生们前往不同家具市场进行实地调研，进行产品的材质比对分析；为了让学生体验产品使用过程中可能会存在的问题，她还会将具体的实物竞品带到教室给学生研究。汪沙娜积极响应艺术与设计学院"一县一创"服务地方经济发展、巩固推进乡村振兴的毕业设计要求，指导学生设计的辣椒采摘装置在龙胜各族自治县进行试验采摘后获得企业的好评与认可。

设计师设计时考虑因素过多，时常忘记设计的初心，当学生们设计方案遇到瓶颈时，汪沙娜则会耐心地说："设计要以人为本，以用户需求为中心，你们首先要考虑的就是用户的需要，希望你们不要忘记初心。"

（供稿：融媒体中心　宁弘　冼欣宜）

真诚相待、默默影响，给学生带去正能量

卢萱，外国语学院教师，主要讲授日语口译、日语听力、大学日语等课程，研究方向为日语翻译。

当老师是从小的愿望

"非学无以立身，非教无以立国。"谈到为何想当一名大学老师，卢萱告诉我们，她的父母以前都是当老师的，可能是受了父母的影响，当老师是她从小的愿望。"父母对我最深刻的影响，就是要读好书，教好书。"研究生毕业后，她想从事日语教学方面的工作，正好那时候有机会应聘桂电日语系教师。就这样，教师的接力棒传递到了卢萱手上，她就这样和桂电结缘，幸运地走进了曾经向往的校园，实现了从小的梦想，她感到非常荣幸。

和学生像朋友一样相处

刚入职的她，年龄上和学生们相差不大，靠着这种天然的优势和亲和力，她

和学生们像朋友一样相处，很快便能拉近师生间的距离。再加上学生们的乖巧和善于沟通，她很快便克服了刚入职上课的不安和胆怯，和他们逐渐亲近起来，上课的氛围也变得比较活跃，上课方式也变得得心应手。私下里，学生们会主动和她沟通交流学习或生活上的烦恼与困惑，也能说说玩笑话；在课堂上，他们彼此也能做到相互尊重，共同维护好教学秩序，较好地完成每一次教学任务。所以她对这样的关系感到非常欣慰。她希望和学生的真诚相待能让师生关系一直保持这种融洽的状态。

教学相长方法得当

初上讲台的她，刚开始也不太知道如何给学生授课，很多教学事务上的事情也不知道如何处理，但在学院日语系主任彭慧老师的悉心指导下，她慢慢学会了教学事务的处理方法，也摸索出了一套适合自己的教学方式。谈到备课，卢老师告诉我们，虽然刚开始她也有点无从下手，但是学院日语系的老师们给了她很多很好的建议，并拿自己的教案给她作参考，她从中受益良多。现在，她所上的课程基本是固定的，所以对每门课程都形成了一定的备课和上课模式，但是课程的变化和教学环境的变化很大，随着混合式教学的开展，她也紧跟形势，不断摸索，不断学习。“我们每个教师都要拥抱变化，勇于迎接挑战，最好的办法就是不断学习。”她告诉我们，语言的变化是很大的，所以备课的资料都要不断更新，为了给学生们带去精彩的课程，她会根据学生们的兴趣及语言学习的热点及时去调整课程内容，以保证课程内容的丰富多变、与时俱进。日语系每一届只有一个班，每个班30人左右，这样的小班教学，让卢萱可以在课堂上采用小组讨论、口语场景模拟等方式，尽量让学生多发言多思考，充分锻炼他们的口头表达能力。课下，她还会用线上的教学App和教学资源来让学生完成课后的内容，这样能更好地督促学生完成课前课后的预习和复习。

以科研促教学 以教学助科研

都说“以科研促教学，以教学助科研”，作为一个不算老也不算新的老师，有时候还是觉得做科研很难。不过,卢萱时常能从教学中获得一些做科研的启发。有时候,学生对她提出的问题会触发她对一些专业问题的思考,就想着能不能从这些问题的角度出发去解决一些科研上的问题。所以,她很喜欢在课堂上倾听学生们对一些问题的思考,在答疑解惑的同时,也触发了她多角度发散思维,可以去重新思考一些科研中的问题。

成为学生的精神力量

"我们一生中会遇到很多人,如果说哪些人在我记忆深处最难忘,老师绝对是一生中最难以忘记的人。"说到好老师,卢萱想到了她在学生时代遇到过的老师们,他们每个人都给予自己帮助和启蒙,他们的言行都在潜移默化地影响着自己,所以当她成为老师后,她的教学方式也默默地受到这些老师们的影响。她认为一个好老师不只是在授课阶段启迪学生,还会对他们整个人生都产生影响,那些简单朴实的语言,平凡中蕴含着能量,像深入心灵深处的记忆,如灯塔,如航标,不断指引着学生们向前。她希望自己的一言一行都能给学生带去积极的影响,是一种可以让他们在日后的工作生活中时常想起的一股精神力量。得知自己成为毕业生最喜爱的老师时,卢萱受宠若惊,外国语学院优秀的老师很多,她没想到学生们会把珍贵的一票投给自己。她认为,这个荣誉既是褒奖也是鞭策,她会更加努力上课做科研,不辜负学生们的喜爱。"真的非常感谢学生们对我的喜爱和支持,感谢他们的真心和诚意!"

关于未来,她告诉我们,她将继续在教学上深耕,继续在专业领域上深造,不断地学习更新,努力并坚持播撒知识的种子,不论走到何时何地,归来还是那个不忘初心的少年。

(来源:外国语学院)

这里是我的精神家园,我为我的选择而自豪

黄新,电子工程与自动化学院教师,主要讲授单片机原理与接口技术、电子测量与仪器等课程,研究方向为可测试性设计。

追梦赤子心

1997年9月，一个性格内向、不善言语，自认只爱学习的小伙儿成为桂电电子仪器及测控技术专业的一名学生。随着大学的精彩画卷徐徐展开，他似乎找到了自己努力的方向。在同学的影响和帮助下，在专业课老师的悉心指导下，他通过电子设计竞赛等实践的层层磨练，已然成为一个性格开朗，乐于交流，对未来充满信心并对知识充满渴望的优秀青年。

2001年的夏天，他顺利通过了华为面试，但在体检环节却未能通过，就这样抱憾与华为擦肩而过。星斗其文，赤子其人，在“师者，传道授业解惑也”的精神感召下，一颗叫作“从教”的种子在他的心底生根发芽，“我想当一名大学老师，通过我的努力，培养更多的优秀学生”。一个小小的火种，在一个青年心底以燎原之势燃起。他就是2022届桂电毕业生最喜爱的老师之一——黄新。

办法总比困难多

回忆起2001年刚开始工作那会，办公条件不算太好，使用的办公电脑是旧的组装台式电脑，经常出现硬件和系统问题，当时知识和能力很有限，但也不想经常麻烦同事帮忙解决问题，于是他查阅资料，自己动手，分析问题，逐步解决了电脑出现的问题。记得有一次，硬盘感染病毒，破坏了所有分区信息。科研项目资料一旦破坏，之前的研究工作将前功尽弃。他和同事一起，通过手工计算分区信息，利用软盘版KV300编辑硬盘扇区数据，花了两天时间终于恢复了分区信息，找回了所有数据。这让他逐渐体会到无论生活与工作，只要遇到困难，静下心来分析，总能找到解决问题的办法。

要上好课就要先备好课

“作为老师，上好每一堂课是最基本的要求，要达到这个要求，首先要备好课。”说到备课，黄新有自己的坚持。备课分为教案设计和课前教学准备，他最初采用手写教案，用不同颜色的笔区分教学内容，下一年备课时，再完善教学内容，但这样的教案最多也只能使用2—3次。为了备课方便,后面改用电子文档方式备课,通过设置不同的格式突出不同的教学内容,且预留注解区域,备注重点和教学思路。现在他会采用PPT教学,精心设计PPT版面,设计原理、结构和工作过程的动画,最大限度发挥PPT教学优势。而课前教学准备,不仅是熟悉教学内容,还需要构思本堂课的教学目的、教学引导、内容组织、形式安排、教学互动和知识拓展等多个方面。因此,他的授课方式也在逐步改变,从坚持了十几年的板书教学转变为PPT教学。板书教学有教学节奏易于控制,教学重点更突出,板书保留时间长,学生易于理解,但板书教学也有不少缺点。PPT教学有图文并茂、动画生动形象、信息丰富、节约板书时间等优势。黄新设计PPT时,会根据讲解思路和速度,将PPT的每个内容都以动画方式展现,尽量接近板书过程,这样可以使PPT教学保留板书教学的优势。另外,他在课程设计和毕业设计指导过程中,注重培养学生遇到问题,分析问题,并找到解决问题的方法的能力。

有教无类责无旁贷

在黄新看来,学生不分好生与差生,只有学习方法、学习态度、掌握知识的程度与沟通能力的一些差别。从学生的角度出发,以朋友的身份与学生进行沟通与交流,可以帮助学生解决思想上、学习上甚至工作之后的一些问题,让学生遇到解决不了的问题,就想到找老师交流下探讨下,帮助一些学生找回自信,处理好人际关系,形成更好的价值观,积累更多的经验,提高综合能力与素养。

在他看来,每个老师都有各自优势和特长,每个老师都有各自的教学、科研和其他工作任务,和学生在一起的时间很有限。作为老师,应尽量利用好课堂时间,在教学过程中拓展知识,引入自己的优势,传授自己的技能与方法,在课外与学生做朋友,建立有效的沟通与交流渠道。能得到毕业生们的认可,成为他们最喜爱的老师,黄新觉得很荣幸,也很开心。这更加坚定了他当初选择当大学老师的初心,时刻铭记作为老师的责任与担当,迎接每天的朝阳,用正能量激发自己,感染身边的人。一生的能力虽然有限,但努力可以无限。未来,他将不忘初心,砥砺前行,继续耕耘三尺讲台,不断培育满园桃李。

学生眼中的他

黄老师在教学工作中，认真探索教学方法，精心设计教学课件，优化课堂教学内容，积极开展课堂互动，深度融合课程思政，引入工程应用案例，强化教学过程管理，注重学生发现问题、分析问题和解决问题能力的培养，使学生的专业知识、技能应用和综合素质得到提升。黄老师创办的以启蒙、科技、实践、创新为主题的“芯梦启航”科技活动已成功举办十四届，每届活动参与学生达到800余人，获得学生们的广泛好评。黄老师在生活中，以学生为本，与学生为友，与学生进行思想沟通、心理疏导、技术交流、答疑解惑、生涯规划和就业指导，是一名很受学生喜爱的好老师。

（来源：教师工作部、学生工作部）

这二十多年，她收获了……

刘庆华，信息与通信学院教师，主要讲授数字信号处理（外文教材）、自适应阵列信号处理、信息技术发展前沿讲座等课程，研究方向为雷达信号处理。

从就业的选择转变为对职业的热爱

硕士研究生毕业那年，大多数同学们都选择去华为或中兴工作，刘庆华认为自己更喜欢校园的学习生活环境，所以选择留校在信息与通信学院担任教师。工作后，她改变了观点。实际上大学老师的标准极高，教学改革、科学研究、学生培养一样都不能少，做好一名大学老师很不容易。但她热爱自己的岗位，一直努力学习、勤奋工作，积极向“四有好老师”看齐。

工作困难重重，逐一克服

刘庆华谈到自己刚开始参加工作的时候，面临的困难是教学与科研能力不足。刘庆华满怀感激说：“学院教授和优秀教师的传帮带和结对帮扶，助力教学科研进步，让我很快适应岗位要求。在教学中，为了上好信号与系统分析这门课程，站稳讲台，课程负责人徐亚宁老师耐心指导我。通过听她的课，我很快掌握了该门课程的教学内容、教学方法、课后辅导答疑等，能独立承担教学任务。”在数字信号处理和其他课程教学中，刘庆华得到张向利老师的大力支持，教她备课讲课，不厌其烦听她试讲，张向利老师一直鼓励和支持她，每当她泄气和遇到困难的时候，张老师总给她加油打气：“小刘，你行的。”

在科研中，刘庆华得到了欧阳缮老师和曾庆宁老师的大力支持，他们提供了良好的科研环境与仪器设备、充足的科研经费，在撰写项目申报书、如何发现问题、如何解决问题、项目答辩验收等各个环节尽心尽力辅导她，大家经常性的讨论让她受益匪浅。

多样化授课模式，坚持开拓创新

充分备课是上好课的前提，刘庆华十分重视备课。通过前些年的备课，她对基本知识的安排和资料补充已经烂熟于心。她谈到，近年来，随着一流课程建设和工程认证要求的变化，课程要重新设计，包括知识内容安排、讲解方式、课堂测试布置、学生反馈、案例分析等，以求达到“高阶性、创新性和挑战度”的要求和课程思政的润物无声。备课时，刘庆华将课程教学大纲中的课程目标进行分解，明确每次课培养学生具体能力要求；研读教材，收集资料，同时分析学生实际情况，结合学生反馈，重点落实课程中的基本概念、性质的内涵与外延；利用信息化教学资源，编辑软件、视频、音频、图像等资料，多形式呈现课程内容；充分融入科研成果以及现代信息技术的发展，激发学生学习的热情。

同时，刘庆华在课程教学中实施基于课程任务单导引的翻转教学模式。她会根据课程内容，选择恰当形式，如研讨辩论、生讲生评、项目研究、程序编写等，利用雨课堂和腾讯课堂等及时获得反馈，受到学生们的积极响应。她也时常结合案例分析和科学研究，注重对学生的科学研究方法和工匠精神培养。刘庆华积极对教学过程和经验进行总结，她申请获得了广西壮族自治区教改项目资助，还发表了多篇教改论文。

用心呵护学生，用梦点亮未来

刘庆华始终践行以学生发展为中心的理念。她说：“硕士留校至今20多年，从学生们的大姐变为长辈（我与现在所教学生的父母是同龄人），学生真是自己的亲人，我力所能及地向他们提供各种帮助，希望他们能顺利实现自己的目标。”刘庆华通过课程教学、毕业设计与课程设计指导、学业导师和班主任指导、党员谈心谈话、学业帮扶活动等环节，了解学生们学习和生活中的思想动态、困惑、学业难点等，给学生们指明解决路径，并协调解决问题。

在学院工作时，她也时常为学生们解读培养方案、考研报考指南、生产实习安排、毕业设计论文撰写要素等，引导他们做好学习安排。

身为师范，为人师表

刘庆华认为，作为一个好老师一定要做到以下三点：

品德端正。教师的一言一行对学生有潜移默化和深远持久的影响，需要有高度的责任感、强烈的事业心。同时关心关爱每一个学生，发现他们的长处，帮助克服缺点，协助他们制定成长规划，指明努力方向。

重视教育教学理论和方法的学习。当前从教育方法、手段、形式上对新工科与工程教育专业认证背景下的课程资源建设、新形态教材建设、信息化教学手段、翻转课堂改革等提出了新要求，只有不断更新观念，才能适应教育教学改革新需求。

重视科学研究。进行科学研究，提升教师本身解决复杂科学问题与工程项目的能力，拓展无限的边际。“科研是源，教学是流”，要把最直接的经验告诉学生，而不是别人的或书本中的经验。同时组织学生参与到科学研究中来，让学生能应用所学知识，变知识为创新能力。

以梦为马，落实育人要求

刘庆华认为科研助力教学，从事科学研究，让她更有自信和能力教会学生应用知识去解决复杂工程问题，并不断去尝试创新。刘庆华十分感谢学生们的认可，

“最喜爱的老师”在她看来是获得的最高奖励，激励着她继续做好各项工作。谈到未来的打算和努力的方向时，她说：“要建设好自己的课程，课程是落实OBE理念的最后一公里，我所负责的课程是自治区一流课程，去年推荐申报了国家级一流课程，今年又推荐申报了自治区课程思政示范课程。”未来她将继续夯实课程建设，打造“高阶性、创新性、挑战度”的金课。同时，刘庆华将坚持做好科学研究，继续在探地雷达方面提升研究水平，带好团队，增强社会服务能力，为地质灾害防灾减灾贡献自己的力量。

（来源：教师工作部、学生工作部）

“大龄新兵”的教学科研心得

孙保燕，桂电建筑与交通工程学院教师，主要讲授土木工程概论、钢结构设计原理、建设工程经济课程，研究方向为智能建造、结构安全、古建筑保护。

在2022届毕业生毕业典礼暨授位仪式上，建筑与交通工程学院孙保燕老师被评为毕业生“最喜爱的老师”之一。

他是教授级高级工程师、硕士生导师，享受国务院政府特殊津贴。他是全国优秀科技工作者、广西壮族自治区优秀专家、桂林市首批“漓江学者”“十大杰出创新人才”。他是“全国最美家庭”获得者。他多年来耕耘在教学第一线，与学生们建立起良好的师生关系，深受毕业生的爱戴。

成绩和进步属于团队

在桂电从教以来，他主持完成国家、省部和地方科研项目近30项，获得授权专利40余件，出版专著5部，获得广西科技进步奖一等奖1项、全国优秀工程设计金奖1项，他是领导和老师们心目中的领头羊……

在这些荣誉面前，他总是谦逊地表示：“我所取得的每一份成绩和进步，都是团队成员集体智慧的结晶，都要特别感激政府和单位提供的良好平台。我个人所做的努力，真的微不足道。”

我有教师情结

尽管在不同类型单位、企业工作30年，他还是很想尝试教师岗位工作。因为父母是老师的缘故，他对老师身份有天然的亲近与崇拜感。他也想通过言传身教，使学生提高技能和自身价值，希望他们学会沟通、有爱心，干一行爱一行。

教师要把课上好

如果要给学生一杯水，教师自己就得有一桶水。当面对教学程序不了解、上课重点把控不好的困难时，他主动向知名老师请教，旁听知名老师的课，受益匪浅，听完课后便自己试讲。课后召集学生，听取他们的意见建议，改进教学方式方法。

他深入浅出，结合实际工程项目和科研成果讲授课程知识，注重概念和定义讲解，注重调动学生参与的积极性，通过工程实例和自身经历，讲解理论知识，提高学生的课堂学习兴趣。学生普遍反映孙教授的课重点突出、实用性强、有味有趣。

把课上好备课是关键

第一，熟读课本，上网查找资料，结合实际工程项目完善PPT和教案。

第二，在课程内容钟自然融入思政课元素，宣传正能量。

第三，多做三维动画和教具。有些内容二维图很难表达清楚，就做三维动画，再不行就做模型(手工做、3D打印)。

第四，以研助教，把行业前沿研究成果融入教学中，使学生了解行业发展状况、行业需求、就业前景，提高学生学习的积极性。

教学与科研互相促进

学校是教书育人的地方，教师始终要以教书育人为天职，以教学为主导。教师不仅要有理论知识，还要有行业前沿科技知识和实践经验。教学与科研的关系是相辅相成、互相促进的，科研是教学的“源头活水”，如果没有科研做支撑，课堂教学就会失去“灵魂”，教学是科研的“隐形动力”，对科研提出了更高要求。

成为好老师要做到爱生如子

成为毕业生“最喜爱的老师”，是学生对自己工作的认可，既是压力也是动力。成为好老师，要有坚定的政治信念、三观正确、富有正能量，尽力做到爱生如子，要有牺牲和甘做人梯的精神，有使命感和责任感，保持一颗年轻的心。

我是个大龄新兵

他表示自己也是一位父亲，自己的孩子也经历过大学和研究生阶段的学习，在来学校之前，孩子跟他讲过学校的经历和对老师的希望，自己感触颇深，暗下决心要善待每一个学生。

他到学校后就立志要尽力做一名合格的老师，用一颗父亲的心对待每一个学生。他觉得自己做得还不够，未来在一线岗位上，他会继续踏实做好每一件事，教书育人，做好科研项目，带好学生。

（来源：建筑与交通工程学院）

他正做着的这件事很有意义

黄智煜，材料科学与工程学院辅导员，主要讲授职业生涯规划、就业指导课程，研究方向为材料与化工（超级电容器方向）。

教育薪火传承，点亮希望之光

“我的父亲是一名教书20余载的老师，对工作兢兢业业，对学生细致入微，父亲成为我成长过程中的榜样，看着他年复一年培养优秀的毕业生，我深感老师这个职业伟大且有成就感。”黄智煜认为大学校园充满青春和活力，这种氛围会让自己持续不断地充满朝气和学习动力，使自己不断提升。他笑着说：“作为一名高校辅导员，能成为学生们的人生导师和知心朋友是一件很有意义的事情。”

矢志不移，不断克服困难

“桂电培养了我，毕业时很幸运得到了留校机会，所以坚定地留下为母校发展奉献自己的微薄之力。”黄智煜谈到自己接手2018级本科生的学生工作初始，正值学生们大二上学期刚结束，经历了转专业，再加上学生们处于大学迷茫期，全年级学生的挂科率竟达到90%，学风建设也就成了他的主要困难。在学院领导的支持下，他鼓起勇气开始了对学生的辅导之旅。从帮助学生重修选课、课后帮扶辅导、督促早晚自习、一对一及一对整个宿舍的定点帮扶等方面入手，在学生们和学院老师们共同的努力下，学生毕业率达到93.57%，考研升学率达到22.5%，四级通过率达到64.86%。他通过这种方式拉近了和学生们之间的距离，学生们在一次次变好的过程中也理解了老师们的良苦用心。

育人潜移默化，用心对待学生

作为辅导员，黄智煜以学生的思想政治教育及日常事务管理为主要工作，通过深入学生宿舍和课堂，参与到学生的生活中去了解学生们的兴趣爱好及性格，更好地对学生进行日常管理“备课”。用心、用爱、用情，他认为通过多观察和了解学生的兴趣爱好，主动从学生的角度去跟学生进行交流，并引导学生从老师的视角来看待自己，这样相互理解之后，才能更好地做好学生的思想教育工作。

以身作则，躬亲示范

黄智煜认为成为一名好老师心中要有爱，对工作要热爱，对学生要关爱，要学会换位思考和引导学生换位思考，这是一种能力的体现，更是内涵和素养的展示。对待学生耐心再多一点，沟通交流的方式再全面一点，育人工作的能力再增强一点，专业知识及学历再更进一步，向学校优秀的老师们学习，争取在思想育人的基础上，进行科研育人、教学育人。他把教书育人当作大学教师的第一使命，在担负这一使命的过程中，他认为教学侧重于言传，科研侧重于身教。教学与科研，也就是言传与身教，两者不是对立的，而是相辅相成的。运用教学和科研发挥各自优势、协同育人,才能成为一名优秀的教师。

(来源:教师工作部、学生工作部)

思政课教的是人,赢的是心

王占锋,马克思主义学院教师,主要讲授劳动教育、习近平新时代中国特色社会主义思想专题研究课程,研究方向为思想政治教育原理与方法、社会主义核心价值观研究。

选择桂电全新开始

2013年,桂林电子科技大学马克思主义学院正式成立,那年王占锋正好博士毕业。"对于学院和我来说,这都是一个全新的开始,我很看好桂电的发展前景,也很看好自己。桂林山水甲天下。吸引我来这里工作的还有一个重要原因,那就是桂林的山水。桂电的校园风景就是桂林美好山水的缩影,在风景如画的桂电任教,实现自己的个人价值和社会价值,岂不美哉?"王占锋回忆起当年选择桂电的原因时如是说。

与学生同学习、共进步

为什么想当一名大学教师?王占锋认为成为一名大学教师,在照亮别人的同时,也照亮和升华了自我,在发展学生的同时,也发展了自身,这是一个教师与学生同学习、共进步的职业。具体来讲,如今的教育已不再是教师向学生单向传递、单向社会化的过程,它越来越体现出双向的社会化。在教育过程中教师和学生共同解读教育内容,共同思考、探索,一起建构新的知识和意义。所以当一名大学教师不仅可以实现自我价值,不断提升自身的知识储备,也可以实现社会价值,培育一批又一批社会所需的人才。

信、实、新、活促改革

在刚来学校的那几年,王占锋曾在进行思政课教学改革过程中遇到过一些阻力。为了更好地推进教学改革,他就在信、实、新、活上下功夫。所谓“信”就是把理论内容讲透彻,给学生以更深入的学理分析,让学生信服。“实”就是要贴近学生的实际,解决学生现实之困惑,直面现实问题,做到理论联系实际。“新”就是最新的教学理念,采用最新教学案例,运用最新的教学手段,实施最新的教学模式。“活”就是教学方法活、考核方式活、教师授课话语鲜活。最终通过这种方式,让越来越多的学生认识到思政课的重要性,接受思政课的改革。

思政课教的是人,赢的是心

“思政课教的是人,赢的是心。”作为思政课教师,他认为讲好思政课,信心要足、腰板要硬、心态要好。有时候要用表面的浮夸来呈现厚重的思想,用厚重的思想来渐渐引导学生的想法。要笑看“被怼”。“怼”,字面意思,“对”和“心”,实际上是没有对上心。对上心了,就知道新时代的大学生拒绝“喂养”,反对冷冰冰的说教。备课时他会注重理清线索并选择亮点,在为学生搭建知识框架的过程中,选择某些部分重点讲解。只有这样,才能使思政课更具有时效性,富于吸引力和感染力,提高思政课教育教学水平。在讲课过程中,王占锋会想尽一切办法加强与学生们的沟通交流,时不时地会问一些问题。面对不同的声音,他也不会一味否定和批判,而是先分析学生观点的道理,然后再讲这种观点的问题,最后再谈到自己的理解。这种交心交流式的互动起到了很好的效果。现在,不管什么课程,他最后一定留十至二十分钟时间回答学生的问题。通过这样的教学方式,他逐渐赢得了学生的心。

对于好老师的一些思考

王占锋对如何才能成为一名好老师有着深刻的思考:

首先,与学生建立良好的关系。能否处理好这个关系,直接关系到教学效果的好坏。王占锋认为建立良好师生关系有四个秘诀:一是凭魅力吸引学生,以自身独特的人格魅力和高超的教学能力吸引学生。二是靠爱心感化学生,教师的基本职责是“热爱学生,教书育人”,只有热爱学生,接近学生,了解学生,学生才乐于接受老师的教育,“亲其师,信其道”就是这个道理。三是想办法鼓励学生,他认为最好的教育方法是鼓励,好学生是夸出来的。四是用技巧引导学生,适当地用一些技巧引导和鼓励学生,可以使教学育人事半功倍。

其次,要不断提升内涵。教师的职业是传道、授业、解惑,无数的教师数十年耕耘,甚至穷毕生之精力,为无数人传道、授业、解惑,像蜡烛,燃烧自己,像园丁,剪枝、松土,化作春泥更护花。而在今天,教师除了传道、授业、解惑外,还应具备更深的内涵、更高的素质,即要成为历史文化的传播者、人际关系的艺术家、学生心理的保健者、人类灵魂的工程师、毕生事业的引路人。只有如此才能跟上时代要求,培养出更多社会所需的人才。

科研与教学对立又统一

教学和科研是当前高等学校教师的基本任务,而教学与科研又是矛盾的两个方面,既对立又统一,相互依赖,相辅相成,不可分割。王占锋认为想要搞好教学工作,必须进行适当的科研活动,保持知识更新和探索,以保证知识的新颖性和正确性。并且通过教学实践,使科学实践活动中的感性认识上升为理性认识。同时,通过教学温故知新,使教学中的基础理论和知识启发和指导科学实验活动,达到理论指导实践的目的。

继续努力不断求索

得知自己被评为毕业生最喜爱的老师后,王占锋感到很荣幸,他认为这个荣誉代表了学生们对他的肯定,这个荣誉会鞭策他不断进步,做得更好。

王占锋决心在今后的工作中继续努力,不断进步。在教育理念上,学习先进教师的教育教学观念和先进的事迹,真诚对待自己所从事的职业,把教育教学真正作为自己的事业,踏踏实实献身教育,诚心诚意关爱每一个学生,用“爱”搭起教育的基石。在教学方式上,要继续探索合适自己的课堂教学模式。用新的理念指导自己的课堂教学,使自己的课堂成为学生施展才华的主阵地。通过课堂教学实践,形成自己的教学风格,探索自己的课堂教学模式,大胆创新,总结经验,不断求索。在学习观念上,要树立终身学习的态度,切实提高自身业务素质。科学学习专业理论知识，提升自我的专业水平和处理教育、教学实际问题的能力。在教育教学过程中，不断反思、创新、总结、积累知识，自我发展，不断自我充实与更新。同时，多听别的老师授课，学习他人的优点，克服自己的不足。在科研上，要增强意识，为专业化发展提供强大的源动力。紧跟时代步伐，把准时代要求，在以后的工作中，不仅要提高能力，积累经验，总结方法，还要培养自身创新意识，真正实现创新教育。

（来源：教师工作部、学生工作部）

做好辅导员也要有一颗“匠心”

她默默关注着学生的思想政治教育、心理健康；她负责学生日常管理、就业指导；她事无巨细，围绕立德树人默默奉献；她用心用情给学生心灵埋下真善美的种子，引导学生扣好人生第一粒扣子；她在学子的成长路上始终相伴；她说：“做好辅导员也要有一颗匠心。”

她是2022届毕业生最喜爱的老师之一，她是桂电光电工程学院吴雪蕊。

敬业精神就是全身心投入工作

刚毕业之时，她来到桂林这座城市，被美丽的桂林深深地吸引，也因此，她离开家乡，留在了桂电，成为桂电的一名辅导员。很多人都问她为什么选择这个职业？她说：“选择做辅导员也是因为在学生时代感受到了‘陪伴’和‘引领’的幸福感。”她的辅导员教会她，在学生难过的时候，给他们送勇气和信心；在学生遇到麻烦时，给他们送安全感。虽然辅导员工作烦琐，但每次得到学生的认可，都有一种“被信任”的满足感和“被需要”的幸福感。这就是她，在学工办那个最后关灯的人。忙是为学生忙，累是为学生累，苦是为学生苦，乐也是为学生乐。对本职工作的热爱和敬畏，让她开足马力工作。在学生工作中遇到困难时不打折扣、不抱怨，想方设法去解决困难。做了多年辅导员的她总结，大学生个性越来越鲜明，自我意识越来越强，学习生活网络化，身心正处于逐渐成熟期，可塑性强。只有辅导员对事业心存敬畏，花时间、花心血去了解学生，才能有足够的耐心去把握新时代大学生的特点，增强“内功修为”。

用一颗“匠心”对待学生

在担任辅导员工作过程中，她付出真心和努力，看到学生的成长，自己也得到成长和收获，由此实现师生之间的“双向奔赴”。她特别喜欢这种感觉，也在这个职业上看到了发展前景。她刚工作时，一番苦心不被学生理解，一颗“玻璃心”受到打击。随着不断地向前辈们学习，以及工作经验的积累，在“玻璃碴”中收到学生暖心的问候，一颗“玻璃心”也变成了“金刚钻”。吴雪蕊认为，思想政治工作的核心是立德树人，着力点在育人上，育人就必须围绕学生、关照学生、服务学生，对学生的主观体验和情感给予充分的关切，根据学生的个性情况做到“一生一档”，充分了解每个学生的实际状况，因材施教，精准施策，有针对性地对学生进行教育和指导，用耐心、细心和爱心“陪伴”自己的学生。除此之外，还要有“引领”，让学生一步步遇见更好的自己时，还要能看到万物生长、人间悲喜。

传承思政精神，孕育时代英才

“老师在哪里，课堂就在哪里”，辅导员要有精益求精的“匠心”。吴雪蕊每天都认真翻看上课考勤记录，去教室听课，不定期地走访宿舍，跟学生聊天，掌握每个学生的思想、生活和心理状况。她说：“我想认真陪伴每一位学生成长。”担任辅导员以来，她始终将立德树人作为工作的核心理念，将思想政治教育融入学生成长成才的每个环节。引导学生正确认识“中国特色和国际比较”，感受大国担当。

获评毕业生最喜欢的辅导员，她说很荣幸，更感受到“辅导员”这三个字的分量。虽然辅导员的工作干的不是什么惊天动地的大事，但正是这份看似普通的工作却可以带来不平凡的力量，收获着不可替代的幸福感和价值感。

当问及对自己的角色定位和目标追求时，她说：“要成为学生们想得到、信得过、靠得住的人，引导学生在大学阶段坚定理想信念、树立正确的三观，帮助他们建立对未来的合理规划，帮助他们成长为对社会有用的人，培养担当民族复兴大任的时代新人。”

（来源：教师工作部、学生工作部）

上好每一门课,带好每一届学生

王宇英,女,正高级实验师,计算机与信息安全学院教师,软件工程专业教研室主任,兼任院长助理,是操作系统课程团队负责人。主要讲授操作系统、数据库系统原理、数据结构与算法、软件测试等课程。从教24年以来,获国家级教学成果二等奖1项、省部级教学成果特等奖2项、省部级教学成果一等奖1项;作为团队主要成员获国家级、省部级一流课程各1门;主持校级及以上教改项目7项;合著出版教材1部,获广西壮族自治区优秀教材二等奖。获全国教学竞赛一、二等奖各1项,校级教学竞赛奖励4项。指导学生参加学科竞赛获省部级及以上奖励30余项,指导学生获广西区级大创项目4项;指导学生获毕业设计校级一等奖1项、三等奖2项。

毕业选择留校延续桂电情

王宇英桂电毕业后选择了留校任教。为什么想当一名大学老师? 当记者问起王宇英的选择时,她说:“很喜欢给自己授课的桂电老师们,他们踏实、严谨,爱护学生。而且山清水秀的桂电也带给自己与世无争的清静感。”

一开始,王宇英还没能完全胜任教师岗位,当面临着科研、论文的考核时,她退缩了。她认为自己不太擅长做科研和写论文,于是申请调到教务处工作了近12年。2015年,重新回到教师岗位的王宇英发现自己还是更喜欢上课,喜欢跟学生们一起学习,一起进步。每当看到学生们求知若渴的脸,看着他们收获学习成果的喜悦,她也不由得跟着开心起来。“现在学校的考核评价机制改变了,我可以安心教书,安心带我的学生们。”王宇英如是说。

专心设计每一次上课内容

王宇英上的课大部分有课程组,课程组的老师会一起根据课程在课程体系中的地位,商讨课程内容、分享PPT、测试资源等。她也会从图书馆借一些与课程相关的书,或者买一些参考书进行备课。

“一方面借鉴教材的内容,一方面与已经学过这门课的学生交流,不断补充和完善上课内容，将时事、热点事件融合到课程教学中，即部分融入专业内容，部分融入思政设计里面。每次课后，还要根据学生的反馈情况微调下次课的内容。课前我也会在头歌、慕课堂等设计好足够的过程考核资源，如课堂测试题、实训题等。”王宇英向记者分享着自己的备课经验。

坚持“讲-练-评”结合的授课方式

大部分课程是采用线上线下混合的上课方式，考虑到大部分课程是实践特征明显的课程，如果脱离实践，学生的收获会很小，所以王宇英在理论课堂坚持采用“讲练结合”的上课模式：每堂课大约讲35分钟，学生练习10分钟。她的学生都是带着电脑来上课，听完理论就实操，对于学习效果的提升很有帮助。而且王宇英在每堂课都会安排5分钟左右的课堂测验，检测学生的即时学习效果。通过讲-练-评多个环节穿插，可以促使学生认真听课，积极参与教学活动，学生的学习状态可以保持得比较好。

做学生的良师益友

在课程教学中，王宇英严格要求学生遵守学习纪律。当学生遇到困难，她会尽可能地帮他们想办法，比如，她会在全校范围帮延迟毕业的学生找合适的课程修读，保障他们尽早毕业；她会逐个跟预警学生谈话，问他们学习的困难，指导他们选课；她也会在适当的时机跟失恋等情绪不好的学生交流。

当真心对待学生时，学生也会回馈相同的爱。自从2019年王宇英来到软件工程专业以来，每年都被学生评为“我最喜爱的老师”。2022年，她被评为“毕业生最喜爱的老师”之一。王宇英每次接过他们给的“奖杯”，心里总是沉甸甸的，感觉自己责任更重了。她总是想尽己所能，多关心他们一点，上课多付出一些。得到每一届学生的认可，就是她持续不断进步的力量之源。王老师受学生欢迎的秘诀是：有责任心，上好每一堂课，让每门课程都发挥作用，让学生都学有所获；多付出，学生的需求其实不多，可能一次偶然的关怀就可以改变一个学生的一生；常进步，喜欢学习最新的技术发展，如果老师停步不前，学生想喜欢也喜欢不起来。

学生眼中的她

她为人和蔼可亲，爱生如子，营造的课堂气氛轻松温暖，在巩固课本基础知识的前提下，适度地让学生了解课外知识，增长学生见识。教学有法，教学水平高，严格中不失温柔，散发着教育风采。

她用自己的热情、激情感染着学生，很是尽责，并一如既往地鼓励表扬学生。她讲课生动有趣，又不失严谨；在学生们展示过后，还耐心地从中找出问题，帮助学生们掌握知识。

她讲课非常幽默生动，还不时地讲很多故事，使学生从中得到感悟。她关心学生生活和心理方面的很多小事，让学生感受到无微不至的关怀。

她性格豪爽、大气。教学方式独特，课堂气氛活跃，像是学生的知心朋友。能够和学生谈心，教学质量高。

（来源：教师工作部、学生工作部）

“孟哥”为啥成为学生们心中的“最喜爱”？

2017年，他第一次来到桂电，就被桂电“全国文明校园”的深厚文化底蕴和美丽的校园风光深深地打动了。他立志要在桂电努力学习，成为一个更加优秀的人。“苔花如米小，也学牡丹开”，2020年，因为那份浓浓的爱与不舍，硕士毕业的他选择留在了桂电工作。不知不觉间，他已经在辅导员岗位上奋斗了两年光阴。在他看来，工作至今最大的肯定就是得到了学生的认可。他就是商学院辅导员孟城功。

学生心中的知心人“孟哥”

春花夏木，秋风冬阳，四季更替，美美不同。每个学生都是独一无二的存在，都值得被爱与尊重。由于一工作接手的就是“二手班”，他首先想到的就是以最短的时间熟悉年级和班级学生干部的基本情况，充分发挥学生干部队伍能力强、觉悟高的特点，以便顺利开展年级工作。其次，除了通过每周的晚点名、谈心谈话、下宿舍、查课堂等方式，迅速了解更多的学生以外，他还积极组织年级及班级活动，培养与本年级学生之间的感情和熟悉度。最后,对需要精准帮扶的特殊群体做到心中有数,对于有学业困难、生活困难、心理问题的学生进行分类指导。通过他的不断努力,一年不到的时间,几乎所有的学生他都叫得上名字。

学生心中的热心人“孟哥”

大三学年年级学风出现下滑现象,他针对不同类型学生精准施策。对于处在学业预警线上的学生,一个不落地通知家长,然后对不同程度的预警学生采用不同的处理办法:欠分较少的学生,不定期地督促和提醒;欠分较多的学生,通过了解把学生分成“愿学”和“厌学”,对于“愿学”的学生,利用同辈帮扶或者老师答疑等多重手段共同发力解决问题;对于“厌学”的学生,深入了解厌学原因,对“症”下药。他还创新方法督促大家学英语,当他发现有些宿舍六个人只有一两个人过四级,他便通过组建宿舍QQ四级学习群、年级英语四级冲刺班等形式,提升年级四级通过率。为了培养大家良好的学习习惯,他定制了商学院“2018级笃学计划”,以群内打卡的形式让群里的学生们互相“比学赶超”,从而改善了年级的学风。

学生心中的引路人“孟哥”

经过两年相处,无论是在生活还是工作中,他和刚开始都有很大不同。刚开始的时候进到学生宿舍,学生们对他满是疑惑和陌生,与他保持着一定距离,而现在学生们会拉着他聊很久。有的学生考研压力大,英语题做五道错三道,他会帮忙分析问题并给予鼓励;有学生感情不顺,无奈分手,他会帮忙缓解情绪,暖心地送上关怀;有的学生找工作碰壁,面试没过,他会帮忙复盘面试过程,细心指导。他踏实认真、务实工作,努力和学生打成一片,也真正地走进了学生内心。

见解独到,自成一法

在问及被学生评为“我最喜爱的老师”的感受时,他表现得非常谦虚,笑谈只是人缘还不错。谈及如何做一个受人喜爱的老师,他认为首先要有扎实的学识,要不断保持学习的状态;其次,要有高尚的情操和优良的品格;再次,要有良好的沟通能力，掌握良好的沟通方式和方法，尤其要掌握与大学生心理相关的知识；最后，要有亲和力，要和学生心在一起，公平对待每一个学生，不放弃任何一个学生。

关于未来

想给学生一碗水，心里要有一条河。未来他将做好本职工作，继续在辅导员的岗位上发光发热，在个人学识和工作能力上不断提升自己，努力走进更多的学生心中。

（来源：商学院）

他们是筑梦路上最美的太阳

王海舰，博士，副教授，硕士生导师，机电工程学院院长助理。主要讲授数控技术与机床（双语）、机电系统设计等课程。先后主持广西区级本科教改课题重点项目1项，广西区级研究生教改课题1项，桂林电子科技大学教改项目重点项目1项；主持国家自然科学基金项目1项，广西重点研发项目1项，广西自然科学基金项目3项，重点实验室开放基金项目4项，市厅级及横向课题6项，累计到位经费200余万元。发表高水平学术论文40余篇，其中SCI/EI期刊16篇；获省科技进步奖、中国循环经济协会科学技术奖、中国商业联合会科学技术奖、广西机械工程学会科技进步奖等科技奖励16项；获授权国家发明专利9项、实用新型专利22项、软件著作权19项，主编团体标准2项，出版专著1部。近三年指导学生获国家级、省部级科技竞赛奖80余项；指导学生获国家级大创项目1项、区级大创项目4项。

长大后我就成了你

一直以来，在王海舰心中，大学教师是一个很神圣的职业，教书育人，桃李满天下。上了大学以后，老师对他倾心培养，使他丰富了知识，增长了阅历。从那时起，他就立志也要成为一名大学教师，做忠诚于党的教育事业的践行者。关爱学生，把每一个学生都当作自己的孩子一样，既注重他们知识的汲取，也要帮助他们树立正确的三观，做学生的良师益友，让学生一生受益，从而培养更多对国家和社会有用的人。2017年,王海舰如愿成为一名大学教师,成了他想成为的人!

缘分让他们相遇千里之外

可以说是特别的缘分,当时即将博士毕业的王海舰准备去大连理工大学投简历,在招聘现场得到桂电招聘人员热情接待,让他对学校的第一印象特别好。后来到桂电面试,发现这里风景如画,学风浓郁,一下子就爱上了这里,所以不远千里从辽宁到桂林,来到桂林电子科技大学工作。

关于理想他从来没选择放弃

刚开始工作,突然由学生转变为老师,从一个听课者转变为授课者,无论在科研、教学还是生活上都要身体力行、自我拼搏,这些都让王海舰感觉压力很大,但他从未想过要放弃,而是不断自我调节,并在领导、同事关心帮助下,很快适应了新的节奏,从而在科研、教学以及生活各个方面都游刃有余起来。

一步两步三步四步往前走

王海舰在教学科研工作中,踏实肯干,一步一个脚印前进:教学备课方面他会按照"设计(教学方式、课件)—思考(换位思考)—改进(沟通、收集意见、持续改进)"步骤有序进行,并在教学中形成良性循环,推动教学水平得到不断提高;而在科研方面,他认为科研与教学是相辅相成的,很多科研的思路和想法都是在教学过程中得出来的,对所教的课程掌握得越深刻,创新的思想可能就会越多,而科研又是教学的催化剂,科研中的发现会给教学提供更好的支撑,让他沉下心,在科研道路上稳步向前。

渐渐习惯彼此的互动

王海舰喜欢轻松的授课方式,授课过程中注重学生的带入感与参与感,让每个学生都融入进来,通过交流互动,让学生在课堂上消化尽可能多的知识点,从而与学生一起共同成长、进步。同时,他通过列举很多科研过程中的实例,让学生们更容易理解和掌握所学的知识点，让学生能将所学的知识学以致用。

是他筑梦路上最美的太阳

王海舰说：“得到学生们对我的认可是我入校工作五年来得到的最好的收获和回报，但同时也感觉到肩上沉甸甸的压力。”生活中，他把每个学生都当作自己的小孩，喜欢和他们谈心、聊天，了解学生内心深处的想法，及时掌握学生的心理动态，引导他们树立正确的世界观、人生观和价值观。作为一个老师，他更加注重授之以“渔”，教会他们科研和学习的方法以及适应社会的本领，让学生在激烈的竞争中立于不败之地。学习上，他希望用自己有限的知识为他们做好探索学海引航的明灯，让学生们在知识的海洋里尽情遨游，在成功的道路上阔步前行。“因为有这么一群可爱的学生陪伴，让我的教师梦变得更加灿烂温暖！”王海舰说这句话时，脸上洋溢着幸福的微笑。

一起向未来

王海舰回忆起他的恩师曾经和他说过的话：不要让岁月磨平前进的锋芒。今后，他也将时刻铭记恩师的教诲，在教学和科研上继续保持一颗积极进取的心，全力以赴，用自己的学识滋养一代又一代的桂电学子，用自己的智慧为桂电的科研献一份光、发一份热，陪伴着学生们一起向未来！

（来源：教师工作部、学生工作部）

他，一位“引路人”

张敏，生命与环境科学学院教师，主要讲授仪器分析环境自动检测技术课程，研究方向为环境分析化学、分离分析、现场检测仪器。

内心召唤，回归家乡

大学的蓬勃朝气对张敏颇具吸引力，“我特别喜欢和学生交流的状态，喜欢大学里年轻的感觉，待在学校里心态上不容易变老”。此外，张敏是地道的桂林人，2016年，得知桂电环境学科的特色跟自己的研究方向相符后，便以桂电为依托申请到了广西高校海外百人计划，在海外工作合同到期后就到桂电任教，服务家乡。对于张敏来说，虽然国外有着更为齐备的科研团队和平台，国外的科研经历也开拓了自己的视野，收获了诸多科研成果，但回到祖国，回到家乡，来到风景如画、充满朝气活力的桂电一边继续做科学研究，一边教书育人，把自我价值和社会价值相结合并充分发挥出来，实现个人与祖国、家乡发展的融合才是他作为科研工作者的最大方向和目标。

克服困难，有效教学

初为人师，张敏遇到的最大困难是角色转变，即从纯粹的科研人员转变为大学教师。为了克服这个困难，张敏积极摸索，在教学方面花费了诸多心力。在谈及如何备课时，张敏说了他的“四步备课法”：一是结合教学大纲要求看教科书、各种参考书；二是去视频网站看看各种相关内容视频、名师的授课视频；三是认真制作和修订课件、教案；四是上课当天或前一天再熟悉一遍做好的课件、看一遍教科书。张敏说：“在最开始接触教学时，喜欢一个人不停地讲课，这样的上课方式看似输出很多知识和内容，但是学生的吸收效果还是与预期有差距。后来我渐渐改变教学方式，将讲授法与‘雨课堂’相结合，通过随机点名、课堂作业、讨论等方式与学生们加强互动，让学生在课堂中有参与感，从而加深对所学知识的理解，提升知识获得量。”

亦师亦友，育人育心

教学与科研对高校教师而言，二者相辅相成，缺一不可。备课时翻翻教科书，往往能找到科研上的灵感；最新的科研成果也可以给教学带来新的启发。张敏在博士后期间参与过一个数值模拟色谱分离过程的课题，课题用大家熟悉的EXCEL软件来模拟色谱分离过程。这个软件模拟的过程可以帮助学生深入地理解色谱塔板理论，现在这个数值模拟方法已经写进了国外的教科书，上课时张敏也喜欢用这个模拟来帮助学生们理解这部分内容。这也充分说明了教学需要潜精研思，研以致用，教学和科研需要两手抓，两手都要硬。

潜精研思，研以致用

张敏认为做老师，不仅是教会学生专业知识，更为重要的是要育人育心。对国家和社会来说，有用之材必须要先成人后成材。作为学生的“引路人”，因为经验、阅历和知识储备等方面较之于学生而言多一些，在教会学生丰富的专业知识的同时，更为重要的是要教会他们如何做人做事。要做到育人育心，很重要的一点就是要将“亦师亦友，平等交流，共同成长”作为对待学生的一贯准则。对此，张敏也是一直在践行。在教学、科研以及日常生活中，张敏始终尊重学生的主体地位，坚持与学生保持密切而平等的沟通交流。他也始终相信，在这样平等的交流中，能更快速、更深入地走进学生的内心，从而了解他们的思想动态，也能够碰撞出更多的思想火花，这于师生双方而言都大有裨益。

永葆初心，勇担使命

张敏将自身作为新时代青年对祖国、对民族的责任转化为其对科研工作的专心，对教书育人的耐心，不断坚守自己的初心。在桂林电子科技大学，谨记“正德厚学、笃行致新”的校训，做不忘初心的“桂电人”，为学生、学校、国家的共振贡献自己的力量。张敏表示，看到学生对于自己的喜爱和认可，他感到非常开心，在未来，他会继续教书育人、安心科研、坚守初心、勇担使命。

（来源：教师工作部、学生工作部）

诗意地栖息在生命的舞台

秦永芳，女，桂林电子科技大学马克思主义学院教授。

与阳光相约，三十多年前，秦永芳教授走上了思政课教学的生命舞台，她用信仰与激情播撒真理的种子，以爱心与执着陪伴学生的成长，取得了教书育人的累累硕果：在《人民日报》（理论版）、《思想理论教育导刊》等权威期刊发表论文五十多篇，撰写著作五部，主编教材三部；主持国家社科基金项目等十多项，主持的研究成果获省部级社科奖7项，其中二等奖4项、三等奖3项，获省级教育教学成果五项，其中自治区级教学成果特等奖、一等奖和二等奖各一项，广西教育科学规划优秀成果二等奖二项；被评为广西教学名师，2017年获全国思想政治理论课有影响力提名人物，2019年被教育部评为全国优秀教师。

坚定理想信念，为学生的成长导航。秦永芳教授带领团队撰写了《让思想的光辉照亮新时代的青春之路》，主持建设了“中国共产党百年精神之光”和“建团百年青春心向党”等系列微课，为学生的成长导航；指导的“论谈社”被评为广西高校“十佳社团”，指导学生的成果十多次获全国和省级奖，被评为新时代首届广西高校“双带头人”支部书记工作室。

创新教育教学理念，善用“大思政课”打造有生命力的课堂。秦永芳教授带领教学团队，构建了基于以文化人的民族地区高校思政课“双驱动三融通四机制”教学体系；主持建设了“创新创业力开发”广西创新创业教育在线课程，从定向系统、动力系统等要素开发了思政课的创新创业力功能，强化了大学生科技报国的使命担当。主持建设的课程入选广西电视台百门精品课和共青团广西区委学习十九大精神精品课程，并入选广西一流本科课程。

积极提升科研能力，对铸牢中华民族共同体意识作了创新的探索。提出了“民族地区社会主义核心价值观软传播”的观点，撰写了《精神家园的回眸与守望——广西民间故事中的社会主义核心价值观》，二十多家权威媒体进行了报道和推荐，在全国“铸牢中华民族共同体意识”学术研讨会上作了经验介绍，2016年应邀参加了“中国道路欧洲论坛”并作了主题发言，产生了良好的国际影响。

强化社会服务意识，为区域发展作贡献。作为广西中小学德育教指委员，秦永芳教授积极把教学科研与区域经济社会文化发展有机融合，面向广西的研究成果获社科奖五次，研究报告被广西壮族自治区精神文明建设委员会办公室、共青团广西区委、桂林市精神文明建设指导委员会办公室、梧州市教育局等采纳，并取得积极成效。“上善若水”“大音希声，大爱无痕”，秦永芳教授诗意地栖息在生命的舞台，默默耕耘，无私奉献，用执着与爱心抒写了思政课教师平凡而又感人的生命故事。

（来源：校园网）

连续获奖！她是“娜”样优秀

徐娜娜，中共党员，2018年获得第七届广西高校辅导员素质能力大赛二等奖，连续2次获得校辅导员素质能力大赛一等奖，连续4年获得校优秀辅导员，连续3年学校专业技术考核优秀，2019年获得学校“优秀党务工作者”，2020年获得学校“就业先进个人”、第九届广西高校辅导员素质能力大赛“突出贡献奖”等。取得“国家三级心理咨询师”证书、“二级创业指导师”证书、“二级就业指导师”证书等。指导学生参与创新创业，获大创项目区级2项，并积极指导学生参加学科竞赛，获得MOS优秀指导老师若干项。主持广西高等教育本科教学改革工程项目1项、校级教改课题2项、思政课题1项，参与区级课题2项、其他课题若干项，发表相关论文10余篇。

党建带团建，集结青年献力量

依托党支部的战斗堡垒作用，充分发挥第二课堂优势，以党建带团建，结合“青年大学习”“学习强国”等主题学习活动，定期安排理论学习，同时以传统节庆日、重大事件为契机，在五四、建党、建军、国庆等特殊节日，渲染青年学生思想政治教育氛围。组织参观湘江战役纪念馆、桂林市党群服务中心，组织缅怀先烈扫墓活动，引导青年团员们聆听革命故事，凝聚爱国情怀；以学院团委学生会微信公众平台为载体，通过易班、微信等新媒体平台，组织学生开展和参与各类思想政治教育活动，学院官微结合学校、学院的主题活动，推送切合学生实际的内容，网络育人工作初见成效；成立学院“果园青年”宣讲团，以党员力量为支撑，宣讲习近平新时代中国特色社会主义思想，利用学生们喜欢的形式和内容为引导，使广大学生更好地理解习近平总书记系列讲话精神，更好地践行社会主义核心价值观。

因势而谋举，探索人才新路径

潜心探索中外合作办学人才的培育规律，紧紧围绕学院培养目标，响应学校国际化号召，注重“跨国”联合培养人才。在学生海外访学方面，主动承担交换生从报名选拔到回国后学分认定的相关工作，带的学生出国率和海外访学率都达到了近几年的最高值，出国率达14.2%，海外访学率达13.7%。除此之外，积极跟踪出国学生情况，所带的学生中有4人去帝国理工学院读研，有1人在法国深造，42人毕业回国为祖国效力。

立价值提情商，保证就业促成长

从带学生开始就以宿舍为单位，与全年级学生进行谈心谈话，通过与学生聊天收集学生的兴趣爱好、家庭背景和职业取向，为每个学生建立个性化发展档案，并在以后的工作中逐步完善，对学生进行不同的指导。在担任毕业班辅导员期间，帮助建档立卡学生15人顺利就业，2019届毕业生就业率达92%。由于疫情影响，多措并举助力2020届毕业生的就业率达85%，同时学生考研率增长了4%。同时，她积极解读国家对于大学生创业的政策支持，帮助2019届毕业生2人顺利创业，2020届毕业生1人顺利创业。平时帮助生活上有困难的学生，利用资助政策进行“扶志”和“扶智”相结合。

以美育人生，塑造青年新形象

整合校内外资源，组织科技竞赛、文体活动、社会实践、社团组织和志愿服务等活动，不断培养学生创造性思维，使其感受到美的力量和生活的精彩；积极组织各项活动，每年都会利用学雷锋活动日、主题团日活动、学院十大歌手、学校舞蹈大赛、学院国际文化节等契机，培养发现学生各方面的能力和意识；在负责团委工作这几年，国际学院连续4年获得学校运动会男子B组第2名、团体总分B组第2名，获得学校舞蹈大赛二等奖，连续4年获得桂电杯足球赛冠军，篮球、羽毛球、排球、乒乓球比赛也均取得了很好的成绩。

以科研促发展，提升专业素质

积极参加业务竞赛，2018年获得第七届广西高校辅导员素质能力大赛二等奖，连续2次获得校辅导员素质能力大赛一等奖，2017—2020连续4年获得校优秀辅导员，2019年获得学校“优秀党务工作者”，2020年获得学校“就业先进个人”、第九届广西高校辅导员素质能力大赛“突出贡献奖”等；取得“国家三级心理咨询师”“二级创业指导师”“二级就业指导师”等证书；指导学生参与创新创业，获大创项目区级2项，并积极指导学生参加学科竞赛，获得MOS优秀指导老师若干项；2020—2022年指导学校辅导员参加素质能力大赛，取得广西区级一等奖、二等奖的好成绩。主持广西高等教育本科教学改革工程项目1项、校级教改课题2项、思政课题1项，参与区级课题2项、其他课题若干项，发表相关论文10余篇。

（来源：校园网）

她是“王妈”，是“扛把子”，也是“榜样”

王荣，博士，教授，博士生导师，先后担任广西壮族自治区“新增博士硕士学位授予单位立项建设专家指导委员会”委员、广西发展战略研究会副会长、广西本科高等学校“机械类教学指导委员会”委员、中国振动工程学会振动与噪声控制专业委员会第八届委员会理事，是广西区级“精品课程”、区级“教学团队”、区级“优势特色专业”负责人，主持获得广西高等教育教学成果二等奖、三等奖各1项，主持获得广西高等教育教学软件应用大赛二等奖2项，主编出版教材1部，作为第一指导教师指导学生获得研究生电子设计大赛一等奖、二等奖多项。她主要从事固体力学、材料表面改性等领域的研究与教学工作，先后主持完成国家自然科学基金项目，广西自然科学基金重点项目，广西自然科学基金面上项目、横向课题，广西高等教育教学改革工程A类项目，广西学位与研究生教育改革和发展专项等多项教学和科研项目，出版学术专著2部，发表论文数十篇，其中SCI、EI收录50余篇，获得发明专利6项、实用新型专利10余项。她曾获“校级十佳师德标兵”“校级优秀共产党员”等荣誉称号。

她是学生们口中的“王妈”，是同事们眼中的“扛把子”，是爱人、孩子心中的“榜样”，她以“别人休息，我工作；别人工作，我努力；别人努力，我拼尽全力”作为座右铭，时刻激励自己，始终奋战在教学、科研、管理一线，用爱育人，用心工作，绽放芳华。

“上课尽可能地让每个学生都听懂”

“同学们，今天上课讲的是摩擦，无论是在工程上、日常生活中还是体育竞技中常常遇到摩擦问题，比如2022年在北京举办的冬奥会上的冰壶比赛，冰壶刚掷出时看似直行，但高手能让冰壶拐弯，给对方造成出其不意的压力。那么冰壶受到的摩擦力是什么样的？它为什么能旋转？人从静止开始走动，需要力，力从何来？静摩擦系数与人迈动的最大步伐之间是什么关系？”这是建筑与交通工程学院王荣老师在给学生上课时抛出的一连串问题，学生们一下子就来了兴趣，纷纷探讨起来。

工程力学这门课其实是物理学在工程上的应用和扩展，学生在学习中会感觉困难，王荣会尽量用工程和生活中的实例引入基本概念，结合已有物理知识和课程中的新原理，温故知新，讲解解决问题的方法，尽可能地让每个学生都能懂。为落实“以生为本”的要求，努力为学生讲好每一堂课，王荣虽然主讲工程力学课程三十多年，但每年上课，她都会对PPT进行精心修改，不断更新工程实例，让实例贴近学生生活，以便于他们理解、记忆和应用新知识。

“王老师讲课会尽量结合我们专业的例子来讲，让我印象深刻的是她讲到赵州桥、都江堰、港珠澳大桥以及我国领先于世界的悬带桥等实例时，让我不仅理解了所涉及的力学问题，还从中了解了中国五千年的灿烂文化，见证祖国越来越强大，让我感到无比自豪。”学生方培达如是说。

“王老师上课会通过常见的一些工程机械和现象，把力学中抽象的东西形象化，让我们更好理解。比如在讲到桁架结构时，她会让我们去学校施工工地看起重机的结构，去尧山上面看电视塔的结构，对桁架结构有一个直观认识，从而对起重臂进行受力分析，以及强度、刚度、稳定性计算。北京冬奥会结束后，王老师分析了冬奥会上的一个例子：花样滑冰转速达1秒6圈，最大加速度37g，远超人体承受极限，花滑运动员如何克服？花滑运动员为何不受伤？激发我们对力学课程学习的兴趣。”学生梁淞彦如是说。

课程是教学质量的一个核心要素，对于课程这一块，王荣十分重视。她在课上注重与学生的互动，提问、课程练习是必不可少的，比如她讲完一个基本概念，马上就会出一个测试题,要求学生作答,加深印象。她强调要学会解决问题的方法而不是死记硬背,通过课堂上的强化练习来促进学生掌握这种能力。此外,王荣每天上课都会提前半小时左右到达教室,及时给学生答疑解惑,还会告知学生她在办公室的时间,有疑问及时去找她。在她的悉心指导下,许多学生对力学不再感到畏惧,她也因此4次被学生评为"我最喜爱的老师"。

"时间很紧,但科研从不间断"

2006年,王荣来到桂电任教,先后担任机电工程学院副院长、建筑与交通工程学院院长、研究生院院长等职。"我在做管理岗的时候,时间很紧,但是科研从不间断。"在王荣眼中,科研跟教学是并重的,都是育人不可或缺的一环。"我们近几年和桂林福达股份有限公司合作,开展'曲轴失效分析'方面的研究工作,已经有几个学生一直在做这方面的研究,这个研究实际上也是为了解决工厂的实际生产问题。"王荣介绍说,做这个研究的几个学生都对项目非常感兴趣,他们住在工厂,参与试验研究,科研能力提升很大,也实实在在解决了企业的一些技术问题,工厂用了改变的工艺方法后,减少了产品现代化生产线的废品率,提高了生产效率。

钟盛是王荣团队里的学生,2017年毕业,现就职于广西玉柴机器股份有限公司通机动力事业部,担任系统零部件设计开发室主任,从事进排气系统设计。他同样参与了"曲轴失效分析"项目,到公司工作后,项目研究的经历对他帮助非常大,他在工作岗位上快速成长并取得突出成绩,获得2022年度"玉柴十大杰出青年"荣誉称号,两次荣获玉柴集团"先进工作者"荣誉称号等。他说:"我能取得这些成绩得益于读研期间王荣老师的栽培,她耐心培养我在科研过程中学习掌握科学的理论知识和方法论及踏实的工作态度,引导我树立正确的世界观、人生观、价值观,让我在工作岗位上可以思想领先、行动超前、敢想能干,为公司及社会发展创造更多价值,持续获得公司的认可和培养,我特别感谢她。"能从几万人的公司脱颖而出,王荣说起钟盛的时候由衷地为他感到高兴,"我们现在还在保持联系,每年他只要回来都会来看看我,感情还是蛮好的。"

在培养研究生方面,王荣有自己的"秘诀"——坚持周汇报和传帮带。王荣每周都召集学生开组会，督促他们进行科学研究，养成良好的科学态度，掌握学习方法。其间，她还会举办一些讲座，比如文献检索、文献阅读、文献总结，以及有关礼仪方面的知识等，她认为，学生不光要做学问，还要学会为人处事，基本礼仪。团队目前有30余人，传帮带的传统一直延续着，研一新生来了就需要跟着研二、研三的师兄师姐去做实验，这样学生会少走很多弯路，上手也比较快。在王荣的团队里，每个学生都要干点活，要体现每个学生的价值。经过培养，学生有的考上了哈尔滨工业大学、北京航空航天大学、大连理工大学等985高校攻读博士生，有的已经博士毕业进入博士后科研流动站深造。“我觉得我们研究生都表现很好，积极努力，成果丰厚。”王荣夸赞道。

平时，王荣除了在学习上督促学生学习，也会在生活上关心、帮助他们。学生都亲切地喊她“王妈”，师生关系非常和谐。

“别人休息，我工作；别人工作，我努力；别人努力，我拼尽全力”

王荣在教学、科研上倾注了大量的心血，在工作上也丝毫不含糊。一直以来，她用“别人休息，我工作；别人工作，我努力；别人努力，我拼尽全力”这句座右铭鞭策自己。作为双肩挑干部，在分管机电工程学院教学工作时，她主动思考、踏实耐心做好相关工作，学院年底教学评估排名一下子冲到了全校第一，并连续三年获得校级前三名。

在建筑与交通工程学院担任院长时，她也感慨颇多。“我记得当时学院新成立不久，成功申报并获得了两个新专业、一个硕士学位授权点。建院初期困难较多，但是学院的老师凝心聚力，共克难关，一心想着把学院建设好，把专业建设、学科建设的事情做好，任劳任怨，不图名利，有这样的好同事，我特别感动，所以至今我都惦记着学院，管理岗退下来后选择回到了这里。回到学院后，学院领导、老师也一如既往地关心支持着我，我很感激大家。”王荣如是说。

在研究生院，王荣一待就是8年，这8年里她带领同事做了很多事，比如工程硕士招生改革、论文抽检、导师遴选、质量监控、研究生教育改革、研招考试等。研招考试那一周，压力大到常常睡不着觉，从试卷的运送、保密、考场设定等很多事情都要全盘考虑,不能有任何差池。同事们经常加班加点,工作到很晚,王荣感慨地说:“研究生院是一个特别能吃苦、特别能战斗、特别能奉献的集体,同事们都说‘我们累并快乐着’。”

虽然平日忙于工作,但家庭在王荣心中仍然占有很重的分量。她的家庭曾被学校评为“学习型家庭”。魏德强是王荣的爱人,也是学校里能与她比肩的优秀教授。“老魏就是性格比较好,很温和,有什么事都很支持我,是我们家的坚强后盾,我在教学、科研、工作上有困难的时候,我们也会相互探讨,寻找一些解决的办法。”在王荣眼里,老魏是比较内秀的人,文笔要比她好得多,经常在材料总结和撰写中给予建设性意见,是良师也是益友,相得益彰。

父母是孩子最好的老师,王荣和魏德强也给他们的女儿树立了榜样。王荣外出读博士的时候,女儿还在念高中,“女儿看到我们那么大岁数还要出去读书学习,在潜移默化之中也会受到影响,我们在一起就是相互督促、鼓励学习。”王荣分享道,他们的女儿一直很优秀。

如今,王荣回到了专职的教学岗位上,继续享受着教书育人的快乐,在教学、科研的天地里发光发热,筑梦奔跑。

(文字:融媒体中心 冼欣宜)

从清华博士后到桂电教授,他勇做奋进者

做自己热爱的事,追求内心的宁静。作为任课教师,他爱岗敬业、诲人不倦,当好学生成长成才引路人;作为科研工作者,他求真务实、潜心钻研,勇攀科技高峰;作为学院管理者,他改革创新、以身作则,致力于促进学院高质量发展。他就是桂电生命与环境科学学院党委副书记、副院长,生物传感与智能仪器教育部黄大年式教师团队骨干成员李华教授。

2010年,李华从清华大学仪器科学与技术博士后出站到桂电生命与环境科学学院任教。13年来,他坚守初心使命,用青春与汗水书写责任和担当,践行“学高为师,身正为范”的教师风范,在一次次的自我历练中愈发闪亮,用专注创造了一个个不平凡的业绩。“刚来桂电时,生命与环境科学学院刚成立半年,各方面发展还不成熟,但

我觉得很荣幸，在学院首任院长、生物医学工程学科带头人陈真诚教授的指导和帮助下，和学院一同成长，做自己热爱的事，追求内心的宁静。”李华心存感激道。

喜欢当老师的感觉，站上讲台就很亲切

“我的父亲是一名小学老师，或许是从小耳濡目染，我对讲台有一种特别的亲切感。”谈起初次登上讲台的感受，李华表示完全没有紧张和陌生感，相反有一种莫名的亲切感，心情也很愉悦。“记得我工作第二年就参加了学校举办的第八届青年教师讲课比赛，还得了二等奖呢。”他开心回忆道。

李华坦言，课堂是教师教书育人的主阵地，面对课堂，教师应该要有一颗敬畏之心。正是对讲台的这种敬畏，每上一门课前，他都会认真思考这些问题：学生上了这门课，我可以教会他什么专业技能？培养学生什么样的能力？这门课对学生以后就业有什么帮助？企业需要什么样的学生？

为上好每一节课，课前他会查阅大量资料，写出详细的备课笔记；通过QQ、微信、面对面等不同方式与学生交流，提前掌握他们的学习基础和学习兴趣；主动与相关企业沟通，了解企业和社会对人才的需求；他经常旁听其他老师的课，虚心学习他们丰富的教学经验。李华老师热爱课堂、敬畏课堂之心可见一斑。

2022年，李华主讲的“医学电子仪器设计”课程获批为自治区级一流本科课程和课程思政示范课程，他本人也被评为区级课程思政教学名师。在课程内容上，他根据“医学仪器-系统分解-能力培养-知识重构”的反向设计模式重构课程内容，将医学电子仪器行业内典型的脉搏、血氧、心电、血压四大生命参数监护仪器作为课程研发项目。在教学模式上，他组建“教师+医生+工程师”的复合式教学团队，采用“一点四步”闭环式实践教学创新模式，提高了学生解决医学电子仪器复杂工程问题的能力。

在学生眼中，李华老师的课堂总是充满了趣味性，也让他们获取到了很多课本以外的知识。“李老师上课从不照搬课件，他会结合丰富的案例，将抽象的理论知识生动有趣、深入浅出地传授给我们。”曾加入李华老师课题组的2022届毕业生、已保研到西安电子科技大学生物医学工程专业的学生魏紫这样评价李老师的课堂。

苦中作乐、坚持不懈，带领学生不断前行

李华认为，一位好老师，不仅要教学好，还要科研好。怀揣热爱与激情，多年来，他时刻警醒自己要保持谦逊，不忘初心，不被外界喧嚣所迷惑，做一个心无旁骛的科研工作者。他先后主持了国家级、省部级、企业横向课题等项目10余项；近三年在国内外主流学术期刊发表论文25篇（其中期刊封面论文和热点论文各1篇），获得授权发明专利3项。

“衣带渐宽终不悔，为伊消得人憔悴。”李华用这样一句诗句来形容做科研的感受。“所有的科研，都不是一蹴而就的，需要在黑暗中摸索很久，但可能某一瞬间，灵光一闪找到突破口，那种心情很愉悦，我非常享受这个过程，大概这就是苦中作乐。”但这样的“灵光一闪”并不是那么容易，需要不断思考、广泛阅读、大量实践等诸多条件。唯有坚定的意志和发自内心的热爱，才能勇毅前行。“本科期间，我就一直跟着李老师做项目，李老师每周一都会组织课题组开会，这个习惯可以说是雷打不动。他会根据每位同学的实际情况因材施教，帮助我们进步。”2023级生物医学工程专业研究生李垚这样说。“李老师认真耐心、专注严谨的工作作风潜移默化地影响着我们，让我们认识到成功并不是偶然，而是来自坚持不懈，辛勤努力。”

李华还经常指导学生参加各项校级、区级、国家级比赛，在比赛中向学生倾囊相授自己积累的知识，培养学生养成严谨专注的科学态度，提升学生在今后的研究和工作中的竞争力。近三年，他指导学生获得了全国大学生等离子体科技创新竞赛一等奖、“挑战杯”广西赛区一等奖、全国大学生生物医学工程创新大赛二等奖、校级优秀毕业设计一等奖等各类奖励20余项。

要求别人做到的，自己首先要做好

凿井者，起于三寸之坎，以就万仞之深。李华自2017年任生命与环境科学学院副院长以来，先后分管了学院教学、研究生等工作，也取得显著成绩。近三年学院在教研教改课程与教学等方面也收获颇丰：学院环境工程和生物医学工程两个专业都入选了国家级一流本科专业建设点，获得6门区级一流课程、2门课程思政

示范课程。在2022年学校教务处组织的院级本科教学审核评估工作中，生命与环境科学学院位列全校第二，创优部分取得满分好成绩。

在工作中，他实干担当、以身作则，始终以学生为中心、以课堂教学质量为抓手、以提高学生学习效果为目标，积极开展各项教学改革。“作为一个管理者，如何带动其他老师积极推动学院各项工作，抓好人才培养质量，我想首先是以身作则，要求别人做到的，自己也要做好。”李华这样认为也是这样做的。他在抓学院课程改革、提升教学质量上面，除了努力提高自己的课堂教学质量，还积极带头参加各种教学比赛。2011年李华获得学校第二届教师板书设计比赛一等奖，2022年获得学校第二届教师教学创新大赛一等奖，区级教师教学创新大赛三等奖。

“越来越多的教师主动参与到教研教改工作中，学院的整体教学水平不断提升。近几年学院培养的学生无论从参加各类竞赛取得的成绩、保研考研的院校，还是就业去向来看，都展现着学院培养人才的能力与水平在不断提升。”李华表示，成绩的取得是学院师生共同努力的结果，也是对他工作的一种肯定，这让他更加坚定了未来努力的方向和目标。“大学四年很关键，可能会决定未来你要选择什么样的路。”对于青年大学生如何实现自己的价值，李华给出了自己的建议与期望：希望大学生珍惜大学四年时光，在大学阶段找到自己的定位，最大限度锻炼自己的能力。我个人的成长离不开学校和学院这个平台，也离不开学校同事和领导的支持和帮助，在学校当前实行“一院一策”情况下，我们小学院也可以有大作为，我将立足自身岗位，继续努力，为学院、学校“十四五”规划，为建设电子信息特色鲜明的高水平大学贡献自己力量。李华如是说。

（文字：融媒体中心 胡小敏）

听她讲课，会上瘾

袁翔珠，桂林电子科技大学法学院教授，硕士生导师，中国社会科学院法学博士。发表论文20余篇，出版专著8部，获得国家社科基金后期资助项目2项、广西高等教育自治区级教学成果一等奖、全国教学创新大赛三等奖、广西教学创新大赛一等奖（2次）、中国法学优秀成果二等奖、广西社科优秀成果二等奖、广西教学名师称号。

“在教学上，要春风化雨，用最好的教学方式让学生领悟、掌握知识；在考核上，要严格对待，公平公正合理；在生活上，像慈母一样关爱学生；在学业上，像人生导师一样引导学生。”

2023年5月，袁翔珠老师获得广西第三届高校教师教学创新大赛一等奖，上过袁老师的课的学生都说：“听袁老师讲课，会上瘾！”让我们走进袁老师的教学日常，看看她如何教好“一门课”。

教学前期准备

教研促发展，携手共进步。俗话说：“台上一分钟，台下十年功。”每次上课之前，她会花几倍的时间去准备第二天的讲课内容，把第二天要讲课的内容进行消化，分割成若干个模块和单元，提炼出关键知识点；在每个关键知识点下面依次配备相关的案例、时事新闻、实践素材，并将上述材料进行融合；将教材上按部就班的内容进行破解重组，用问题导入-案例讲解-总结知识点-提升理论认识的顺序进行讲解，使学生轻松愉快地掌握知识，事半功倍。

备完课后，她会把第二天要讲的内容在脑子里过一遍，标准是能够达到不看教材不看教案一口气把内容讲完的熟悉程度。这样在第二天上课的时候精神饱满，充满自信，一气呵成，极具感染力。

教学过程

她说，首先，要在专业上下功夫，用实力引导学生；其次，要在教学上努力探索，用生动的课堂吸引学生；最后，要用高尚的人格魅力感化学生。

她在每堂课的开始都会切入有趣的故事、案例和问题。好的课堂，应当在第一时间就能吸引学生的注意力。例如，非物质文化遗产保护课程被安排在早晨第一大节，因此她采用拍电影的手法，在上课伊始就营造出一个小高潮，让学生立刻进入状态，并对接下来的课程内容充满了兴趣和好奇。例如，在介绍国家级非遗“女书”时，先拿出几幅女书作品让学生们观赏，并让学生们辨认这是什么文字，学生们大都感到非常好奇,迫不及待地想要知道答案,然后她再向学生们介绍“女书”的历史和笔画结构,学生们听得非常专注和认真。再比如,讲到传统知识的“智力性”时,她采用“刘三姐对歌”中著名的“谜语歌”作为开场白,让学生们猜几种本地水果,学生们都非常踊跃,经过大家的集思广益,终于猜出了所有的答案,也对民间文学是“群众智慧的结晶”这一知识点有了深刻的了解,并对非遗保护产生了极大的共情和共鸣。

她认为,课程教学不仅要注重理论的传输,还要兼顾趣味性和生动性,使学生们在快乐中接受科学的观念和思维。在课堂上,她会设计很多与学生的互动环节,通过发挥学生的积极性和主动性,将课程思政的元素不知不觉地融入教学当中。例如,在讲解第一类非遗形式“传统口头文学”时,为了让学生们对这一概念有更深入的了解,她提问学生们,“你们能说出哪些民间谚语”“中国上古十大神话传说你们能说出几个”。在学生们回答的过程中,“传统口头文学”的概念已深深印刻于他们的脑海之中。在讲解第四种非遗形式“传统礼仪、节庆”时,适逢刚过完中秋节,她就问学生们:“中秋节你们做了什么?吃了什么?这个节日是怎么来的?能背一首关于中秋节的诗歌吗?中国还有哪些传统节日?”这一连串问题勾起了学生们的求知欲,学生们争先恐后地回答问题,然后她顺水推舟开始讲授“传统礼仪、节庆”这项非遗,学生们也水到渠成地了解了这一非遗类别和内容。

她采用创新的教学方法,主要有四种:案例分析法、比较分析法、田野调查法、翻转课堂法。

案例分析法。每个知识点都配备相应的案例,理论与实践相结合。案例分析法是法学类课程必须要用到的教学方法,事实上,这一方法在课程思政中也大放异彩。在讲授非物质文化遗产保护课程时,加入大量的现实案例,力求“一概一例”“一法一例”,寓法于例,融例于法,让理论与现实紧密联系在一起。例如,在讲述联合国1982年制定的《保护民间文学表达形式、防止不正当利用及其他侵害行为的国内法示范法条》时,就引用了台湾阿美族马兰部落郭英男老人与德国Enigma乐队之间关于那首脍炙人口的歌曲《Return to Innocence(返璞归真)》的法律争议,还有我国著名演唱家郭颂老师与黑龙江省饶城县四排赫哲族乡关于《乌苏里船歌》的著作权纠纷案等。在非遗的不正当利用中,她引用白秀娥剪纸侵权案。通过大量案例的穿插讲解,学生对每一个知识点都有了从理论到实践的了解。

比较分析法。将两个相同或相关的概念进行比较,使学生获得更深的理解。例如,在讲授传统戏剧这个非物质文化遗产时,就把秦腔和越剧放在一起比较,让学生领略“铁马西风塞外,杏花春雨江南”的魅力。课程思政的素材要运用良好的方法才能把效益发挥到最大。在课程思政教学中,通过比较研究的方法,可以让知识点的特征和属性更加凸显出来,从而使学生对内容有更深刻的认识。比较研究法有两种,一是共性比较,把握某种相似规律。例如,在讲述非遗可以提升一个国家软实力的时候,她将诺贝尔文学奖获得者中国作家莫言与哥伦比亚作家加西亚·马尔克斯比较,二者的共同点都是在童年时代有一个擅长讲民间故事的外祖母,从而使他们从小就接受本土文学的熏陶,这为他们以后立足于故乡进行文学创作奠定了基础。二是差异性比较。例如,在讲授非遗的地域性这一特点时,她就通过越剧名篇《天上掉下个林妹妹》和秦腔名段华阴老腔《号令一声震山川》的对比,让学生明白不同地域孕育不同的文化,让大家认识到中华文化的丰富性和多元化。在保护模式上,则通过比较中国与其他国家保护方式的不同,使学生们体会到制度自信。

田野调查法。她经常带领学生深入实地调研少数民族习惯法、非物质文化遗产保护法。要学好法律类课程,必须要让学生深入到实践中去了解,仅仅靠课堂或书面上的知识,学生的记忆难以久驻,知识很快就会被遗忘,所以必须充分利用周边的资源,走出狭窄的“一亩三分”讲堂,开辟更广阔的课堂。实践调研有两种途径:

(1)直接带领学生到非遗传承基地、文化生态博物馆或民族特色村寨等实地参考走访体验。例如,利用暑期带领学生前往桂林市龙胜各族自治县的潘内瑶村调研。

该村是一个典型的少数民族文化村寨,人口90%以上都是红瑶,住宅建筑全部是清一色的传统干栏式木楼,服饰非常有特色,村里40岁以上的妇女日常都穿着红瑶的服饰,并梳着独特的发髻,许多妇女坐在木楼上绣花,民族文化氛围非常浓郁。

进村后，她将16名学生分成8组，分别调查不同的非遗主题，有调查语言的，有调查服饰的，有调查传统技艺的，有调查传统建筑的，有调查饮食文化的，还有调查婚俗的，学生们按照分工纷纷走进村民的木楼中，挨家挨户了解自己的主题，回校后交上了一份份内容充实、图文并茂的调研报告。这次调研，不仅提高了学生的实践能力，也使他们直接进入到非遗生存的现实环境当中，留下了深刻的记忆，许多学生毕业几年后依然说那次调研经历让他们终生难忘。

（2）将学生的毕业论文、大创项目与课程内容联系起来，开展实践调研。她每年指导的毕业论文和大创项目都有以非遗为主题的，例如，“论壮族传统建筑的非遗保护”“论蒙古族传统祭祀仪式的非遗保护”等，指导学生制定调研提纲，确定调研对象和范围、调研方式、提问内容，最终让学生完成一篇篇优秀的毕业论文。

她曾指导一名来自融水苗族自治县的学生撰写“论苗族传统医药的非遗保护”，该生深入调研了7位当地的苗医，并对当地群众就疗效展开了问卷调查，获得了大量真实的数据和材料，最后成功完成了论文。

大创项目也是开展实践调研的重要阵地，她带领学生跋涉于广西的山水之间，走访了大量村寨和各族群众，所撰写的调研报告和论文获得了各类竞赛奖励，学生在实践调研中也获取了终生受益的经验。

翻转课堂法。将讲台让给学生，将课堂变成舞台，让学生尽情展示自己，通过模拟法庭、辩论赛、讲课比赛、戏剧表演丰富课堂内容。

课程思政与教学结合

（1）利用时事新闻，打造课程思政资源库。

她在网络新闻媒体上广泛收集资料，根据具体事实，拟定了100多个课程思政教学案例，并将这些案例按照课程章节和使用模式进行了分类，形成动态思政资源库，全部适时地融入课堂教学之中，紧跟时代的脉搏，不断更新自己的知识，保证课程内容的新鲜度和时效性，从而使课程的思政元素多种多样，并能信手拈来，极大地充实课程内容，使每一堂课都成为内涵丰富、信息量巨大的文化思政讲堂。

良好的素材是课程思政建设成功的保证，为此，她觉得应发动教师将国际国内时事新闻、实践调研经验、法学案例、短视频、微课等开发为课堂课程思政教学素材，打造课程思政资源库。

(2)利用生活素材和民族文化资源，打造课程思政案例库。

每个知识点她都会准备大量的课程思政案例，如非物质文化遗产保护课程约有314个非遗案例，已形成丰富案例库。她通过案例讲解，能够让学生深入浅出了解非遗的法律保护。如非物质文化遗产保护、少数民族习惯法、知识产权制度史等特色课程，除了讲述专业知识点外，还向学生们展示中华民族传统文化的博大精深和丰富多彩，从而让他们对本民族文化产生深深的自豪感和骄傲感。例如，在非物质文化遗产保护课程中，经过对二十四节气、中国算盘、中医药、藏医药、瑶浴、壮医药先进性和科学性的深入讲解后，很多学生说，“学习这门课之后，我为自己国家和民族的文化感到深深的骄傲”“在学习这门课之前，我不知道自己的家乡竟然有那么多的非遗”；在学习少数民族习惯法课程后，一些毕业生说，“原来我们的少数民族创造了这么丰富的习惯法，值得我们去发掘应用”“我运用少数民族习惯法调解纠纷，比单纯用法律解决纠纷更容易”。

(3)利用周边区位优势资源，打造课程现场教学和实践资源库。

她注重在实践中让学生获取真知，利用学校周边的非遗设施和民族村寨等优势资源，形成了多个实践基地，将区位劣势转变成优势，大量开展实践教学，突破传统讲台的平面二维模式，打造立体化的三维教学空间。近几年来，她带领学生利用节假日和寒暑假，走访、实地调研了很多民族地区和特色文化村寨，并将调查的经验和趣事在课堂上分享，让学生感受到文化之旅的魅力，激发他们自己去探寻非遗的好奇心，以此促进他们爱乡爱国意识的生成，达到课程思政建设的目标。如学校所在地曾经是红军长征路过之地，拥有众多红色资源，她会充分利用此优势带领学生参观学习，开展课外思想政治教育。广西特别是桂电周边蕴含着大量的红色旅游资源，当年红军曾路过桂北地区的灌阳、全州、兴安、龙胜等地区，从而形成了一系列的红色资源，包括灌阳红军长征酒海井烈士遗址、兴安红军长征湘江战役遗址、龙胜红军岩、桂林八路军办事处抗日革命历史纪念馆等，在这些地方开展现场思想政治教育，可以让学生了解光荣历史，增强道路自信。同时，还有大量新时代涌现出来的红色旅游景区，如全国民主法治示范村永福县永福镇曾村村、全国村民自治第一村河池市宜州区合寨村、全国生态文化村恭城红岩村新农村建设示范村，让学生通过今昔对比，看到社会主义法治道路的正确性。积极挖掘和采集身边的思政资源，利用假期或特殊节日，带领学生前往参观学习、访问交流，让他们了解历史与现实的对比，从而为学生们增强道路自信，达到立德树人的教学目标。

（来源：法学院）

他获此荣誉，值得一个头条

4月28日，“学习二十大、永远跟党走、奋进新征程”广西共青团五四表彰座谈会在南宁召开，桂电马克思主义学院教师王万奇参会并被授予“广西青年五四奖章”。

他是全国最美志愿者、中国青年志愿者优秀个人、全国志愿服务青年讲师团讲师。2021年，作为北京市优秀毕业生、博士研究生国家奖学金获得者，他婉拒了多所北京高校伸出的橄榄枝，毅然选择回到广西工作，只因那段难以割舍的西部支教情。2014年，他大学毕业到广西富川支教，并在一年的时间里走遍了所有乡镇，为当地募集了超26万元的物资，帮助留守儿童3000多名。此后的8年里，他从未停下服务广西的脚步。如今作为一名思政课教师的他，积极将志愿精神融入教学中，志愿宣讲党的二十大精神，带领学生们参与各类志愿服务活动，发表多篇志愿服务类学术文章，撰写决策咨询报告获团中央领导批示，面向全国30万大学生线上讲授“大学生志愿服务”并获得200多万点赞。

拿得起放不下的西部志愿情

2008年汶川地震发生时，他积极救助他人，组织师生捐款6万余元，参与家乡灾后重建，从此与志愿服务结下了不了情。来到大学后，他积极参与各类公益活动，特别在本科毕业时放弃高薪工作和免试研究生的机会，选择到贫困县开展支教工作。他是留守儿童心中的好老师，更是大哥哥。为了更好地了解留守儿童，他与队友累计家访60余次，行程逾1200余公里，足迹遍布全县12个乡镇，30多个村部。

2014年末，在他的倡导下，支教团发起“关爱富川留守儿童微公益行动”，获得来自全国21个省市1200多位爱心人士帮助，筹集善款26万余元，帮助留守儿童3000余名。

2015年9月，虽回到学校继续读研，但他一直放不下瑶乡的留守儿童，忘不了那份西部情。为此，他用读研时获得的3.2万元奖学金发起“瑶篮计划”，并深入10余个贫困县与第一书记对接，筹集善款超15万元，对接多所山区小学，捐赠图书7800余册、图书架36个，个人资助贫困留守儿童12名，用心为孩子们创造摇篮般的成长环境。2018年9月，他以优异成绩考取中央财经大学博士研究生，但没有终止自己的西部志愿行。此后几年的时间里，他每年都会回到自己曾经支教过的地方开展志愿服务活动，并利用自己获得奖学金中的1万元奖学金发起“央苗计划”，带动大学生成立博士生服务团，为宕昌县直播带货9.98万元，向大凉山捐赠图书1000余册。特别在疫情期间，他给武汉捐款1万元，向双江县捐赠口罩4千余个。

告别北京再续八桂志愿情

2021年，作为北京市优秀毕业生、博士研究生国家奖学金获得者，他完全有机会留在北京工作，但他还是选择了广西。有的人觉得他放弃留京的机会，放弃大城市将来肯定会后悔，会吃亏。对他而言，选择继续回到广西，回到西部地区做一名教师，就是自己最大的光荣。因为他相信，西部地区学校同样需要好的思政课教师，这就是他心中的“尺”。

到桂林电子科技大学工作后，他形成了课堂上讲解志愿精神、生活里践行志愿精神、理论中研究志愿精神的弘扬志愿精神新模式，先后在校内外宣讲志愿精神30余次，面向全国30余万大学生线上讲授“大学生志愿服务”获赞200多万。2022年，他主讲的“形势与政策课”获评广西高校学习习近平新时代中国特色社会主义思想示范课堂评比“形势与政策课”唯一一个一等奖。除此以外，他还积极参与学校首届研究生支教团的选拔和培训工作，率先加入学校疫情防控志愿服务队，带领学生们参与各类志愿服务活动，并先后在《中国青年社会科学》《思想政治教育研究》《社会科学家》《中国青年》《中国共青团》等权威期刊或杂志发表多篇志愿服务类高水平学术文章，同时被学生评选为“最喜爱的思政课教师”。

志愿宣讲党的二十大精神

作为一名青年马克思主义者,他始终坚持对马克思主义的真学、真懂、真信、真用,坚持对现实问题的思考与理论研究的结合,撰写决策咨询报告获团中央领导批示,指导学生获共青团中央2022年“三下乡”“返家乡”社会实践百篇优秀调研报告。特别是在党的二十大胜利召开以来,他积极学习宣传党的二十大精神,先后参加团中央党的二十大精神宣讲团培训,入选广西党的二十大精神青年讲师团,加入学校党的二十大精神宣讲团,当选学院研究生理论宣讲团指导老师,并受邀为中央财经大学、华北电力大学、黑龙江八一农垦大学、浙江工业大学、新疆石河子大学等多所高校师生以及桂林市全体青联委员义务宣讲党的二十大精神,累计志愿宣讲党的二十大精神20余场,听众总计13600多人。他生动新颖的宣讲方式,赢得了众多青年的欢迎,帮助广大青年朋友们更好地学习领会了党的二十大精神。

作为一名新时代青年,他有一颗“服务人民,奉献祖国”的心,他用自己的实际行动讲述着新时代青年的责任与担当,努力做到“经师”与“人师”相统一。他的相关事迹先后被人民网、共青团中央微信公众号、《中华儿女》、《中国青年报》、广西电视台等报道,很好地激励了广大青年朋友向上向善。他志愿服务的脚步从未停止,因为他始终坚信志愿服务的道路没有终点,青春奉献的心永远不老。

(来源:校团委)

虎哥与桂电的42年

他育人三十八载,凭借扎实的专业知识、灵活的教学方法、先进的教育理念、高尚的师德修养和默默奉献的孺子牛精神,赢得了学生的喜爱、同事的认可和家长的赞誉。很多学生毕业时,都会给他写长长的感谢信,他就是机电工程学院教师刘吉虎。

四十二载桂电情,三次桂电缘

初遇:1980年9月,18岁的刘吉虎作为桂林电子工业学院第一届本科生从湖南衡阳来到桂林开启了大学生活,在电子机械系机械制造及设备专业学习。

继续：1984年7月，本科毕业的刘吉虎面临人生一次重要选择，因为在校期间品学兼优，他有两个择业机会：一个是回湖南工作，一个是选择留校担任专职教师。最后，他选择了留在当时的桂林电子工业学院，开启了他的教师生涯。留校后，主要教授工程图学、CAD制图、系统建模与仿真等课程。

再续：1998年，在华南理工大学攻读计算机图形专业硕士，2001年攻读聚合物成型加工与仿真博士。毕业后的刘吉虎，拒绝了多个高校的邀请，毅然决然选择继续回到桂电教书育人，再续桂电情。

三次结缘桂电，不变的是初心，不变的是坚持，不变的是奉献。

用真心、用良心培养优秀的学生

师者，教之以事而喻诸德者也。他教授的理论与实践课程工程图学/机械制图一直广受学生好评。

他，用心打磨教案。每次备课都会细细打磨，结合实际，尽可能让学生在脑海里形成立体感，方便学生更快理解课程知识，掌握课程内容。

他，用心指导学生绘图。每次课程设计，他都会穿梭于学生绘图的教室，仔细检查每一个学生的绘图进度和情况，方便指点迷津。

他，用心批改学生作业。每次布置完作业后，他都会仔细地批改每一份作业，并提出意见和建议。如果发现学生存在错误的地方，他都会及时找出原因，并进行指导，直到学生彻底掌握为止。

同时，他教书三十八载，以精益求精、严谨务实的教学态度，培养了一批又一批优秀的学生。在教学活动中，他以自己丰富的知识储备为学生答疑解惑，并激励学生要学会吃苦，加强自身修养，提高自身能力。

以苦为乐，以苦为荣

2011年，学院委托他接管3D协会。当时，3D协会在花江校区17教5楼有一间小小的办公室，但是由于经费有限，办公室没有可制造实物模型的设备，学生们只能在电脑上进行仿真模拟制图，制图实践经验丰富的他一点一点指导学生修改、完善参赛作品。他积极发掘学生创新思维,并对部分学生进行技术指导,鼓励学生参加多种国家级学科竞赛,培养学生的创新意识、创新能力和实践能力。

这些年,他先后指导学生在全国大赛上获得一、二、三等奖。这些成绩的取得,源于他对学生的耐心和细心,更是源于他对教育事业的热爱和对教育事业执着追求的精神,他用自己的行动影响着身边的每一个人,诠释着一名人民教师"传道、授业、解惑"的真谛。

爱心传承,呵护学生成长

作为一名教师,他还积极帮助贫困学生,鼓励他们,资助他们生活,用爱心滋润每一个学生,用热情感染每一个学生。

在做班主任期间,一个学生家庭困难,家中只有父亲一人用绵薄的薪水供养兄妹四人读书上学,为减轻家庭负担,这个学生一度想要退学去打工赚钱。在了解到这一情况后,他多次和爱人一起找学生沟通交流,帮助学生解决生活困难,激励他继续读书,后来这个学生顺利毕业并找到合适的工作。在他的影响下,一些已经毕业的学生也纷纷联系他,希望能够帮助在校贫困学生,帮助他们渡过难关,让他们安心完成学业。

在学生求学、求职中遇到困难时,他热心地为他们牵线搭桥,把他们的成长挂在心上。他给学生讲理想,讲做人做事,告诉他们真诚待人、助人为乐的人都会有积极乐观的心态,帮助学生树立正确的人生观和价值观。

谈到对青年教师有什么寄语时,刘吉虎说:"希望青年教师在教学过程中逐渐成长,从助教、讲师、副教授、教授一路向上,脚踏实地。青年教师其实是比较容易走近大学生的,只要用心就一定能够培养出优秀的学生。"

(来源:机电工程学院)

看见自己努力的意义

黄蕾,艺术与设计学院教师,主要讲授职业生涯规划、就业指导课程,研究方向为艺术设计。

她怀着对辅导员这份职业的敬畏之心，勤勤恳恳、脚踏实地，努力做到更好地教育学生、管理学生和服务学生。在学生眼中，她是温柔知心的“蕾姐”，她用自己的责任心、耐心和爱心，帮助学生更好地成长。在同事眼中，她是可靠的伙伴，她求真务实、爱岗敬业，充分诠释着教育工作者应尽的职责。她时刻关注学生的思想政治教育、心理健康，负责学生日常管理、就业指导。她坚守初心，一直要求自己能切实帮助到学生，让学生在前行路上能更好地适应形势和发展自我。

她是2022届毕业生最喜爱的老师之一，艺术与设计学院黄蕾。

真诚待人，爱生如己

当被问到作为辅导员如何跟学生“交友交心”时，她说：“待人以‘真’、待人以‘诚’，爱生如己，方得始终。”她认为学生工作从根本来说是人与人之间的一个交往互动的过程，辅导员作为学生日常管理中的一个重要角色，应是明辨是非、公平公正、亲切可感、有血有肉的。真实的情感、真切的关爱、诚恳的态度，在与学生交流过程中尤为重要，它可抵达内心深处，从陌生到熟悉，由抵触至信任，让学生产生积极的内驱力去影响其行为。

学业上，对于存在学业困难的部分学生，她会进行一对一的交流，指导他们系统搜课、选课、重修，疏通他们心中郁结，着重跟进后进生帮扶。生活上，她也十分关注特殊困难学生群体，尽其所能提供帮助，生病时及时关切问候，过生日时送上美好祝福，切实为学生着想。

坚守初心，爱生、为生

黄蕾表示被评上“最喜爱的老师”是工作生活中的一个小惊喜，也感到十分的暖心，暖心于学生们的认可和选择。这也将成为她今后工作的动力，让她找到了坚持育人工作的意义，坚定了爱生、为生的初心。

她回忆起刚入职的时候，确实遇到了各种各样的问题，但从刚开始的不知所措到逐渐熟悉上手，本就是一个磨合修炼的过程。在与学生们的相处接触中，刚开始会有矛盾、抗拒、不理解、倦怠、生气，但到后面也会有欣慰、感动、认同、信任和支持,正是这些鲜活的情绪反应,积累了大学四年满满的师生情谊。

为人师者,先正其身

黄蕾认为,一名好老师要用言传身教为学生树立榜样,良好的品行与修养是衡量师德师风的标准,也是作为老师必须具备的个人素养。为人师者,必先正其身,方能教书育人,此乃师德之本。

获得学生的认可是对老师最高的评价,而达到这个要求不仅需要过硬的专业技能水平,还需要足够强大的内心,能够及时应对各种突如其来的困难和问题;具备爱生、为生的真心,处处为学生着想考虑,体贴关爱学生让其感受到温暖;拥有谆谆教导的耐心,接受每个学生的不足,找到学生的长处和闪光点。她认为,指导教育学生的过程是自我学习和成长的经历,也是不断完善自我,向好老师靠拢的一个过程。

(来源:教师工作部、学生工作部)

第二节 实践工作及其效果

作为社会主义核心价值观的重要内容之一,“爱岗敬业”是全体国民实现中华民族伟大复兴中国梦的内在动力。习近平总书记说,敬业是一种美德,乐业是一种境界。对待本职工作,应常怀敬畏之心,专心、守职、尽责,干一行、爱一行、钻一行,尽心竭力、全身心地投入。“师之者,教之以事而育诸德也”,爱岗敬业、教书育人不仅是高校教师的基本职责,更是他们所担负的特殊的光荣使命。

一、融入策略

大学生作为国家未来的接班人和建设者,需要榜样的引领,这对他们世界观、人生观、价值观的形成和发展具有深远的影响。作为高校,必须结合自身的专业特色和实际,将“爱岗敬业”榜样精神教育融入人才培养的全过程。因此,将“爱岗敬业”榜样精神融入高校网络思想政治教育是非常有必要的。

教师是人类灵魂的工程师,是人类文明的传承者。在高校里,教师作为道德教育重要的实践者和引导者，能够对大学生的道德行为模式产生直接和重要的影响。对于大学生而言，身边教师榜样的言行具有很大的激励与示范作用，其一言一行都潜移默化地影响着学生，其感人事迹也更具触动性。随着新时代的到来，新时期的00后大学生群体受到多元化价值观影响，他们的自主意识也在不断增强，包括对榜样人物有不同的态度与看法。因此，在“爱岗敬业”榜样宣传人物的选择上，必须选择有理想信念、有道德情操、有扎实学识、有仁爱之心的“四有”好老师。“书师易得，人师难求”，爱岗敬业、教书育人，需要所有教师的共同努力，更需要全社会的共同关注，真正唱响教育的主旋律。

“谁赢得了互联网，谁就赢得青年。”在信息化时代，青年学生几乎“无人不网”“无时不网”“无处不网”。面对育人工作新形势，高校要筑牢宣传思想文化工作主阵地，推动“隐性”教育和“显性”教育有机融合，挖掘和利用融媒体育人潜能，提升网络育人成效，助力网络育人工作迈上新台阶。

二、实践效果

在教育高速发展变革的新时代，继续坚持立德树人根本任务，全力夯实高校教书育人基础，努力发扬优势特色，充分发挥教育“领头雁”功能，是当下每所高校以及每一位教育工作者都需要认真研究落实的重要课题。

“教育兴则国家兴，教育强则国家强”是习近平总书记在重要讲话中反复强调的科学论断，它从理论和战略的高度指明了新时代整个教育发展的重大使命。为深入学习贯彻习近平总书记关于教育的重要论述，发掘宣传先进模范教师典型，展示广大教师的时代风采，桂林电子科技大学通过校园网、官方新媒体平台，校园宣传橱窗、电子屏等载体，广泛宣传和及时报道模范教师典型先进事迹，充分展现新时代高校教师为党育人、为国育才的奋进风貌，营造学先进做先进、建功立业谱写新篇的热烈氛围。

近年来，桂林电子科技大学积极搭建校园融媒体矩阵，利用前沿技术为教育融媒赋新能，为学校网络思想政治教育育人工作提供了新思路、新方法。桂林电子科技大学融媒体中心积极把脉新时代媒体发展特性，通过打造多元化融媒体产品，占领主流舆论阵地，拓展网络育人新场域，探索“双线”育人新路径。2022年至2023

年，桂林电子科技大学官方微信公众号发布了“爱岗敬业”教师榜样主题推文篇，深入宣传20名“爱岗敬业”榜样教师事迹。其中，包括2022年毕业生最喜爱的老师有12人、2022年广西教学名师1人、2022年自治区优秀教育工作者1人、2023年广西高校最美辅导员1人、2023年广西第三届高校教师教学创新大赛一等奖1人、第二十六届广西青年五四奖章1人、融媒体中心策划推选教师榜样3人，他们分别来自16个学院，具有一定的普遍性。宣传的20条“爱岗敬业”榜样推文，阅读总量为164743人次，平均每条阅读量为8237人次；总点赞量为2036个，平均每条点赞量为102个。其中，推文《从清华博士后到桂电教授，他勇做奋进者》获得单条最高阅读量29056人次，推文《虎哥与桂电的42年》获单条最多点赞量285个。

教师担负着培育一代又一代新人的艰巨任务，教师的道德素质将直接影响到我们的学生。当好一名人民教师，就应力求达到爱岗敬业、精神高尚，教书育人水平高超、品行高洁的境界。“爱岗敬业”教师榜样宣传推文一经发布，得到了师生、校友、家长以及社会人士的认同。在“爱岗敬业”系列推文里，有“真诚相待、默默影响，给学生带去正能量”的外语教师，有“上好每一门课，带好每一届学生”的计算机实验教师，有“从清华博士后到桂电教授，他勇做奋进者”的学院教授，有“他获此荣誉，值得一个头条”的广西青年五四奖章获得者，还有“看见自己的努力的意义”的辅导员等。在推文相关评论中，网友们也发表了很多留言：“萱萱老师真是一位新时代名副其实的四有好老师！为她点赞！超级棒！”“教学很有热情，很负责而且有耐心的老师。”“人生的几个幸运点之一就是在美丽的桂电当王妈的学生。”

榜样的力量是无限的，精神的动力是永恒的。“爱岗敬业”榜样教师们勤勉踏实、勇于奉献，他们能够始终秉持中华民族的优秀品质和优良传统，志存高远，信念坚定，为培养社会主义合格建设者和可靠接班人贡献着自己的力量。

第八章 “创新创业”榜样精神融入高校网络思想政治教育实践

第一节 实践案例

他乐做校园“电子团”的引路人

赵中华，男，教授，硕士研究生导师，信息与通信学院教师，广西优秀教师，学校教学名师，学校杰出教学贡献奖获得者；年均课时204学时；指导学生获全国大学生电子竞赛最高奖“TI杯”，以及一等奖5项、二等奖2项；入选全国万名创新创业导师库；作为广西一流课程负责人，主持完成广西教改重点项目、广西创新创业教学团队、广西在线开放课程各1项，获国家级教学成果二等奖1项（第2），广西教学成果一等奖3项（1项主持、1项第2、1项第4），三等奖1项（主持）；主持完成国家自然科学基金项目1项，主持在研广西科技重大专项1项；发表学术论文13篇，其中SCI 4篇、EI 4篇、北核5篇，专著1部，主编教材2部。

不仅教会学生电路，更打通学生的心路。赵中华老师热爱教育事业，热爱教学工作，在平凡的岗位上，勤奋刻苦，严谨求实，为人正派，作风朴实，具有强烈的事业心和使命感，在一线教学方面成绩突出，为学校、学院相关教学改革与示范应用等方面做出了重要贡献。长期以来坚持不懈地工作在专业基础课数字逻辑、电子电路设计软件、EDA技术、新型电源技术等课程教学的第一线，教学工作量饱满，近5年内年平均课时量在200课时以上，各门课程的教学效果良好，深受广大师生和同行专家的好评；担任硕士生导师，并承担近代电子线路研究生课程；长期从事电子竞赛的组织和指导工作。

长期组织和指导竞赛，指导学生获得电子竞赛最高奖“TI”杯，全国一等奖5项。自参加工作以来，连续17年暑假均在开展电子设计竞赛培训和组织竞赛工作，从开始担任指导教师到负责信息与通信学院学生竞赛工作，再到近年来在教务处的领导下负责全校电子设计竞赛的组织和实施，提出了“电子盲—电子懂—电子通—电子精—电子团”的分年级梯队培养模式，行之有效。在组委会的推动下，各学校的院（系）都成立了学生科协，为学生动手实践提供必要的场地。针对大一新生开展多方向学科前沿讲座，同时由高年级学生手把手地指导新生进行入门学习，使新生经历“电子盲—电子懂”的转变；进入大二后，学生可根据自己的兴趣方向选择加入不同的高年级团队进行更高层次的拓展学习，经历“电子懂—电子通”的过程；大三的学生是参加电子竞赛的主力，通过竞赛实战全面提高设计、调试、测试等环节的综合能力，从而实现了“电子通—电子精”的跨越；大四的学生则主要培养其多人协作工作的能力，协助教师完成科研项目部分或全部，完成“电子精—电子团”的飞跃。

在他的组织和指导下，学校电子竞赛成绩逐年上升，2021年他指导学生获得全国大学生电子设计竞赛全国最高奖“TI”杯，近十年指导学生获得全国一等奖5项、全国二等奖2项，2015年、2017年学校均获得电子设计竞赛全国一等奖9项，获得一等奖总数与东南大学、电子科技大学、西安电子科技大学等高校并列全国第一，为我校电子竞赛的良好成绩做出了突出贡献。先后到区内12所学校对学生和指导教师进行培训和指导，其中梧州学院、桂林航天工业学院、柳州职业技术学院、广西交通职业技术学院在专家培训、指导后均获得电子设计竞赛全国一等奖。

教学贡献突出，获得“广西优秀教师”“学校杰出教学贡献奖”“学校教学名师”等称号。在实践教学中，注重团队建设，凝聚各学院指导教师，形成理文融合、学科互通、和谐共进的创新创业指导教师团队，与相关企业紧密结合，校企深度融合，逐步形成了“三层四步”创新创业人才培养模式。三层是指“基础创新、专业创新、综合协同创新”，基础创新主要通过技能竞赛等活动培养学生创新兴趣和基本技能；专业创新主要是本专业学科领域相对集中的创新实践，鼓励和支持学生参与教师科研项目或专项学科竞赛，提升专业认知水平和应用能力；综合协同创新主要是面向企业的综合类项目或学科竞赛，通过组团组队参赛或开展项目研究的方式，实现多人多学科协同综合创新实践。四步是指“激、培、提、引”，即通过专业导论、科普讲座等激发学生兴趣，通过基本技能专项培训培养创新基础，通过组织学生参加各类学科竞赛提高学生的创新设计能力，引导学生参与科研项目等更高层次的创新实践，实现与社会需求的衔接。

近年来获评“广西优秀教师”、“学校杰出教学贡献奖”、“学校教学名师”、首届教学优秀青年奖、学校“教书育人”示范岗先进个人，荣获本科课堂教学质量优秀奖一等奖1次、二等奖1次。

积极开展教学改革，主持获得自治区一流课程并获推荐国家一流课程申报。认真准备每一堂课，不断充实新的内容，不断更新教学方法和教学手段，精心设计教学单元，注重以学生为主体，强化学生创造性思维方式培养，注重将理论知识与工程知识相结合，典型案例、热点案例与学生互动讨论结合，以科学的训练方法，充分调动了学生的学习兴趣，将现代化信息手段应用于教学中，擅长用实际电路视频配合讲解理论知识，受到广大学生好评。主持开发了广西漓江学堂课程电子电路设计软件及应用、硬件描述语言实验，其中硬件描述语言实验获得“广西在线开放课程”“自治区一流课程”，同时获得推荐申报国家一流课程，改革了课程考试方式方法，效果良好。积极参与教改工程项目，获得国家级教学成果二等奖1项，自治区教学成果一等奖4项。多次作为主要参与者撰写国家级、自治区级教改工程申报材料。近年来主持完成自治区教改重点项目“依托电子竞赛平台提升学生科研能力的研究与实践”，参与完成（第2）自治区教改重大项目“广西大学生学科竞赛研究与实践”，主持完成校级教改项目2项；获得国家级教学成果奖二等奖（第2）1项，广西教学成果一等奖3项（1项主持、1项第2、1项第4），三等奖1项（主持）。

依托教学经历和课程建设，主编出版教材2部。积极探索创新创业课程的实施，以考试改革为突破口，促进教与学互动。结合学科与课程特点开展教学方法改革研究与实践，通过翻转课堂、任务驱动、案例研讨等方法开展教学。开发了“广西漓江学堂”首门上线课程电子电路设计软件及应用，该模式已在全校及全区范围内推广，通过在线课程、虚拟仿真、综合实验、校企联合学科竞赛相结合，推动以能力达成为目标的无次数限制考核模式，创建了实践类课程教学与考核新模式。积极将科研实践经验转化为教学成果，主编教材《TI模拟器件应用与实践》《电子电路设计软件及应用》2本，发表教改论文5篇，开发创新实验平台2套。

科研成果丰硕，主持完成国家自然科学基金项目1项，主持在研广西科技重大专项1项，发表SCI收录论文4篇，出版专著1部。在担任教学与指导竞赛的同时，积极开展科学研究，近年来，主持完成国家自然科学基金1项，主持在研广西科技重大专项1项（850万元），参与完成国家自然科学基金项目2项（第3、第5），主持企业委托项目经费40余万元，以第一作者或通信作者身份发表学术论文13篇，其中SCI 4篇、EI 4篇、北核5篇，第一作者出版专著《现代通信电源技术与应用研究》，获得实用新型专利5项，软件著作权1项。

积极投身创新创业教育，建设了创新学院、花江慧谷一期工程。在学校和教务处的领导下，具体实施了创新学院的规划和建设工作，打造了我校“永不熄灯的实验室”，受到了领导和专家的好评，　组织开发了“广西漓江学堂”课程联盟平台。自2019年开始负责“花江慧谷一期”工程建设，现已初具规模，接待各级领导参观百余次。指导学生获得国家级大学生创新项目3项，指导的毕业设计获得学校一等奖2人、三等奖2人，指导学生参加互联网+创新创业大赛获全国铜奖（广西金奖）1项，入选全国万名优秀创新创业导师人才库。

注重教师团队建设，积极指导青年教师。联合团队成员申请获得自治区高等教育创优项目“电子信息类创新创业教学团队”。近年来指导青年教师刘涛、蒋红艳、李沁璘等三位教师在教学中均长足进步。刘涛老师指导学生参加竞赛，获得全国一等奖3项、二等奖1项，获得自治区教学成果奖1项，刘涛老师、蒋红艳老师分别于2018年、2019年获得高级实验师职称，李沁璘老师指导学生获得自治区二等奖1项。

（来源：融媒体中心 冼欣宜）

太硬核！他是研究“大国重器”的桂电学者

纪元法，二级教授，博士生导师，桂林市拔尖人才，新疆高层次人才，荣获第十批“广西壮族自治区优秀专家”称号。近年主持和参与国家自然科学基金、科技部重点研发计划、广西创新驱动发展专项及企业产学研合作等科研项目40余项，科研经费2000余万元，科技创新与成果转化突出，获中国专利奖优秀奖、广西科学技术进步奖一等奖、广西技术发明一等奖等科技奖项10余项。发表学术论文100余篇，SCI/EI收录40余篇，获得国家专利100余件，软件著作权60多件。

做好科学研究，要有内驱力和外驱力

北斗这个大国重器的背后，是一代代北斗人的托举。

在北斗卫星导航领域，纪元法已经躬耕近20年。从2005年读博士起，他开始进入卫星导航领域，对该领域产生了浓厚的兴趣，并开始进行相关基础理论研究。纪元法和其团队接触新型信号体制和导航信号精密测量等前沿方向的研究可以追溯到大约十年前，这十年是北斗建立并高速发展的十年，北斗技术面临一系列信号体制创新任务。在这十年间，纪元法主持了3项国家自然科学基金项目，在这些项目驱动下，其科研团队开展了系列导航信号体制研究，以及信号模拟测试技术研究，研发了多种体制的卫星信号模拟器，并且根据实际信号的复杂环境，衍生出电离层闪烁模拟器、异常信号模拟器、实时卫星信号模拟器等系列化设备的研发和应用。

近10年来，无人机产业飞速发展，大量无人机无序黑飞，对航空、大型活动等场景下的人员和财产安全构成巨大威胁。传统黑飞反制技术尚存在一定局限，反制效果不理想，对黑飞无人机智能管控技术有迫切需求。纪元法团队联合本地企业开展技术攻关，通过系列原创性理论和技术，开展了黑飞无人机导航诱骗、GNSS信号同步生成、低小慢目标探测和小目标光电跟踪等关键技术研究，构建了黑飞无人机一体化协同管控技术体系，实现“区域化预警、实时化跟踪、可控化处置”全方位的无人机安全管控。该项目“黑飞无人机一体化智能管控关键技术及应用”获2021年度广西科学技术进步奖一等奖，项目产品通过中国公安部的检测认证，用于重要活动的安保20余次，项目成果在桂林长海发展有限公司等单位转化应用，取得显著经济效益。

“做好科学研究，要有内驱力和外驱力。内驱来自对科研价值的认识认同、兴趣和极强的社会责任感。做好科研事业，做好北斗技术，是一名科技工作者的责献，更是代表了一名当代中国公民的社会责任。外驱来自科研任务，有了任务驱动、路线规划、过程控制，更容易提高效率。”纪元法分享道。

产学研协同育人，赋能产业高质量发展

纪元法将北斗“自主创新、开放融合”的家国情怀融入科研、育人过程。他带领团队依托南宁产教融合基地、桂林高铁产业园等，联合企业加大产学研融合，先后与广西产研院时空信息技术研究所、广西计量检测研究院、润健股份有限公司、桂林长海发展有限公司等20余家单位共同承担一批广西创新发展驱动专项，共同组建工程中心，解决行业共性关键技术难题，赋能产业高质量发展。

在项目实施过程中，团队老师负责指导和引领团队成员进行科研工作，提供专业的规划和建议，学生们则在老师、师兄、师姐的指导下，进行实地调查、设计开发和测试分析工作，通过具体项目的技术攻关实践，增强了自己的科研能力和技术水平。

纪元法将其团队的培养心得总结为传帮带和过程控制。传帮带就是研究生刚进实验室就由师兄、师姐手把手指导，通过了解和认识、测试和训练任务，熟悉研究领域内的专业知识和相关技能，为进一步有组织的科研打下基础。过程控制则是定时开组会研讨，并通过在线文档形式让学生每周进行工作梳理总结，此外还会鼓励学生参与国内外学术交流会议、创新创业大赛、社会实践活动等，锻炼他们的综合能力。纪元法表示，参与研发对学生锻炼是非常大的，他们需要对软硬件开发非常熟练，通过研究生期间系统的软硬件研发，提高了学生的技术实力，也有助于他们就业，并迅速在工作岗位上成长起来。该团队有多名研究生读博或者进入国防军工行业，并成为行业领军人才，培养的付文涛硕士、王靖硕士、翟伟硕士曾分别参与获得广西科学技术进步奖一等奖、卫星导航定位科学技术进步奖一等奖、测绘学会科学技术奖特等奖。团队指导研究生获第三届“北斗+”创新创业大赛全国总决赛一等奖、第十六届“挑战杯”全国大学生课外学术科技作品竞赛二等奖等国家级奖励10余项，获第九届“挑战杯”广西大学生课外学术科技作品竞赛特等奖，获第二届、第五届中国“互联网+”大学生创新创业大赛广西赛区选拔赛金奖等20余项省部级奖励。

“在项目中，我不仅学到了专业知识，还学会了如何与团队进行有效的沟通和协作，这对于我未来的职业生涯是非常宝贵的。”学生张瑞说。

服务“一带一路”倡议，促进北斗国际化

纪元法带领团队主动服务“一带一路”倡议，团队参与建立了多个北斗领域国家、省部级科研创新平台。所依托的“卫星导航定位与位置服务国家地方联合工程研究中心”，为国内高校唯一北斗领域国家地方联合工程研究中心，中心致力于面向北斗导航国家发展战略，服务国家综合PNT体系，立足广西，辐射东盟，是开展卫星导航与位置服务领域共性技术的系统性研究基地、大数据计算与软件高水平人才的培养基地，成为中国-东盟空间信息与位置服务产业技术自主创新的重要源头和支撑平台。

团队还牵头建设了“广西位置感知与位置服务工程研究中心”广西工程技术中心、“精密导航技术与应用实验室”广西重点实验室、广西高校“卫星导航与位置感知”重点实验室、航天技术院士工作站（孙家栋院士）等科研平台。通过“北斗/GNSS展示中心”，累计举办面向东盟国家开展北斗教育培训活动20次，发起成立中国-东盟卫星导航国际合作联盟，加强了国内和东盟的联系沟通渠道，在东盟国家等建设多个观测站纳入“子午工程”建设，为推动北斗科技走出国门做出了重要贡献。

团队成功研发的“北斗高精度地质灾害监测系统”，已在国内及东盟国家部署了数百套设备，为当地的地质灾害预防和公共安全提供了有力支撑。该系统提高了地质灾害预警的准确性和时效性，还为桥梁等重要基础设施的安全监测提供了可靠的技术手段。

“通过这些平台和联盟，可以把我们先进的空间信息技术、北斗导航技术及规模应用等宣传给东盟国家，展示我们的成果，从而促进国际科技合作，取得良好的经济和社会效益。未来，我们将继续致力于推动北斗领域的发展，努力在更多方面取得突破和创新，共同推动中国北斗事业的发展。”纪元法如是说。

（来源：融媒体中心 冼欣宜）

全国仅10人，桂电陈雪博士入选

为大力弘扬科学家精神，激发中国空间科学领域广大科技工作者的荣誉感、自豪感、责任感，团结凝聚广大科技工作者以强大的创新自信奋进高水平科技自立自强新征程，5月22日，中国空间科学学会公布了中国空间科学领域2023年度“最美科技工作者”名单，全国共10名科技工作者入选，桂林电子科技大学机电工程学院陈雪博士名列其中，是广西首位获此殊荣的科技工作者。

陈雪是中国空间科学学会微重力专委会青年委员、广西青年联合会第十一届委员，入选第七届中国科协青年人才托举工程、广西博士后创新人才计划。主要研究领域是空间流体物理和相变传热，获批国家自然科学基金青年和地区项目、博士后基金面上项目、中央引导地方科技发展专项等10余项科研项目，与企业合作研发了陶瓷原料集中制粉智能装备，生产的相关产品销售至国内以及老挝、泰国等东盟国家，年总产值约10亿元。参与中国科协“科创中国”广西绿色建材科技服务团项目并担任科技服务团入桂行的地方对接负责人，建立了“科创中国”试点城市与学会、科研院所、科技企业的对接机制，深入广西近百家企业，帮助企业找准“痛点与需求”50余项，精准对接专家团队解决企业的“疑难杂症”30余项，助力广西绿色建材行业升级转型，赋能地方经济的快速发展。

高中时代的陈雪就对力学、热学有着浓厚的兴趣，凭着内心的热爱和执着，她从一所“三非”高校保送到在国际力学界享有盛誉的中国科学院力学研究所。在读研期间，面对全新的流体力学专业知识领域，她不断吸收新的知识，同时也发现了自己家乡与外面世界的差距，学成“归巢”的种子也悄悄埋在了这位八桂女孩心中。在中国科学院力学研究所的6年间，她先后参与了先导预研、SJ10返回式卫星、TZ-1两相系统实验平台、空间站两相流体柜4项空间科学项目的研制工作，探究了空间相变流体传热传质机理，填补了我国载人航天工程的空白。

在“中-法联合培养博士生交流项目”的支持下，她远赴法国国家科研中心&艾克斯马赛大学M2P2实验室开展研究。国外学习生活的历练让她深刻认识到了顶尖的科学技术对一个国家的科技创新具有深远的影响。为更好参与祖国科技创新的发展步伐,在国外顶尖机构向她伸出橄榄枝时,她毅然放弃国外优厚待遇回到家乡工作,扎根广西,为实现中国从富起来到强起来的道路上贡献自己的科研力量。

作为学生的领路人,从教五年来,她始终在播种知识的这片土地上默默地耕耘着,始终将“立德树人”贯穿教学的全过程,以精益求精的“工匠精神”投入教学,坚持OBE理念,以学生发展为中心,注重课程思政,进一步培养学生的家国情怀和爱国主义精神。她指导的学生先后在全国大学生工程训练综合能力竞赛、“挑战杯”全国大学生校外学术科技作品竞赛中获奖,她本人获选“最美女教师”和首届“桂林电子科技大学青年五四奖章”。

作为生活的指明灯,她谨记习近平总书记对高校教师提出的要求,不只做传授书本知识的教书匠,而要成为塑造学生品格、品行、品位的“大先生”。为此她时刻注重自身知识的积累和传承,她深知知识的汲取是学生成长成才的必由之路。她结合个人求学经历、立足国家发展需求,努力做学生学习的传授者、学习障碍的诊断者、就业求职的规划者,利用自己的专业素养提升学生综合能力,不仅授学生以“鱼”,还从根本上授学生以“渔”。在陈雪心中,她与学生的关系不仅是师生,还是朋友,更是未来路上让中国智能制造研究领跑世界的战友。

在基础研究方面,桂林电子科技大学为她提供了全方位的支持,她瞄准国家战略需求中流体物理的关键科学难题,建立流体与固体力学实验室,经过几年的探索,陈雪带领团队取得一系列原创性的研究成果。获批国家自然科学基金青年和地区项目、博士后基金面上项目、中央引导地方科技发展专项等10余项科研项目,在Advanced Materials、Nano Energy、International Journal of Heat and Mass Transfer等国际权威期刊上发表论文30余篇,入选中国科协青年人才托举工程。

在服务地方经济方面,她秉承“立足广西、服务东盟、辐射全国”的理念,坚持前瞻性理论研究和关键技术攻关,积极与企业开展合作,研发的陶瓷原料集中制粉智能装备成功解决了陶瓷原料湿法制粉中研磨效率低、造粒粉性能差等问题,大幅提升了产品的品质和市场竞争力,该技术达到国际先进水平,实现技术成果转化。相关产品销售至老挝、泰国等东盟国家,年总产值约10亿元。此外,陈雪还多次组织学院博士团队到近百家企业开展技术需求对接、科技成果转化等创新资源下沉落地服务，赋能地方经济社会高质量建设。

作为一名青年科技工作者，陈雪始终秉持追求真理、严谨治学的求实精神，积极参与空间科学学会承担的中国科协“科创中国”广西绿色建材科技服务团项目。广西地处西部地区，科技资源先天不足成为“拦路虎”。试点城市贵港目前没有一所高等院校，缺乏高端科教资源，技术供给不足，只能通过“草船借箭”的方式实现科技创新。为此，科技服务团围绕贵港千亿产业——绿色智能家居和高端板材，立足中国空间科学学会“顶天立地”的特色，充分发挥学科覆盖面广、高端专家云集的优势，着力做好空间科技创新向贵港优势企业转移转化、精准对接、准确施策。

作为科技服务团入桂行的地方对接负责人，她建立了“科创中国”试点城市与学会、科研院所、科技企业的对接机制，构建“政产学研用”创新主体，带领团队，深入南宁、柳州、梧州、贵港等近百家企业了解广西绿色建材产业的技术痛点，帮助企业找准“痛点与需求”50余项，精准对接专家团队解决企业的“疑难杂症”30余项，助力广西绿色建材行业升级转型，赋能地方经济的快速发展。

在“聚智慧，解难题”方面，构建了“服务站+科创基地”的新型服务网络，组织专家团队联合开展技术攻关，突破关键共性技术壁垒。围绕广西绿色建材产业中智能制造装备的迫切需求，组织专家团队与企业深度合作，开发了“基于机器视觉的木地板外观质量智能检测与分选装备”“建筑陶瓷原料集中制粉智能装备研发”“面向胶合板的缺陷识别与智能修补关键技术”等一系列推动行业升级转型的研究成果，取得了从0到1的原创突破。研究成果成功应用于贵港汉邦木业、鑫宏木业、剑鑫木业、恒久木业、广西蒙娜丽莎新材料等企业，为广西新增经济效益超10亿元。

在“强根基，促创新”方面，以科技成果转化为牵引，协同“科创中国”试点城市以及金融、法律、知识产权等技术转移转化相关服务机构，促成技术许可、技术转让、技术作价投资，推动高科技项目落地转化。利用相关平台已有的原创科技成果，实现科技成果转化4项，成果转化签约额为776.5万元，将“技术”孵化成“产业”。打通科技成果从实验室到生产线的“最后一公里”，把专利变成产业，同时对于提升行业整体竞争力和创新力起到了促进作用。

在一次次与合作者的勠力同心中，她参悟了成果转化的魅力；在一份份殚精竭虑的科技报告中，她收获了独当一面的科研能力。作为一名新时代的青年科研者，她踔厉奋发；作为一名尚且青涩的育人者，她精神抖擞，在灼灼光阴中，绽放着属于自己的芳华。

（来源：机电工程学院）

呼叫“小菱”！呼叫“蓝鲸号”！去桂电遛弯啦

近日，“无人驾驶小巴”在桂电花江校区校园里行驶，吸引了众多师生驻足观看。原来，这是学校智能驾驶团队在进行数据采样及智能驾驶技术测试。他们是怎样实现智能驾驶的呢？

桂林电子科技大学智能驾驶团队成立于2020年，成员包括匡兵、刘建明、景晖、刘夫云、崔更申、王刚、张华成、唐哲敏、宾辰忠、熊太平等老师以及相关研究生、本科生，涉及机电工程学院的车辆工程、机械制造及自动化、智能制造工程等专业，以及计算机与信息安全学院的物联网和软件工程等专业，是一个跨学院、跨学科的交叉团队。团队承担国家级科研项目10余项、省部级科研项目20余项，获省部级以上科技奖励5项。

校园出现无人驾驶，“黑科技”吸睛无数

记者联系了智能驾驶团队负责老师，见到了这辆造型别致的“蓝鲸号”小巴。“我们基于‘蓝鲸号’线控平台，联合相关企业开发了这款校园无人巴士，突破复杂环境车辆智能感知、自主规划与决策等关键技术，可实现到站自动停车、行人避障、自主车辆避障、自主返回泊车等功能。目前正在和相关企业开展系统测试，为下一步商业运营奠定基础。依托该项目，团队已毕业三届学生，分别就职于广西汽车集团、北京经纬恒润、上海联创电子、深圳镭神智能等公司。”景晖老师如是说。

2022级研究生李大宇在团队里主要负责基于ROS2的无人驾驶整车系统研究，他告诉记者，车上的自动驾驶系统采用了SLAM技术建立激光点云对无人车进行定位和导航，智能算法能处理运行过程中可能遇到的各种危险场景。

“蓝鲸号”小巴大概能坐8-10人，目前测试阶段会在车上配备“安全员”，为确保校园行驶安全，最高运行时速控制在30公里，到站点后，小巴会自动开门关门，

如果想打开车上的空调、灯光、音乐等,可以和小巴进行语音交互实现操控。

校企联合开发,实现产教深度融合

在体验了"蓝鲸号"小巴的无人驾驶服务后,智能驾驶团队的学生又带领记者观看了无人零售车的实现过程。"小菱小菱",师生可通过语音呼叫,让零售车停止行走,以进行售卖。

无人零售车是智能驾驶团队与柳州五菱公司合作开发的商用零售车。该车底盘由五菱公司提供,智能驾驶软件方案由智能驾驶团队自主开发。采用激光雷达为主的多传感器为主的融合方案进行定位、遇障处理。该车可按预设的地图路线在校园里行驶,常出现在操场、宿舍、教学楼等区域。无人零售车突破了车辆智能感知、多模式系统调度等多项关键技术,于2021年开始在南昌市绿地卢塞恩小镇运营,团队目前正在与国内300余家景区洽谈移动无人零售合作运营项目。依托该项目,团队已毕业四届研究生,就职于德赛西威、广西汽车集团、镭神智能等上市公司,实现了产教深度融合。

"团队的老师们都非常和蔼可亲、平易近人,平时在项目中遇到问题,他们也会积极地和我们一起解决,通过三年的学习,让我学到了自己真正感兴趣的东西。"团队学生刘硼硼表示。

"在未来许多应用场景,我们需要更多的无人服务,无人物流、无人零售其实都是面向无人服务的,通过这样的研发能够解决服务人员短缺的问题,另外也可以向学生们展示我们的技术成果,让大家满怀信心地看到我们也是走在智能驾驶领域前沿的,吸引更多感兴趣的学生加入进来。"团队负责老师匡兵表示。

探索"智能驾驶+",推动广西汽车工业发展

为提升自治区企业在智能驾驶领域的技术水平和攻关能力,提高汽车产品质量和形象,该团队历时多年,先后与广西汽车集团有限公司、东风柳州汽车有限公司、广西柳工机械股份有限公司、桂林福达股份有限公司等区内产业龙头企业建立了良好的合作关系,在科学研究与校企合作方面均取得了较好的成果。通过多年

的研发，智能驾驶团队在相关领域积累了十几项核心专利，构筑了坚实的技术护城墙，为后续的产品开发和技术研发奠定了良好的基础。

2022年3月，与企业联合研发的无人物流车也开始应用于广西汽车集团柳东工厂的厂区无人物流系统，目前团队正在与柳州螺蛳粉基地、西安咸阳国际机场等洽谈无人物流系统的建设项目。在研发过程中，团队也遇到了不少问题与挑战，比如针对保证无人物流车在复杂的路况下安全行驶的问题，团队的老师们带领学生进行了多次测试和优化，最终经过联合测试，改进算法，导航的故障率降低在千分之一以下，达到了企业要求。

团队还联合上海交通大学等开发了分布式驱动线控底盘，采用四轮毂电机独立驱动、线控转向、线控制动方案，突破底盘极限防滑、差动转向、冗余制动、容错控制等关键技术；申请发明专利4项，相关技术在某特种车辆上应用，有效提升了该特种车辆高机动性和高容错性。其中，我校学生深度参与该车控制系统设计、现场调试等工作，积累了丰富的工程经验；依托该项目，团队已毕业三届研究生，就职于比亚迪、联创电子、经纬恒润等上市公司。

2022年毕业的童玉伟同学目前在联创汽车电子有限公司IDS部门工作，主要负责汽车ADAS功能的开发。他已经参与过一个量产项目和两个Demo项目的测试标定和部分的开发工作，并顺利完成交付。目前他正在参与两个项目，负责ACC和AEB功能的开发和测试工作。他参与撰写专利三项，成为团队年轻的后备军。

接下来，团队将进一步开发探索“智能驾驶+”的创新模式，推进产教深度融合。联合“智能网联与场景化系统”广西高校重点实验室以及“广西智慧交通重点实验室”等研究机构，进一步优化团队结构，整合科研资源，凝练研究方向，打造高精尖队伍；结合广西创新驱动重大专项“限定区域和特定场景智能网联汽车技术开发与示范应用”项目和广西汽车“尖峰”计划项目“多功能超模组融合电驱系统关键技术研究及应用”以及教育部“卓越工程师教育培养计划”专业建设等需求，响应国家新能源汽车发展政策及广西汽车产业转型升级政策，为加快培育广西汽车工业发展新动能，建设科技校园和绿色校园，做出桂电应有的贡献。

（来源：融媒体中心 冼欣宜 饶鹤松）

王茂发：在地质、地震人工智能领域砥砺深耕

近日，应急管理部国家自然灾害防治研究院给桂林电子科技大学发来感谢信，对学校计算机与信息安全学院王茂发博士及其研究团队表示感谢。感谢信中指出，2022年1月以来，王茂发同志及其研究团队参与了应急管理部国家自然灾害防治研究院组织的云南宁蒗、青海海北州门源回族自治县、青海海西州德令哈市地震余震预测预报工作。王茂发同志还参与了一月中旬以来汤加系列火山爆发引起的全球SO_2、气溶胶、温度等异常应急科研工作，其间使用了其团队开发的人工智能软件，共同形成了高质量的应急工作报告。希望进一步加深与学校的科研合作，为自然灾害防治工作做出更大贡献！

这些科研工作离不开王茂发及其团队常年默默的坚持与努力。

心中有目标，前进有方向

2020年7月，王茂发从北京信息科技大学调动到桂林电子科技大学工作，来到桂电后，他第一时间加入了刘振丙教授领衔的人机智能研究室。

“到桂电后，刘振丙教授和学院其他领导、同事给予了我无微不至的帮助和支持，让我很快适应了新的工作和环境。大家鼓励我继续从事地质、地震方向的人工智能开发，为我提供了很多实验保障。”王茂发说道。

通过近10年的科研探索，王茂发发现中强震短临余震预测中存在两个主要问题：现代有科学意义的地震记录历史不到100年，而人工智能能够利用的数字地震记录时间只有不到40年，数据严重不足；当前地震研究中用到的人工智能方法过于简单。

针对这两个问题，王茂发明确了自己的研究方向：通过最新的深度元学习技术矢量化模拟地震资料延长真正可利用的地震观测资料的历史；深入迭代开发中强震短临余震智能精准预测模型。

王茂发几乎天天泡在实验室里，带着学生写代码、看资料、研讨算法思路。

功夫不负有心人，经过迭代研发的地质、地震模型和软件，得到了合作单位的

高度认可。王茂发和其团队先后与新疆维吾尔自治区地震局、中国地质调查局发展研究中心、防灾科技学院、应急管理部国家自然灾害防治研究院等单位，在模拟测震记录和地质资料矢量化、中强震短临余震智能预测、火山灾害分析等领域建立了合作关系，相关的模型和软件也被多家单位试用，并提供一些日常服务。

“就在刚刚，团队还完成日本本州东岸近海、甘肃省张掖市肃南裕固族自治县余震预测预报，积累了数据，验证了技术的可靠性。现阶段我们正研究寻找合作单位开展局域碳汇精准模型研究。”王茂发说。

今年汤加火山爆发后，临时受命与部委合作出火山灾害应急报告。恰逢春节，王茂发及其研究生主动放弃休假，加班加点。团队成员周翔向记者分享起他参与任务的点滴，“我主要负责处理数据模块，并将数据以趋势动图形式呈现。每当我遇到问题，王老师都会不厌其烦地指导我，具体到每一行的Python代码，使我进步很大，学到了很多没有接触过的知识。”

“今天做不出来，不等于明天做不出来”

王茂发从2010年开始从事地质、地震方向的人工智能研究，坚持了10余年。这是一个现在并不太“火”的方向，尤其是地震研究，近十年来国际上的声音相对较弱，国内也大抵如此，科研经费也经常是“有上顿没下顿”，是一个“费力不讨好”的方向。

当被问及为什么一直坚持“费力不讨好”的方向时，王茂发笑着回答说：“我们要有做科研的毅力，不能太功利化，坚持科研服务社会的初心是非常重要的，今天做不出来，不等于明天做不出来。”他坚信地震人工智能的科研价值，“有生之年通过地震人工智能研究，减少哪怕一户人家的生命财产损失也是值得的。”这是王茂发对团队成员常说的一句话。

王茂发先后在地质、地震人工智能领域发表了10余篇SCI论文。2016年获批了1项国家自然科学基金青年项目，2021年又在同一方向获批了1项国家自然科学基金地区项目。在桂电这样一个非地震研究科班院校，他对自己能够再次拿到地震人工智能领域的国基资助心存感激：“桂电是一棵大树，我只不过是树上的一片刚发芽的叶子,还谈不上任何成绩。众多的桂电前辈和同事为桂电的发展打下了坚实的基础,我们一定要心存感激、努力工作、不忘初心,争取为桂电的发展做出自己一点小小的贡献。”

接下来,王茂发表示将会把目光瞄向元学习、数字孪生等技术,争取在基础算法和其在地学中的应用进行创新和探索。

“既是良师又是益友”

除了科研,王茂发在教学上也有自己独到的理解。他认为对教师而言,扎实的知识功底、过硬的教学能力、幽默风趣的课堂风格是老师的基本素质。他有一个理念:和学生既要当师生又要当朋友,一定要耐心倾听学生的心声。在课堂上为了拉近师生关系,他很少站在讲台上,而是拿着一根电光笔,时不时走到学生面前提问,与学生互动探讨。王茂发平时说话声音很小,但为了提高教室里互动效果,他练就了“狮子吼”一般的功夫,一天下来在课堂里有时能达到1万多步“运动量”。王茂发这种独特的教学风格,让学生们直呼“过瘾”。

这种互动式教学效果固然好,但对教师本人却提出了近乎严苛的要求,王茂发每次上课前都要对教材、教案、PPT默写一遍,反复提醒自己不论在哪个角落,即使背对板书和屏幕,也不能忘词,教学过程必须自然、流畅。

“幽默博学是我对王老师的第一印象,一堂数据挖掘的课程下来,周围同学都被这个讲课内容丰富、有内涵,还时不时抛出个包袱的老师逗笑了,同学们在轻松欢快的课程中学习到了不少的专业知识。”

“对我来说,最为受益的一点便是学习不再是为了取得学分而学,我在这门从未接触的课程中,发现了我对大数据的兴趣,找到了未来想要努力的方向。”

“老师的专业知识非常扎实,关于深度学习的每个知识点都能讲解得通俗易懂。”

……

王茂发的课堂收获了学生们的满满的好评,不少学生还主动找到他,表示要加入他的毕业设计组,王茂发几乎从来不会拒绝任何学生。“老师每周都会举办一次会议,指导我们完成目前的阶段任务,帮助我们解决所遇到的困惑。有一次我想让王老师推荐一本深度学习方面可用书籍,他二话不说第二天就送了一本给我。”学生贺志成回忆起毕业设计期间王老师对自己的指导,十分感动。

除此之外,当有学生进度过慢时,王茂发还会专门进行辅导,并让先进带后进,目标就是都能毕业。正是他认真负责的态度,组内学生对自己的毕业设计都很有信心。

在繁重的科研之余,王茂发还经常组织研究生一起爬山,畅谈人生,他说:“指导学生读书是一时的,但和学生做朋友是一辈子的。”

“现在再让我回想起与王老师相处的日子,我会想起那些受益匪浅的知识、道理,也会想起欢声笑语的交流瞬间,他既是良师又是益友。”学生冷志雄如是说。

(来源:计算机与信息安全学院)

“深圳工业大奖”揭晓!桂电校友郭丰明及其企业上榜

7月20日,第六届“深圳工业大奖”名单揭晓,桂电校友企业深圳科安达电子科技股份有限公司荣获“深圳工业大奖”-企业,桂电84级校友、公司董事长郭丰明荣获“深圳工业大奖”-工业家。评审结果于7月21日至25日在深圳工业网进行公示。

深圳科安达电子科技股份有限公司是一家专业从事轨道交通产品研发、生产、销售的国家高新技术企业,公司成立于1998年,获评工信部第一批国家级专精特新“小巨人”企业、工信部制造业单项冠军示范企业、中国上市公司创新指数500强、广东省高成长中小企业、深圳500强企业、深圳自主创新百强企业、深圳质量百强企业、深圳行业领袖企业100强、深圳最具潜力50家上市企业、福田区纳税百佳民营企业、广东省工程技术中心、深圳市级企业技术中心、深圳市博士后创新实践基地、工业强国青少年培育活动基地、国际信誉品牌。公司已在深圳证券交易所主板上市,证券代码:002972。

公司主要围绕轨道交通领域提供产品、服务和系统解决方案。目前公司的产品主要有轨道交通信号计轴系统、铁路站场综合防雷系统、信号监测防雷分线柜、道岔融雪系统等产品及相关解决方案,同时为轨道交通领域客户提供工程建设和系统集成服务。公司目前拥有专利技术121项,其中发明专利42项、软件著作权证书51项,在轨道交通信号控制和雷电防护领域拥有深厚的技术积累。经过多年的发展,公司已成为轨道交通信号控制和雷电防护领域最具影响力的企业,并作为主要起草单位参与起草了铁道行业标准TB/T 3233-2010《铁路综合接地系统测量方法》。

据悉,本次评审会由深圳工业大奖独立评审团主席、深圳市政协原副主席廖军文主持。深圳工业大奖独立评审团主席特别顾问、广东省人民政府资深参事、深圳工业总会创办人王肇文,深圳工业大奖独立评审团执行主席、深圳工业总会执行会长吴丽,深圳工业大奖独立评审团副主席、深圳市人民政府发展研究中心原巡视员王世巍,深圳市政协经济委原专职副主任庄智泳,深圳市工业和信息化局领导杨宇清以及委员出席。

深圳工业大奖与中国工业大奖相伴而生。中国工业大奖是经国务院正式批准设立的我国工业领域最具影响力的奖项。深圳工业大奖是由深圳工业总会、深圳商报联合相关行业协会和机构举办,从深圳实际出发,专门设立与中国工业大奖形成对应体系的深圳工业领域的最高奖项,同时也是与香港工业大奖比肩而立的大湾区工业界的重要奖项。旨在表彰长期致力于工业经济发展并做出卓著贡献的工业家和工业企业。在全社会大力弘扬重视实体经济、实业兴国的正确理念,唤起负责任的工业企业和工业家担负起引导工业健康发展的历史使命,激励深圳工业界争先创优,树立工业标杆,以发挥深圳工业企业在“双区”建设中的重要作用。

第六届深圳工业大奖入围企业及项目具有较强的生态主导力和核心竞争力,既有产业基础的研发制造,也有前沿技术的攻坚突破。涵盖先进制造业为主体的战略性新兴产业,包括新一代信息技术、半导体与集成电路、超高清视频显示、新材料、新能源、智能终端、工业母机、激光与增材制造、轨道交通装备、智能机器人、高端医疗器械等多个细分领域。

廖军文主席表示,工业是深圳发展的基本面,是深圳经济增长的主引擎。深圳工业大奖作为激励深圳工业界争先创优、树立工业标杆的重要奖项,对于落实市委、市政府“20+8”产业集群有关的政策及带动制造业向高质量发展,具有重要意义。

王肇文资深参事表示，感谢各政府部门、行业协会、研究机构及专家的支持，希望接下来建立更好的沟通、合作机制，同时也更加实心实意地为民营企业服务。深圳作为粤港澳大湾区的核心引擎城市，要站在引擎城市制高点，辐射带动大湾区企业，推动湾区工业大奖的建设。

吴丽执行主席表示，对廖军文主席及参加此次评审活动的专家学者表示感谢，同时认真梳理、学习、研究各位评委提出的意见和建议，修订完善《“深圳工业大奖”评审管理办法》，共同把深圳工业大奖办得更好，为深圳工业发展作出更好的引领和贡献。

郭丰明校友简历

郭丰明，桂林电子科技大学1984级无线电通信工程学专业，是深圳科安达电子科技股份有限公司(科安达股票代码002972)的创始人和董事长。

郭丰明目前在多个重要行业和协会中担任理事、专家和负责人。他是广东省气象防灾减灾协会的资质评审专家、桂林电子科技大学的客座教授、北京交通大学深圳研究院的兼职教授，也是中国电子商会的常务理事、深圳市电子行业协会的副会长、深圳市企业联合会的副会长、深圳市地方税收研究会的常务理事，以及广东省工程技术研究中心和深圳市企业技术中心的负责人、广东民营企业家智库成员。

郭丰明多年来引领企业专注研发与创新，并获得多项荣誉，其中包括铁道部颁发的“铁道科技奖三等奖”、广铁集团的“科技进步奖一等奖”；获改革开放30年深圳电子装备产业创新人物、全国电子信息行业优秀企业家最具社会责任奖、深圳百名行业领军人物、深圳工业大奖-工业家以及深圳市福田区改革创新先进个人等荣誉称号。

自1998年科安达公司成立以来，公司始终深耕于轨道交通领域，主要围绕轨道交通领域提供产品、服务和系统解决方案。公司为国家高新技术企业。作为国内防雷行业起步最早的企业创始人之一，郭丰明带领企业坚持走科技创新发展之路，于2005年主持研究发明了《BVB信号防雷分线柜》，将系统综合防雷的理念贯穿到铁路防雷中，打开铁路防雷事业新局面，为铁路行业的高速发展做出了突出的贡献。于2007年带领研发团队与国外先进技术合作开发的创新性产品“计轴系统”成功在国内铁路及城市轨道交通广泛使用，市场占有率达到60%以上，成为国内铁路及轨道交通领域隐形冠军。厚积薄发，科安达在他的带领下，获评工信部第一批国家级专精特新“小巨人”企业、国家级制造业单项冠军示范企业，并于2019年在深圳证券交易所主板上市；在深圳特区成立40周年之际，公司获评最具潜力50家上市公司之一。

在创始人郭丰明及团队管理层的领导下，科安达现已成为轨道交通信号控制及铁路雷电综合防护领域的龙头企业。在轨道交通信号控制领域，科安达的计轴系统具有较强的竞争优势，打破了国际巨头对中国市场的垄断，已在北京、上海、广州、深圳等全国50个城市超过200多条城市轨道交通线路中得到应用，并在部分铁路线路得到应用，在国内居于市场领先地位；在雷电综合防护领域，科安达是国内最早从事铁路信号防雷的企业之一，科安达的综合防雷系统在我国高铁、客运专线、普速铁路、地方铁路专用线、城市轨道交通、城际铁路，以及境外铁路（东南亚、非洲等）得到广泛的应用，截至目前累计实施的站场综合防雷系统已超过5000个，居于领先地位。目前科安达已获得发明专利、软著专利等121项。

从最初解决雷击问题到如今成为计轴系统领域的领军企业，再到推出多元化产品和“一带一路”海外市场，科安达在郭丰明的带领下以其深厚的技术实力和市场洞察力取得了卓越的成就。科安达的成功发展证明了“小巨人”的能量，也展示了郭丰明对时代趋势和机遇的敏锐洞察力。展望未来，科安达将继续坚持技术创新和长期专业化战略布局，并为行业的进步和发展贡献力量。

（来源：深圳工业总会科安达官网、校友办）

国家级“小巨人”，桂电校友企业

2023年7月，工业和信息化部开展了第五批专精特新“小巨人”企业培育和第二批专精特新“小巨人”企业复核工作，桂林电子科技大学2003级计算机科学与技术专业优秀校友龚亮华担任公司总经理的校友企业烽台科技（北京）有限公司经过了层层严格评审，凭借自身优秀的技术创新能力、突出的成长速度以及广阔的发展前景，荣获国家级专精特新“小巨人”企业称号。

国家级专精特新“小巨人”

专精特新是指专业化、精细化、特色化、创新能力突出的中小企业，而“小巨人”则是其中的佼佼者。专精特新“小巨人”企业深耕细分市场，是创新能力强、市场占有率高、掌握关键核心技术、质量效益优的排头兵。

烽台科技(北京)有限公司(以下简称烽台科技)是一家专注工业信息安全产品与方案研发的安全企业。自2015年创立以来，始终坚持走“专精特新”之路，深耕安全咨询、网络靶场、安全运营、安全加固产品与方案的研发和推广，自主研发的工业信息安全攻防系统、工业信息安全攻防对抗与竞赛系统、企业级集中化安全监测管理平台及灯塔安全威胁诱捕审计系统等产品遍布全国十余个工控行业，其中工业场景仿真技术深受市场认可，并广泛应用于国内工业信息安全技能大赛。

短短8年，烽台科技实现跨越式发展，2020年获评高新技术企业，2021年获评北京市专精特新“中小企业”，2022年被评为北京市专精特新“小巨人”企业，2023年又被评为国家级专精特新“小巨人”企业，拥有知识产权近700项，其中国家发明专利49项，公司系列产品拥有100%国产自主知识产权，成为国内工业信息安全细分领域的领跑者。

“2023年我们获得国家级专精特新‘小巨人’企业的认定，除了为工业企业提供安全防护能力，还为电力、石油等关基行业客户以及政府、机构提供工业安全服务，每一次成功背后都是技术创新在强有力地支撑。”烽台科技总经理龚亮华说。

机遇与挑战并存，在烽台科技发展过程中，锚准市场需求，持续在创新能力、市场占有率上下功夫，逐步成为掌握关键核心技术的“排头兵”企业，为企业发展赢得先机。

坚持创新才能为企业发展提供源源不断的动力，烽台科技深谙这一点，在研发创新上下足了功夫。烽台科技建有五大先进技术研发中心，从全国各地高薪聘请了专业技术人员，并先后与国家工业信息安全发展研究中心、哈尔滨工业大学、桂林电子科技大学、国家级实验室等建立了长期稳定的人才、技术产学研合作关系，保证了高端产品的持续创新性研发。2022年公司研发投入占销售收入的10%以上。目前研发团队有百余人，占公司总人数的50%以上。

正因为拥有自己的核心研发团队，烽台科技才有能力承担多个高难度项目。成立以来，公司先后承担20余项国家重点项目，其中企业级工业互联网安全运营平台、昆钢工业互联网企业级集中化安全监测平台、工业控制系统安全靶场解决方案、网络与信息安全公共服务平台项目成功入选工信部试点示范项目。

“工业产业各界非常重视工业信息安全，我们经过十余年的技术积累以及对行业的深度研究，建设电子、能源、石化、装备制造等重点行业12个工控和关键信息基础设施仿真靶标，180套攻防仿真场景，3000+培训课件，集成封装主流工控软件及仿真软件资源1500+，信息系统如操作系统、数据库等虚拟化组件5000+。支持线上/线下多用户使用，可与12套实物靶标系统联调进行远程联合演训，成为业内具备顶尖工业信息安全能力的厂家。”龚亮华提到。

凭借“专精特新”产品和“保家卫国”的烽火台精神，烽台科技先后获得广西科学技术进步奖一等奖、国家信息安全漏洞库CNNVD二级贡献奖和“漏洞通报”业务贡献突出单位、自动化领域年度优质工业安全服务商、中国网安产业成长之星、5G应用安全创新示范中心（贵州）企业、网络安全创新能力100强、网络安全产业百强、网络安全创新能力百强、工控安全细分领域代表性企业等荣誉。

“君子安而不忘危，存而不忘亡，治而不忘乱，是以身安而国家可保也。”烽台科技从“一段代码”到“小巨人”，正以精雕细琢的专注精神，成为高附加值、高技术含量的“领头军”。

龚亮华个人简介

龚亮华，烽台科技（北京）有限公司联合创始人、总经理，灯塔实验室执行合伙人。兼任国家工业信息安全产业发展联盟应急组副组长，计算机病毒防御技术国家工程实验室技术委员会委员，中国网络安全产业联盟-CCIA技术专家库专家，中国钢铁工业协会、钢铁行业智能制造联盟理事。目前主要从事网络和信息安全、工业互联网安全、工控安全等领域的产品研发与重大项目管理工作,先后承担国家发展和改革委员会、工业和信息化部等重大科研项目、产业化项目、产品研发项目,具有丰富的科研、产品研发与产业化推广应用经验,在国内网络安全领域重要会议与学术交流会上邀约分享主题报告百余次,参与信息安全领域国家/行业标准研制并发表20余项,申请发明专利30余项,承担国家级/省部级课题10余项,多次获得省部级科技进步奖一等奖、教学成果特等奖等众多荣誉。

(来源:桂电校友会微信公众号、校友办、网络)

第二节 实践工作及其效果

高等院校作为培育高素质创新创业人才的沃土,为国家和经济社会发展建设提供了坚实的人才保障,开展创新创业宣传教育,积极传播创新创业类榜样人物,营造浓厚的创新创业氛围,可以教育引导学生弘扬创新精神,增强创新意识,激发创业活力,提升综合素养和认知能力,提升核心竞争力。

一、融入策略

高校创新创业教育的价值在于以创新创业促进大学生的全面发展,实现大学毕业生高质量就业。高校要紧紧围绕“培养什么人、怎样培养人、为谁培养人”这个根本问题,坚持把创新创业教育摆在重要位置,统筹协调推进创新创业教育与德育、智育、体育、美育、劳育全面发展,承担好“为党育人、为国育才”的神圣使命,办好人民满意的大学生创新创业教育,为国家深入实施创新驱动发展战略提供重要人才支撑。榜样的力量是无穷的,创新创业榜样精神凝结着敢为人先、与时俱进的创新精神,艰苦奋斗、自强不息的创业精神,积极进取、争创一流的创优精神。大学生是创新创业的主力军,大学生创业价值观的培育已成为国家和社会关注的热点话题。如何将“创新创业”榜样精神融入高校网络思想政治教育活动中,是新时代高校宣传文化思想工作的重要任务。通过宣传榜样典型人物的示范效应、激励作用来影响师生的创业决心,借助春风化雨的网络思想政治教育进行观念输送,不断鼓舞更多教师,特别是青年学生在时代洪流中踔厉奋发、勇毅前进,具有重要的宣传教育意义。

近年来，各高校积极搭建校园融媒体矩阵，利用前沿技术为教育融媒赋新能，融媒体时代为高校育人工作提供了新思路、新方法，融媒体中心成为网络育人的重要阵地、载体、平台。桂林电子科技大学积极把脉新时代媒体发展特性，积极探索"创新创业"榜样精神宣传育人新路径，走出了一条符合桂电特色的宣传路径。

二、实践成效

历年来，桂林电子科技大学历来高度重视创新创业教育工作，经过多年的探索，逐步形成了以提高人才培养质量为中心，着力推进创新创业教育与专业教育、信息技术与教育教学融合，坚持实践育人，坚持协同育人，坚持条件保障、问题导向、模式创新的创新创业人才培养模式，积极培养适应国家和地方经济发展需要的创新创业人才。通过选树教师、校友"创新创业"榜样，营造创业氛围，注重培养学生正确的思想认识，鼓励学生积极参与教师科创项目，参加各类大学生创新创业大赛，参与科学实验、企划书起草、调研报告撰写，培养其创新创业实践转化能力等。

本章节选了桂林电子科技大学官方微信公众号从2022年至2023年，宣传推出的7名"创新创业"榜样人物事迹。其中，教师代表4人、教师团队1个、校友代表2人，具有一定的典型性。本次宣传的7篇"创新创业"榜样文章，阅读总量为77485人次，平均每条阅读量为11069人次；总点赞量为1079个，平均每篇文章获得点赞量为154个。其中，推文《太硬核！他是研究"大国重器"的桂电学者》获得单篇最高阅读量19012人次，推文《全国仅10人，桂电陈雪博士入选》获单条最多点赞量316个。在"创新创业"榜样中，有指导学生获全国大学生电子竞赛最高奖"TI杯"的教师，有研究"大国重器"的桂电学者，有中国空间科学领域2023年度"最美科技工作者"，还有获得"深圳工业大奖"的校友和其企业，以及荣获国家级专精特新"小巨人"的校友企业等。通过宣传他们的榜样典型事迹，积极营造创新创业氛围，教育引导广大师生汲取榜样力量。

创新创业榜样在大学生创业实践中发挥着重要的示范作用，这就需要高校在创新创业教育中重视发挥创业榜样的作用，加强宣传引导，积极挖掘、选树和宣传合适的榜样,选树大学生创新创业成功典型,建立大学生与创业榜样之间的良好沟通机制,支持和鼓励大学生向榜样学习,锤炼创业技能,增强挑战困难和挫折的自信心,注重培养和强化能力。高校作为传播知识的殿堂和人才培养的摇篮,必须在弘扬工匠精神方面肩负起更大责任,不断创新教育理念,将工匠精神的涵育充分融入创新创业教育中,培养造就更多高素质大国工匠和高技能人才,为推动经济社会高质量发展提供坚实人才保证。

第九章 “奉献社会”榜样精神融入高校网络思想政治教育实践

第一节 实践案例

不负青春，不负“村”

——记全州县黄沙河镇竹下村第一书记周海平

周海平，2021年4月由桂林电子科技大学选派到全州县黄沙河镇竹下村担任第一书记。驻村一年多来，他始终初心不改，一心为民做实事，点滴之中见真情，用家家户户的小梦筑起乡村振兴的大梦，以实际行动和突出业绩获得了村支“两委”干部和村民群众的高度肯定。

统筹整合资金，实现人居环境、收入水平双改善

驻村以来，周海平主动对接县委组织部、县乡村振兴局、农业农村局，争取基础设施、产业发展项目资金总计400余万元，完成了竹下村乡村美化建设，扩建加固山塘3口，修建水沟水渠6条（约3.7公里），为人居环境提升和地方产业发展奠定了良好的基础。他带领村支“两委”干部与桂林福缘食品有限公司协商合作方案，与村民签订豆角、芥菜保价收购协议，先后完成订单种植共计240余亩，产值约92万元。他还通过后盾单位桂林电子科技大学帮助农户销售水蜜桃7500余斤、红薯粉4200余斤、土鸡土鸭460余羽、酸菜16800余斤，销售额约23.5万元，参与农户平均每户增收达1.6万元，为产业振兴贡献了一份力量。

注重解难纾困，实现幸福感、满意度双提升

周海平始终牢记我们党为中国人民谋幸福、为中华民族谋复兴的初心使命，用

心、用情、用力解决好群众“急难愁盼”问题，让群众有更多、更实在的获得感、幸福感、安全感。

一是补短板，加强民生工程建设。他积极向后盾单位桂林电子科技大学争取资金达47.5万元，用于新建文化广场，绘制各类乡风文明壁画40余幅，安装太阳能路灯115盏，扩建机耕路盖板桥2座，修缮古井1口。

二是防返贫，围绕“返贫底线”下功夫。他严格按照上级文件精神开展工作，2022年以来组织开展帮扶联系人业务培训10余次，详细讲解易错点、收入参考范围等各项信息，与村支“两委”干部一同完成全村脱贫户和监测户遍访，因人制宜定制帮扶计划，协助其申报各类补贴，做到应补尽补。

三是做服务，围绕“项目建设”解难题。他与村支“两委”干部一同帮助项目组解决开工中遇到的各种问题，2022年以来召开村民大会3次，处置各类纠纷30余起，确保上级支援竹下村建设的项目平稳实施。

发挥专业优势，实现教育、人才双提质

针对留守儿童普遍存在“情感上缺关爱、生活上缺关照、学习上缺辅导”等问题，周海平开展了一系列教育提升活动：

一、开设“七点半课堂”共计260余个课时，利用晚上休息时间为孩子们在课后答疑解惑，并开展数独、拼图、棋类等益智游戏，寓教于乐。

二、暑假期间从后盾单位申请2位大学生作为暑期辅导员，努力纠正“特殊困难”儿童的不良心理与不良行为，引导其树立正确的世界观、人生观、价值观。

三、主动联系桂林电子科技大学校工会、桂林市图书馆、北京蔚蓝基金会等，先后筹集各类捐赠约2.5万元，其中包含1000余册图书和一批玩具、体育用品等。

四、为无劳动力家庭学生寻找社会捐赠，在得知唐同学的父亲患食道癌、母亲残疾，父母均丧失劳动力后，周海平通过各类救助信息平台寻找爱心企业资助，通过不懈努力与北京易聊科技有限公司签订了一份长期（2000元/人/年）资助协议，解决了唐同学一家的后顾之忧。唐同学深受鼓舞，发奋图强，在全州高中考试中获得年级第22名的好成绩，立志考上大学回报国家。

五、利用高校工作经验和专业，帮助海燕同学顺利完成了高考志愿填报并成功录取，并将未来大学四年的学习计划、考研、考编规划送到海燕同学手中，为逐步实现教育共富和人才接续做出贡献。

（来源：党委组织部）

桂电又一位“明星”

2021年4月，张明伟受桂林电子科技大学选派，到全州县石塘镇水澄村任驻村第一书记。驻村期间，他脱下皮鞋换球鞋、换下西装穿便装、不开小车开摩托，俯身下沉到村民中间，从大局出发，从小事做起，从细处着力，主动融入乡村振兴，以创建乡村振兴典型示范为目标，出实招、干实事、求实效，用青春力量为乡村振兴蓄势赋能。

助力水澄村的产业振兴

水澄村共有7个自然村13个村民小组，628户2170人。谈起水澄村的特色产业，张明伟如数家珍。水澄村的特色产业丰富，村民经济来源主要为子姜、红薯、羊肚菌种植，以及青蛙、黄牛养殖等，其中羊肚菌种植产业尤为亮眼。

在没到水澄村之前，张明伟一直认为，该村的特色产业做得这么好，村民们的日子应该过得很红火。事实上，当他初次来到水澄村，看到该村的道路、路灯等基础设施都很差，并了解到村民的收入也并不高时，他“简直有点不敢相信”。随后的调查走访让他了解到：原来，该村特色产业虽然丰富，但是特色农产品遇到了销售难的问题。

为了帮助村民尽快解决销售问题，张明伟发动一切可以发动的力量，包括后盾单位、同事好友，甚至还主动去争取更多单位和企业的支持。不论是子姜收获的季节，还是羊肚菌丰收的季节，张明伟一边主动变身“销售员”，帮助村民线上线下销售应季农产品，一边还变身“送货员”配送货物。每个周末返回市区的家时，他的小汽车都是被土特产塞满，义务把顾客订购的农产品一一送达。就是靠着这股不怕辛苦、热心奉献的劲头，张明伟和村支“两委”干部一起，帮助村民及时销售完各种应季农产品。最让村民开心的是，他们村的土特产销售价提高了不少。

驻村以来，水澄村实现年产羊肚菌5000多斤、生姜150多万斤，年出栏肉牛200多头，年总产值超过500万元。乡亲们知道，这份佳绩的背后，离不开张明伟的助力。查看所有销售单，村民发现，单是以张明伟通过个人力量拓展农产品销售途径的方式，就销售本村子姜、蜂蜜、羊肚菌等农产品约40万元，销售桂花树、枫树等绿化苗木14.2万元，他当真是村里名副其实的义务“销售明星”。

为了让村里的产业更好地发展，张明伟和村支“两委”干部一起想办法，一是采取“导师帮带制”，由村级致富带头人“一对一”进行培训，努力把普通党员群众培训为致富能手，为乡村振兴源源不断输入“源头活水”。二是通过“合作社+基地+脱贫户”的模式，大力发展本村羊肚菌特色种植产业，吸收当地有劳动能力的脱贫户到种植基地务工，并让他们掌握羊肚菌种植流程，学会种植技术，从而激发脱贫户种植羊肚菌的热情。三是发展集体经济产业，在后盾单位的支持下，投资20万元整合村内黄牛养殖资源，发展水澄村集体经济黄牛养殖项目，2022年水澄村集体经济收入达到8.2万元。

全心全意为民办实事

在发展好产业的基础上，张明伟以强烈的紧迫感和高度的责任感认真落实脱贫攻坚后评估和乡村振兴等各项帮扶工作，全心全意为民办实事。从2021年4月至今，他认真落实疑似防贫风险筛查工作，做到应纳尽纳，组织后盾单位到村开展关怀慰问活动48次；组织水澄村青年企业家开展“关爱五保户、中秋送温暖”活动，每年中秋前夕给全村五保户送上月饼、食用油、大米和猪肉等生活物资；积极申请乡村振兴帮扶资金、项目，合计金额约147万元，架设太阳能路灯210盏，修建农耕道路1.7公里，硬化产业道路2.5公里等；改善乡村教育环境，为水澄小学申请到教室、运动场整修项目经费5万元；同时组织后盾单位与水澄小学开展结对帮扶，定期到水澄小学开展科技下乡、小学生心理健康教育、美育、体育等帮教活动；做好水澄村古村落保护项目，指导石脚盆自然村申报入选第四批广西传统村落名录。在他的努力下，水澄村脱贫攻坚后评估和乡村振兴工作推进得有条不紊，初显成效，在各级各类检查工作中均得到认可。

石塘镇人民政府的一名工作人员告诉记者，张明伟自担任水澄村驻村第一书记以来，务实肯干、敢于担当，为当地乡村振兴大业做出了一番亮眼的成绩，赢得了当地村民的一致称赞。

在两年的驻村工作中，张明伟在年度考核工作中均被评选为“优秀”；2022年5月，被评为“桂林市优秀共青团干部（乡村振兴团干部专项）”，其驻村事迹先后被《桂林日报》、《桂林晚报》、桂林生活网等媒体报道，并于2022年7月被桂林市委组织部驻村工作队管理（红榜）表扬。

“青春是热情洋溢的美好年华，青年更是伟大复兴的时代新人，愿以吾辈之青春，创乡村之振兴。”张明伟说，接下来，他将用自己的青春力量，继续为打造水澄村的美好未来而不懈努力，用闪耀的青春力量为乡村振兴蓄势赋能。

（来源：《桂林日报》张明伟）

因为有你，大坪更美

2021年4月，孙千峰由桂林电子科技大学选派至桂林市全州县凤凰镇大坪村担任驻村第一书记。驻村以来，他大胆探索，打造“红+绿”红色教育示范村；多措并举，巩固脱贫攻坚成果；多方协调，为村民办实事办好事；勇于创新，提升村干部工作能力；利用优势，带领村民发展产业致富。

大胆探索，打造“红+绿”红色教育示范村

驻村后，孙千峰带领工作队员、村支“两委”干部在走访调研中发现，大坪村红色旅游资源丰富，但整体开发利用率不高，游客驻留时间短。他大胆思索，提出依托大坪（码头村）现有红色旅游资源，打造大坪村“红色湘江，绿色村庄”的“红+绿”红色教育示范村项目，包含大型红色文化墙绘、红色主题餐厅、红色文化党建教育基地、红色驿站、红色商店和绿色生态体验游等子项目，旨在留住游客，增加旅游经济收入。想法得到了大家的支持后，他主动联系后盾单位、县政府、镇政府及相关部门，筹集项目启动经费35万元。这个想法后被县政府采纳，大坪村协助县政府

申报中组部红色美丽乡村建设项目，于2022年1月成功获批，获得中央财政拨款400万元、县政府配套400万元，该项目主体任务预计于2023年12月前完成并验收。

多措并举，巩固脱贫攻坚成果

工作中，孙千峰时刻关注脱贫户中存在返贫风险的边缘户和监测户，遍访全村114户脱贫户，根据每户实际情况制定帮扶措施，对14户监测对象实行第一书记和工作队员一对一监测，定期上门了解情况，开展政策宣传，提供义务支援，帮助申请相关补助等，为边缘户、监测户申请相关补助5.8万元，申报相关保障措施项目15项、义务支援23次。同时，大力争取后盾单位支援，组织桂电党政办、宣传部、学工部、校团委、艺术与设计学院、马克思主义学院、校医院等7个部门60名中层干部进行一对一入户帮扶，扎实做好防返贫工作，巩固脱贫攻坚成果。

多方协调，为村民办实事办好事

大坪小学基础设施条件较差，主体教学楼因年久失修，渗水、漏水情况严重。孙千峰在后盾单位的帮助下开展了一系列帮扶计划：2022年3月初，联系桂电为大坪小学捐赠楼宇修缮资金5万元；5月，组织桂电艺术与设计学院师生为大坪小学捐赠共计一万元的教学用具，并开展义务教育帮扶计划，每个月为大坪小学学生教授美术课1次；7月，联系桂电为大坪村民捐赠大米12000斤，以解“6·18”百年特大洪水灾害造成的物资困难；9月，组织桂电学工处、校团委在大坪小学设立心理健康教育指导站，每季度定期为大坪小学学生进行心理咨询、辅导；10月，组织桂电校医院到大坪村委交流学习，为大坪村民进行义诊活动，得到了村民们的一致认可。

勇于创新，提升村干部工作能力

村干部的综合业务能力，直接影响乡村振兴工作的效果。孙千峰勇于创新，依靠后盾单位专业优势，尝试以桂电派驻全州县6个扶贫村为试点，以村干部为培训对象，开展村干部队伍综合业务能力提升工程，培训内容包含党建材料归纳与整理技巧、办公室软件的初级应用、常用公文的写作辅导以及日常礼仪与表达技巧的指导等。该提升工程共开展理论培训课4次(24学时)、实践培训课2次(12学时)、研讨课1次(4学时),于2021年12月前完成。

利用优势,带领村民发展产业致富

大坪村经济主要是依靠种植业和外出务工为主要来源,但2022年受冰灾、水灾、火灾和疫情的影响,农产品销售量大大减少,孙千峰积极联系后盾单位,争取社会资源,最终桂电购买大棚香瓜2万多斤,为农户带来净收入22万元人民币;同时通过网络平台,为大坪村宣传、营销,解决了大量柑橘滞销的燃眉之急。此外,根据村民需要,还联系了桂电计算机与信息安全学院、全州县农技服务中心,建立了村级技术交流、培训中心,创建智慧农田试点(桂林电子科技大学帮扶实验产业6块、智慧农田试验点1块,土地总计8亩),帮助村民科技兴农,发展产业。

(来源:党委组织部)

桂电老师直播带货!你还不知道他是谁?

吴重江,2021年4月由桂林电子科技大学派驻全州县两河镇上刘村担任驻村第一书记。作为一名在湖北城市长大的85后,从来没有体验过农村生活,驻村工作将他的身份从“大学老师”转变为“小学生”,通过不断虚心学习请教,深入挖掘派驻村资源优势,争取后盾单位及爱心企业帮扶项目资金150多万元,因地制宜,在上刘村修广场、装路灯、兴产业,利用后盾单位的“电子科技”优势,为所驻村的产业振兴添“智”提速。驻村两年来他先后荣获“第一届广西乡村振兴突出贡献奖先进个人(桂林市提名人选)”、“2022年全州县乡村振兴工作先进个人”、2021年和2022年驻村工作队员年度考核“优秀等次”等荣誉,所带领村委会连续两年在乡镇年终绩效考评中荣获“一等奖”。在群众中树立了“守土有责、守土担责、守土尽责”的青年党员新形象,用实际行动践行了自己的初心和使命。

因地制宜,打造上刘特色产业

上刘村所处新富江流域的源头,有着新富江流域优良的生态环境和丰富的水资源优势，在“十三五”期间，村上一直把生态水产养殖作为增加农户经济收入的重要举措，但是多年过去仍收效甚微，村集体经济产业发展并不理想。为发展壮大上刘村集体经济，打造上刘村特色产业，吴重江虚心向高校相关专家学者请教，拜访本村“致富带头人”，邀请广西壮族自治区农业农村厅农技推广服务队、广西特色作物研究院、全州县乡村科技特派员到村调研，最终将产业发展锁定在本村羊肚菌产业基地上。吴重江争取后盾单位帮扶资金30余万元，采取“企业投资保本+种植户投人力收益”的种植合作模式和“企业兜底保价回购”的销售保障模式相结合，将上刘村羊肚菌产业基地纳入村集体经济重点帮扶项目。2022年，利用后盾单位桂林电子科技大学30万元的项目帮扶资金，将羊肚菌种植规模扩大到50多亩，吸纳当地有劳动能力的脱贫户和普通农户10余户参与到羊肚菌基地种植，带动种植农户亩产平均增收1万元以上，促进村民增收和发展壮大上刘村集体经济，经济效益提升显著。

科技赋能，建构现代农业“智”网

上刘村羊肚菌采取的是“仿生态”种植技术，羊肚菌对生长环境要求极为苛刻，所以种植困难大、产量低，需要花费大量人力进行监管。针对当前羊肚菌种植方式较为传统的情况，吴重江积极与后盾单位大数据研究团队联系，邀请学校教授博士团队到村开展实地调研，通过科技赋能乡村振兴，给当地羊肚菌产业搭建智慧监管平台，为当地羊肚菌种植农户提供智慧监管种植的技术和方法；利用大数据共通平台做基础，建构羊肚菌农业作业参数化智慧联网，进行农业移植机械自动化效能提升、开发或改良部分机构。该科技助农事迹得到了《光明日报》《中国教育报》《广西日报》等多家媒体报道。

农旅融合，推动产业发展提速

吴重江以上刘村羊肚菌种植基地为产业发展特色，依托当地丰富的红色文化资源，打造了上刘村“红色资源+教育培训”“古村落+文化旅游”“蓝莓园+生态旅游”等文旅路线，开展现场实践党课宣讲24批次共600余人次，带动当地蓝莓园生态农庄餐饮接待，年营业额达到3万余元。在工作之余，还通过高校电商团队、“第一书记”网络直播带货、微信群“接龙”和后盾单位工会推荐等多平台多渠道，持续开展“驻村第一书记好物推荐”活动，帮农户回购羊肚菌、蓝莓、玉米、红薯、大米、鹰嘴桃等各类农副产品，营业额达65.543万元，给村集体带来了增收致富大改变，上刘村农家米和上刘羊肚菌已初具品牌效应，销售口碑良好。

驻村两年来，吴重江还通过争取社会爱心企业、校友企业和后盾单位等多方资金力量，投入20万元为当地新建了1100平方米的村级文化广场和120盏太阳能路灯；争取各级财政款项46.7万余元修建村内基础设施建设项目。

吴重江注重用科技赋能当地产业振兴，推动产业发展由“输血式”向“造血式”转变，助力乡村振兴，当地村民的满意度和认同度不断提高。

（来源：全州县融媒体中心）

“我不是外人”

“我是个在农村出生长大的孩子，对农村生活有着很深的感情，从到车田村的第一天开始，我就在心里暗下决心，我不是外人，要把这里当成自己的第二故乡，把这里的老百姓当成家乡的父老乡亲，和他们一起共同奋斗建设美好家园。”全州县咸水镇车田村驻村第一书记周海这样说到。

周海，全州县咸水镇车田村驻村第一书记，由桂林电子科技大学选派，自下派到村任职以来，他对党忠诚，勇于担当，为老百姓做实事好事，用实际行动改善农村的基础设施，使车田村的面貌焕然一新。

摸清底子 用脚步感知村情民意

“咸水镇车田村是‘十三五’贫困村，于2020年脱贫摘帽，全村14个自然村，总人口共计2800余人，其中党员83名、低保户127人、脱贫户153户，其中监测户14户102人……”对村子的情况周海了如指掌。据了解，周海自任职以来，带领驻村工作队遍访了所有的脱贫户,走遍了所有的自然村,掌握村情民意。通过走访,了解村内的壮年劳动力大部分外出务工,留在村内的大多为留守老人、妇女、小孩;了解全村的产业状况以及制约产业发展的堵点难点;了解村集体经济发展薄弱的原因……周海通过走访了解全村各类情况,对村委建设发展、群众反映比较强烈的基础设施建设等方面的问题做了详细的登记,为制定工作方案获取了第一手资料。

定策施治 用方案锚定四梁八柱

党员干部要“对党忠诚、个人干净、敢于担当”。这句话是对好干部标准的高度概括和朴素表达。作为乡镇基层党员干部,在实际工作中要做到讲政治、讲责任、讲团结、讲学习、讲实干、讲纪律,只有这样才能担当起党和人民赋予的职责和重任。

善做善为 用实绩交出满意答卷

自《桂林电子科技大学2021年乡村振兴工作实施方案》落地以来,车田村共审批通过项目4项,资金17.5万元,加上前期拨付“八有两安”经费1.5万,共计19万元。完成4座水轮泵和1座堰坝的维修改造工作,有效解决了发展产业用水难的问题;完成村委基础设施改造,提升了村级活动场所的服务能力。其中村民群众对水轮泵及堰坝维修改造这两项工程很支持很满意,切实解决了村民群众饮水灌溉的困难。另外,他积极组织参与农村精神文明建设、人文关怀等工作,联系桂林“爱善济困”协会开展“六一”慰问活动,捐赠了价值1.5万元的办公设备、图书和体育用品;联系桂电国际学院肖霖岳老师资助两名困难中学生,每年资助4600元;积极开展党日活动,联系朋友赞助篮球架、“七一”党员纪念相片、水杯、雨伞等用品,捐赠3000元购买慰问品慰问党龄超过50年的老党员们。组织了三场全村文化文艺汇演,两场全体党员大会,丰富了村民文化生活。村民们热情参与,营造了良好的文化振兴的氛围,拉近了驻村队员与村民群众的关系。

(来源:广西新闻网)

首次突破10万元大关，他功不可没

宁毅是桂林电子科技大学的一名青年干部，2021年4月，他主动报名，服从组织安排到全州县金屏村担任驻村第一书记。到村一个月，他便克服语言困难，走家串户，访遍了村里119户脱贫群众，快速熟悉了金屏村的情况，明确了工作思路和规划。现在，在金屏村村民的心中，他不仅是待人热心、工作踏实的驻村书记，也是“知心人”“自家人”。

落实惠民政策，巩固脱贫攻坚成果

许树明笑着说：“宁书记帮我谋划产业发展，落实惠民政策，帮我家顺利克服了2022年特大洪水的影响，让我的家人重新燃起了对美好生活的信心。”许树明是2016年脱贫户，是村中的致富带头人，在金屏村以养鸭子为生，2022年6月全州县金屏村出现了70年一遇的大水。洪水将许树明的鸭棚和家具等全部冲毁了，待售的鸭子也被洪水冲走了，损失超过了16万元，家里变得一无所有，2022年有近5万的贷款到期需要偿还。宁毅入户了解情况后，立即为他落实了公益性岗位、产业奖补、延长无息贷款等帮扶措施，减轻了他的家庭负担，消除了返贫风险。经过一年的帮扶，许树明成功克服了洪灾影响，2023年预计新建养鸭大棚3个，年收入预计达10万元以上。

驻村一年多来，宁毅每月定期开展防返贫排查，深入群众家中了解“两不愁三保障”及安全饮水情况、近期的身体状况、家庭变化、生活生产情况等，不断落实各项惠民政策，帮助脱贫群众巩固脱贫成果。截至目前，金屏村有2户群众纳入监测管理，经过帮扶，都已经消除了风险；落实产业奖补30万元，“雨露计划”62人次，危房改造2户，发放小额无息信贷50万元等。

履职尽责担当，倾心服务村民

“金兰村旁边的山林着火了！”2022年11月的一天，正在吃午饭的宁毅听到这个消息后，立刻带领驻村工作队员李永锋、侯汝斌赶到金屏村委金兰自然村，携带灭火器械，疏散周边群众，维持秩序，控制火情，最终火势得到有效控制，无人员伤亡。

2022年6月，连日的雨水导致金屏村旁边的湘江和长亭江河水暴涨，水漫过了屏山渡自然村、花桥自然村、兴隆村，村民的生命安全受到了严重威胁，面对此情形，宁毅与村委干部24小时值班，紧急转移470人，向农户发放赈灾方便面300箱，经过日夜奋战，没有出现人员伤亡事故，顺利度过了特大洪水灾情。

金屏村委金兰村村民唐孝林说：“多谢宁书记，我家住上了安全房子，再也不用担心下雨的时候房子坍塌了。”宁毅冒雨连夜走访核实唐孝林家的住房情况，并及时向政府各级部门反映，落实了危房补贴，使唐孝林一家能够在2023年春节入住新房。

宁毅总是仔细耐心地做好每一项工作，入户开展接种疫苗宣传，协助年老村民进行养老认证，处理村民间的各类纠纷，修好饮水水池，加固防洪堤，为金屏村安装路灯，修建好产业路，安装好水泵，并在后盾单位桂林电子科技大学的帮助下销售金屏村农产品等，正如他自己所说：“作为乡村振兴的一份子，能够为村民办事，是一件很光荣的事情。”

壮大村集体经济，推动乡村振兴

习近平总书记多次强调，乡村振兴，关键是产业要振兴。宁毅与村委干部通过多途径壮大金屏村产业发展，2022年金屏村集体经济收入首次突破10万元大关。一是鼓励村民扩大豆角种植规模，实现村民专业合作社产销一体化。2022年实现了户均增收4200元以上，并推广了50户脱贫户种植，全村种植规模达330余亩，2022年产值达600万元，比2021年产值增长80%，豆角已发展成为金屏村种植区域最广、面积最大的特色农产品，也是群众增收最快的富民产业，小小的豆角变成了金屏村的致富“金豆”。二是推动特色产业——枧塘香瓜的发展。2022年新建枧塘香瓜大棚5个，产量超过1万斤，产值达到7万元，带动脱贫户10余户增收。解决了金屏村种植香瓜的各种问题，目前计划在2023年持续扩大香瓜种植规模，并注册金屏村香瓜品牌，持续夯实金屏村集体经济基础。

（来源：党委组织部）

博士黄保持，为何去农村?

他是全屯走出来的第一个博士。

他也是单位奔赴乡村的第一个博士。

1985年出生的黄保持是广西天等县驮堪村桐屯人。四年前，勤奋好学的他从中国政法大学法学博士毕业后，来到如诗如画的桂林，成了桂林电子科技大学的一名专任教师。

两年前，黄保持主动向学校提出申请——去驻村。

消息一出，全校震惊。当他来到全州县凤凰镇大坪村委当驻村工作队员时，当地百姓也备感意外：博士驻村，岂不是杀鸡用牛刀？

更出人意料的是，就在黄保持驻村一周后的2021年4月底，他把年幼的女儿和年迈的母亲接到身边，目的就是想安心工作。

来自农村，服务农村。带着这样的想法，黄保持驻村时有股拼劲：身着朴素衣服，走村入户，对全村的党建、土地、教育和产业等进行立体式的调查分析；不会开车，就靠骑电动车和两条腿，成功实施了智慧农田项目；维修灌溉渠，修缮教学楼，修建产业路……他样样都亲力亲为。

大坪渡口位于大坪村头，原是水陆交通要津。1934年11月，红一军团涉渡而过，为后续中央红军大部队强渡湘江打开了一条生命通道。因此大坪渡口被誉为“红军强渡湘江第一渡”。正因意义特殊，黄保持与驻村第一书记以及村干部多次研究后决定，在村里推行“红色项目”。

材料上报后，与县里打造红色旅游强县的意图不谋而合。2022年1月，大坪村“广西红色美丽乡村建设”项目获批，并得到了中央财政拨款400万元、县政府配套400万元的扶持资金，令人刮目相看。大坪村党委书记、村委主任唐志勇说，大坪村“蜕变”的背后，“黄老师功不可没”。

一件件实事的步步推进，让黄保持整天忙碌得像个陀螺。去年秋季他把女儿送到镇上幼儿园上学。妻子陆薪芳是同校的一名行政工作人员，她只好经常来村里探望。2022年10月17日，他们喜添“二宝”。但黄保持仅在医院陪伴妻儿5天，就匆忙返岗。谈到这些，陆薪芳忍不住落泪：“每次产检，看到别人都有老公陪着排队呀、拿报告呀，但这些都得我自己来。我也希望他能陪在我身边，可党培养了我们，我们就应该到党最需要的地方去。哪怕脱一层皮，我也要支持他！”

很多人不知道的是，因为对大坪村的真挚感情，黄保持给“二宝”取名叫“黄大坪”。

从一名高学历的高校教师，到“拖家带口”去驻村，“黄博士”有何感想？2023年2月8日，黄保持坦言，他从农村来，懂得农村，想回馈农村，也想给广大学子树立榜样，更想让更多的农村人奋斗成才。

（来源：《桂林日报》）

他在村里，有三把“斧子”

何伟，一位土木工程专业的高级工程师，桂林电子科技大学选派到全州县两河镇上刘村的驻村第一书记。自2023年4月任职以来，他紧紧围绕乡村振兴工作大局，忠诚履行责任和使命，深入基层，倾听民意，调研资源，考察产业，为乡村发展擘画新篇章。

首斧挥舞，“扶幼”工程破土而出

2023年，桂林电子科技大学引入爱心企业捐赠300万元，在两河镇援建天赋幼儿园项目。何伟主动请缨，申请到两河镇上刘村任驻村第一书记，凭借丰富的工程管理经验，通过审核，光荣成为一名乡村振兴奋斗者。

上任后，他紧锣密鼓地开展工作，制定进度计划，召开推进会，举行开工仪式，倒逼施工方破土动工。同时，他积极协调各方，化解建设难题，全力推动项目进展。如今，天赋幼儿园已拔地而起，预计2024年春季学期即可招生，惠及周边6个村委，解决农村留守幼儿入园难、入园远的问题。

二斧挥舞，“甜糯”产业孕育而生

上刘村地理位置偏远，人均耕地面积有限，农作物收益不高，缺乏规模效应。

何伟经过深入调研，发现上刘村有种植玉米的传统，但多为高产玉米，主要用于养殖饲料。他结合任前考察学习的经验，引进甜糯玉米品种试种、试制、试销，摸索经验，取得成功。他还带领村支“两委”班子3次前往才湾镇、来宾市忻城县相关产业深入学习考察，制定甜糯玉米种植及加工产业发展规划，成功争取后盾单位桂林电子科技大学产业帮扶资金100万元，建设日产量4000斤的熟制甜糯玉米生产厂房，打造“恬小诺”特色农产品品牌。计划2024年发动群众种植甜糯玉米1000亩，带动本村及周边村委150户脱贫户种植增收，吸纳20名脱贫人口就业，助力村集体经济收入超过30万元。

三斧挥舞，“恬心”帮扶接踵而至

何伟注意到，上刘村农产品品质优良，但分散、量小、难销。于是，他整合农产品资源，突出产品优势，将“土货”变“俏货”。

驻村8个月来，他带领村支“两委”干部、致富带头人和脱贫户，依托村内资源，扩大种植规模，推出优质稻、羊肚菌、甜糯玉米、红薯、小籽红花生、脐橙、鹰嘴桃等特色农产品。通过多种渠道，累计销售农产品金额70余万元。开展“第一书记好货推荐”，在微信群发起团购接龙，周末顺路将优质好货带回桂林分发，累计销售金额5万元。依托上刘村红军长征展览馆和无名烈士墓两处红色文化资源，打造上刘村“红色资源+农耕体验”文旅路线，接待“农文旅”活动4次，通过现场采摘方式，销售农产品1万余元，助力村民增收。

何伟以其丰富的工程经验，为乡村振兴注入强大动力。三斧辟新篇，他将继续为实现乡村全面振兴，奋力书写新篇章。

（来源：全州县融媒体中心）

他说，一样都不能少

王忠，男，汉族，1992年4月生，河南焦作人，中共党员，计算机技术硕士研究生。桂林电子科技大学生命与环境科学学院团委书记，2023年4月选派到全州县凤凰镇大坪村任第一书记。

“大手拉小手”，助力大坪教育振兴

发挥后盾单位的力量为大坪村解决实际问题，是第一书记义不容辞的责任，群众对第一书记工作的满意是他最大的收获。2023年4月，王忠刚到大坪村就了解到村里有一所小学，虽然仅有17个学生，但多数是留守儿童，于是王忠早早就开始计划要给这些学生过个特别的“六一”儿童节。6月1日当天，“大手牵小手，助力乡村教育振兴”——大坪小学六一桂电行活动顺利开展。活动期间，桂电校领导向大坪小学小朋友们致以节日祝贺并赠送了“六一”礼物——文具盒、水彩笔、篮球、足球等文体用品。

王忠带领大坪小学的小朋友们参观了桂电校史馆，看到小朋友们被花江校区规划沙盘以及计算机、收音机等实物展示深深吸引，他也满心欢喜。在心理健康教育中心，小朋友们沉浸式体验了心理健康教育设施，参加了由中心老师组织的心理团辅小游戏，现场气氛欢乐，笑声不断。随后，小朋友们和家长代表参加了亲子美育实践活动，参观了生物电子创新基地、机电综合示范中心，并游览了校园。

王忠以此活动为契机，持续与学校学工与团委党支部紧密联系，围绕“青春筑梦”主题，利用支部特色、党员特点、部门业务优势，面向大坪小学开展资助育人、心理育人、美育育人等一系列志愿服务活动，引导大坪小学的孩子们自信自强、团结友爱、积极向上。

乡村振兴，交通先行，共建美丽平安大坪

王忠担任第一书记以来，深入调研村情民意，了解到村内主干道存在较多安全隐患。为有效预防和减少大坪村道路交通安全事故的发生，2023年6月，王忠在向桂林电子科技大学建筑与交通工程学院联系反映了这一情况之后，不久便得到了一批援建的交通设施。经过紧张施工，大坪村内主干道与各自然村连接处重新设置了11根反光柱、5个爆闪灯，增设了7个“T型”路口警告标志和6条“十型”路口警告标志、2个减速带事故多发警告标志，村内桥两侧的防撞墙均安装了反光贴，人行横道、减速垄以及减速带重新划线414米。为守护大坪村群众生命财产安全，共

同筑起一道坚实的防护屏障。

不断巩固脱贫攻坚成果，拓展大坪发展新路子

王忠与驻村工作队员们严格按照上级要求，深入全村13个自然村，遍访全村所有脱贫户（监测户），对各户最新的家庭人均收入、个人健康等情况进行详细登记，并及时宣传最新的健康帮扶、就业帮扶以及教育帮扶等相关政策。走访入户之后及时与村委班子集中研究调整帮扶措施。

驻村至今，王忠还组织全村患有白内障的老人到村委接受眼科医院的义诊；邀请农业专家到村面向脱贫户开展种养技术培训；协助脱贫户种植蔬菜瓜苗；修缮村内篮球场和新时代文明实践广场等。

推动消费帮扶，倾情助力大坪产业振兴

王忠得知村里种植紫薯的农户农产品滞销，了解到紫薯不宜存放过久，他积极为农户牵线搭桥，由本村的全州喜来旺种养专业合作社统一收购制作紫薯粉，既破解了紫薯的存放问题，又解决了农户的销售问题。截至2023年年底，后盾单位桂林电子科技大学集中向大坪村采购了近10万元的紫薯粉，并将产品纳入乡村振兴销售展柜，供全校师生长期自主选购，保障了紫薯的销售和农户的收益。

王忠秉持上下同心、开拓创新、攻坚克难、不负人民的驻村精神，倾力推动大坪村的乡村振兴事业。“乡村振兴，一样都不能少！”王忠是这样说的，也是这样做的。

（来源：党委组织部）

我们的“神笔马亮”，大显身手

田杰，山东蒙阴人，桂林电子科技大学选派到全州县咸水镇车田村的驻村第一书记。作为一个从沂蒙山走出来的“沂蒙人”，他从小就深受沂蒙精神影响，一直有着乡村情怀。驻村半年多，他吃在村、住在村、干在村，对村情民情进行了全方位的了解。

2020年,一部温暖人心的电影《我和我的家乡》受到广泛关注,赢得了大众的好口碑。该电影深情地讲述了发生在中国五大地域的家乡故事,抒发深厚的家国情怀,并生动展示了我国在脱贫攻坚战中的辉煌成就。影片中,令人印象深刻的角色“神笔马亮”成为观众的心头好。他毅然放弃了赴国外顶尖美术院校深造的金色机会,瞒着妻子到了乡村,成为一名朴实无华的驻村干部。马亮运用他的美术天赋,用画笔生动地记录了脱贫攻坚道路上那些笑容与泪水交织的瞬间。

令人惊喜的是,在我们桂电,就有一位现实版的“神笔马亮”。他坚定地传承红色精神,紧密围绕乡村振兴这一伟大工作,通过抓班子,带队伍,兴产业,促发展,努力掀起全州县咸水镇车田村发展的新热潮,现在,就让我们一起走近这位现实中的“马亮”,去了解他的驻村故事。

心有乡村情,梦有家人助

“孩子才10个月,他连爸爸妈妈都不会叫,你去驻村,我和孩子怎么办?”妻子的这句话让准备递交驻村第一书记报名表的田杰一时语塞,他的内心也十分纠结,孩子还小需要父亲的关爱,妻子生产不久也需要丈夫的照顾。辗转反侧几个夜晚,他最终对妻子说道:“我从小就有一个梦想,长大后要为养育我的家乡做点贡献,我是一个从沂蒙山走出来的人,虽然远离了家乡,但沂蒙精神一直激励着我。我们现在定居广西桂林,广西就是我第二故乡了,我想为第二故乡做点贡献。老婆,你支持我吗?”良久,妻子说道:“当年我们一起看《我和我的家乡》时我哭得稀里哗啦,你问如果你是马亮,作为妻子我会支持你吗?当时我说,一定支持你。今天我也是这个回答,我支持你!”几番讨论后,家人最终圆了他的乡村情,驻村梦。

巩固加拓展,产业有活力

2023年车田村木耳种植基地共产出木耳1600斤,他积极向上任第一书记学习木耳种植技术,打造绿色健康的木耳产品,从设计包装外观到产品质量把控每个环节都亲力亲为。学校帮扶消费6万元进行木耳采购,为车田村集体经济发展注入了新活力。

2023年下半年，他向后盾单位争取产业帮扶资金48万元，用于发展车田村面条加工厂产业项目，项目计划于2024年6月投产，投产后预计面条年产量可达50吨，项目年产值可达100万元，并提供11个长期技术岗位，持续帮助农民增收和发展壮大村集体经济。为推进巩固拓展脱贫攻坚成果同乡村振兴有效衔接，田杰带领村支“两委”干部以及部分脱贫户盘活村集体用地8亩，将原有种牧草的地转种甜糯玉米，为村集体经济再次创收。

此外，他还积极向县局有关单位申请基础设施建设项目，为车田村向家自然村申请安装太阳能路灯45盏，建成后受益群众达200余人，为村民生产生活带来便利。

手中有画笔，心中有希望

闲暇时，田杰利用自己的绘画专业特长，主导设计了村委儿童之家墙绘美化，并与来村社会实践的学生共同完成墙绘，总绘画面积约100平方米，为村委儿童娱乐场所营造了童话般的氛围。

乡村要振兴，文化需先行

为了能更好地提升车田村乡村文化振兴，他结合团委工作经验，与后盾单位争取活动经费积极开办村级文化类活动如“舞蹈大赛”“夏日纳凉晚会”等，并组建了车田民乐队丰富村民文化生活。积极协助桂林电子科技大学艺术与设计学院开展“以美育人，艺术赋能乡村振兴”志愿服务活动，让车田小朋友们的暑假生活不单调，让他们的小小画画梦重新点燃。

柔情与事业，信念需坚定

“宝宝，叫爸爸……”这句简单的话语，田杰曾无数次地重复，耐心地期待着那声稚嫩的回应。然而，刚开始学说话的儿子总是习惯性地喊出“妈妈”。那一刻，他一阵心酸，他深知自己在儿子成长的过程中，陪伴的时间少了。但他相信，当儿子长大成人，了解了他曾为乡村振兴所付出过努力，那份理解和骄傲定会如阳光般洒满他的心田。“孩子，希望你能原谅爸爸的暂时离开。村民们在乡村振兴的道路上，依然需要我贡献一份力量。”这段话如同他心中的一汪清泉，流淌着对家庭的柔情与对乡村振兴战略的坚定信念。

驻村期间，田杰一直秉持着那颗“助村”的初心，铭记着“带富”的使命，立足岗位积极为群众做实事、解难事，得到一致好评。

（来源：徐大鹏　罗春玲）

是辅导员？是“泥腿子”？他到底是谁？

孟城功，桂林电子科技大学选派到全州县枧塘镇金屏村的驻村第一书记。任职以来，这个来自河南焦作农村的90后小伙，在市、县委组织部，后盾单位，以及镇党委、政府的正确领导下，始终以“党旗所指，初心所向；乡村振兴，初心不忘”的工作宣言要求自己，与金屏村村支“两委”干部一道，坚持一心为群众办实事，紧紧围绕乡村振兴工作大局，通过抓班子，带队伍，兴产业，促发展，努力掀起金屏村发展的新热潮，在金屏村的土地上挥洒自己的汗水。

革命同志是块砖，哪里需要往哪搬

2023年2月，孟城功看到学校组织部发布新一批驻村第一书记和工作队队员报名通知，本就来自农村的他萌生了加入乡村振兴队伍的想法，和家人商量之后便递交了报名表，经组织考察与推荐，他被选派到金屏村担任驻村第一书记。虽然这只是他参加工作的第三年，他已获得2020年度辅导员最佳新人奖、2021年度文明校园创建工作先进个人、2022届桂电毕业生最喜爱的老师以及2022年度就业工作先进个人。驻村前，他的学生都问他：“孟哥，是什么动力让你选择了做驻村第一书记？”他回答道：“因为我是一个共产党员！”

转变角色要尽快，首先要过语言关

4月14日，孟城功满怀热忱和期待来到了金屏村。面对陌生的工作环境，一切需从头开始，从村情实际出发，从群众所需、所盼、所想出发。为了做到尽快转换角色，熟悉工作环境，他坚持做到“三勤”：一是勤于学习，增进沟通。潜下心从实践中学、静下心在同志中学、沉下心到群众中学，做到多交流、勤沟通，尤其是要努力学习“全州话”，努力听懂“全州话”，争取会讲“全州话”。二是勤于调研，熟悉村情。他跟随上一任第一书记深入田间地头和群众家中开展调研，不断熟悉各自然村情况，针对本村工作实际，进行认真梳理、归纳总结，形成有针对性的调研报告。三是勤于锻炼，积累经验。为尽快熟悉和掌握农村基层工作方法，他积极参与镇党委、政府在村里开展的各项重点工作，不断打磨锤炼自己的本领。

科研助农新模式，直播带货助振兴

7月6日，孟城功在后盾单位桂林电子科技大学的支持下，邀请商学院师生到村开展“红薪领航，科研助农”乡村振兴实践活动。在活动中，他带领实践团实地走访沃柑、沙糖橘和香瓜的培育种植基地、农田，深入了解当地作物生长情况、种植大棚装置配置和网络使用情况、农田土壤土质和作物生长气温湿度等情况，结合与香瓜培育基地负责人、村支书和村民开展深度访谈内容，分析得出香瓜等产业存在种植户少、培育技术不足、产品供需不平衡和销售渠道单一等问题，并针对相关问题一一提出解决方案。他还邀请商学院师生代表一同为金屏村、水澄村、大坪村、车田村特色农产品开展直播带货活动，向广大消费者推荐羊肚菌、香瓜、木耳和紫薯粉产品。这次直播观看人数达1500余人，累计获赞达9万余次，产品销售总金额达5132元。

乡村振兴正当时，辅导员变身“泥腿子”

孟城功向后盾单位桂林电子科技大学争取乡村振兴帮扶资金10万元，发展金屏村莲藕-水稻基地，探索村集体经济发展新路径。项目以金屏村居民委员会为依托，种植大户唐定定、脱贫户唐崧富为主要负责人，采取租用金兰村农田集中进行试点种植，形成示范效应之后，再尝试扩大种植规模推广，构建“农户+合作社+后盾单位+政府”产业效应，激发脱贫户自身发展动力，发展金屏村产业新方向，助力乡村振兴。该项目已于今年7月19日提前启动种植，第一期已抢种近6亩，长势较好，将于2023年12月底至2024年1月初迎来第一批收获。第二期计划于2024年清明前后启动种植，可顺利扩建至10亩。

后盾单位抓落实，消费帮扶暖人心

截至目前，孟城功精准对接后盾单位桂林电子科技大学主要负责同志及二级党委、机关党委相关领导到村指导20余次。他还完成了两次消费帮扶工作，在学校教职工群发起了19次好物推荐接龙，不仅是农产品“销售员”，还是周末“配送员”。入职8个多月以来，他共帮村民卖出香瓜、土鸡土鸭、大米、土鸡蛋、小籽红皮花生、甜糯玉米、脐橙、东方红、橘子、红薯粉等农产品近40万元，带动100余位村民增收。

（来源：桂林市乡村振兴局网）

他，有点兴村致富的“门道”

韦松磊，桂林电子科技大学选派到全州县石塘镇水澄村的驻村第一书记。自2023年4月任职以来，他深知自己肩上的光荣使命和任务，快速完成了身份转变，从小在农村长大的他很快就适应了水澄村的生活和环境，第一时间融入这个村集体。同时，他紧紧围绕乡村振兴这条主线，主动调研思考，及时推进产业发展、乡村建设、乡风文明等工作，积极为乡村建设添砖加瓦。

以“决心”守初心，为产业振兴增“潜力”

“农为邦本，本固邦宁”，韦松磊注意到推进乡村振兴战略关乎农民的切身利益和福祉水平，找到适合的发展路径开发产业，才能提高村民的经济收入。于是他紧锣密鼓地开展产业调研，深入基层了解村情民意，召开研讨会，多渠道听取各方面意见，共同探讨本村产业发展的方向，确定了生姜种植和黄牛养殖为主要产业，并动员村民扩大生姜种植和黄牛养殖规模，带动水澄村村民种植生姜100多亩，实现种植农户每亩获纯收入1.5万元以上。同时，他向后盾单位桂林电子科技大学争取乡村振兴帮扶资金10万元，用于对生姜和黄牛产业的发展和宣传，决心将生姜和黄牛肉打造为水澄村的品牌产品。自2023年7月以来，通过他的推销和争取，共向后盾单位桂林电子科技大学销售了黄牛14头、生姜8000多斤，总价值30余万元。后盾单位教职工及家属、校友们对水澄生姜和黄牛肉等高品质产品的高度认可和广泛关注，为产品的发展开了好头，激发了产业发展的潜力。

此外，韦松磊还持续巩固和推动水澄村羊肚菌的种植，引入企业，采取"企业投资保本+种植户投人力收益"的种植合作模式和"企业兜底保价回购"的销售渠道保障模式，带动羊肚菌合作社种植羊肚菌由2022年的20多亩提高到2023年的50多亩，促进村民增收和村集体经济发展壮大。

以"真心"换民心，为幸福乡村建设注"动力"

自驻村以来，韦松磊用真心去做实做好每一件事。他牢固树立群众观念，与群众同吃、同住、同乐、同劳动，与群众打成一片，做百姓的知心人，真正做到知民情、懂民意、通民心，以实际行动取信于民。他从群众最关心、最直接、最受益的事情抓起，不断改善群众生产、生活条件，尽心尽力为民解难事、办实事、办好事，用自己的真心付出获得广大村民的认可。他了解到脱贫户刘转妹因住得较偏，水泥路还未修到家门口，雨水季节道路泥泞，出入比较麻烦，他立即与驻村干部一起探讨修路方案，向县乡村振兴局申请了资金支持，并组织驻村工作队员、村干部、年轻党员一起动手，共同为脱贫户修建一条直通大门的水泥路。他了解到黄泥湾自然村原有的饮用水水管已使用超过15年，目前多处存在老化、松动、破裂等情况，偶尔会断水，影响村民的日常生活，于是他向后盾单位桂林电子科技大学申请了4.5万元资金，对水管进行修缮，确保饮用水得到正常供应，解决了400多名居民的饮水问题。他了解到秀柳坪产业路还未硬化，农产品运输困难，于是他与驻村工作队共同努力向县里申请了道路硬化资金53.1万元，完成了秀柳坪产业路硬化项目。据了解，秀柳坪区域有耕地面积约235亩，主导产业为生姜种植和黄牛养殖，以及红薯、花生、辣椒、桂花树等种植，预计年产值达110万元，直接让288户800多名村民受益，联农带农共富卓有成效，能有效促进农民增收，助推水澄乡村振兴。

以“爱心”暖人心，为乡村发展添“活力”

韦松磊在驻村期间经常留意村民的农产品收获情况，并向农户了解销售问题，发现有滞销情况就会想办法帮农户分销，开展“第一书记好货推荐”和消费帮扶，通过消费帮扶促振兴，通过助农增收暖人心。驻村以来，他主动担当群众的周末“送货员”，主要向后盾单位及身边好友推出黄牛肉、生姜、羊肚菌、甜糯玉米、红薯、小籽花生、生态土鸭等特色农产品。通过发送微信朋友圈、发起微信群团购接龙等形式进行宣传，周末顺路将特色农产品带回桂林分发，截至目前他已累计销售农产品56万余元，带动100多名村民增收，推动乡村发展。消费帮扶的持续开展和后盾单位的大力支持，让群众看到了温暖和希望，给脱贫群众增添了动力，给乡村建设和发展增添了朝气和活力。

（来源：党委组织部）

第二节 实践工作及其效果

在中华几千年的历史中，舍己为人、克己奉公、鞠躬尽瘁等一直为世人所尊崇，凝聚为中华优秀传统文化的文化内核，成为中华民族传统美德的重要组成部分。我们要传承和弘扬奉献精神，将奉献精神传导给更多人，激励人们见贤思齐、择善而从，感召人们忠于职守、尽职尽责，积蓄起众志成城、团结奋斗的强大合力。

一、融入策略

将“奉献社会”榜样精神融入高校网络思想政治教育，要善于从“基层一线”中发现无私奉献典型，善于挖掘和总结榜样典型的新鲜经验、感人事迹。本章在人物的选取方面，选择了学校选派的两任共12名第一书记和驻村工作队员的榜样事迹。他们是学校“奉献社会”模范代表，在推动实现乡村振兴事业上付出了辛勤汗水，做出了积极贡献。大力宣传他们的奉献精神，对培养青年大学生的社会责任感和担心精神，鼓励他们积极参与公益活动，做奉献社会的践行者具有良好的教育引导作用。

高校可以通过融媒体中心新媒体平台进行宣传和传播,可以创作奉献精神相关的短剧、短视频、图文等,以有趣、有创意的方式向更广大的群体传递正能量。同时,要注重融媒体视域下正确的舆论引导和身边榜样故事的正能量传播,积极主动引导大学生学习身边榜样人物事迹,在"立榜样、学榜样、做榜样"的过程中,对大学生深入、持久、生动地培养奉献精神,将"奉献社会"榜样精神教育贯穿高校育人全过程。

二、实践效果

高校既是人才高地,又肩负着为党育人、为国育才的使命,鼓励和引导广大师生参与到乡村振兴一线工作中,把论文写在祖国大地上,既能够为乡村振兴提供强有力的人才支撑,又是贯彻实践育人的有效抓手。高校投身到乡村振兴工作实际中,主动担当作为,自觉把个人价值同社会价值相结合,把乡村振兴作为高校服务国家、服务社会、服务人民的重要阵地,发挥优势,为推进乡村全面振兴不断注入新活力。学校融媒体中心通过新媒体宣传奉献榜样故事,以娓娓道来的方式,深化青年对第一书记的认识和理解,坚定理想信念、铸牢初心使命,发扬光荣传统、赓续红色血脉。

从脱贫攻坚走向乡村振兴,不是一条平坦之路。这12位第一书记和驻村工作队员始终保持昂扬向上的精神状态,用心用情用力解决好群众急难愁盼问题,以永不懈怠的精神状态和一往无前的奋斗之姿,以严格的态度,敢担当的精神,抓落实的决心,更有力的举措,汇聚更强大的力量来推进乡村振兴。周海平,他始终初心不改,一心为民做实事,点滴之中见真情,用家家户户的小梦筑起乡村振兴的大梦,以实际行动和突出业绩获得了村支"两委"干部和村民群众的高度肯定。张明伟,他脱下皮鞋换球鞋、换下西装穿便装、不开小车开摩托,俯身下沉到村民中间,从大局出发,从小事做起,从细处着力,主动融入乡村振兴,用青春力量为乡村振兴蓄势赋能。孙千峰,他大胆探索,勇于创新,多措并举,多方协调,为村民办实事办好事,带领村民发展产业致富。吴重江,他作为一名在湖北城市长大的85后,从来没有体验过农村生活,通过不断虚心学习请教、因地制宜,修广场、装路灯、兴产业,为所驻村的产业振兴添"智"提速,用实际行动践行了自己的初心和使命。周海,他对党忠诚，勇于担当，为老百姓做实事好事，用实际行动改善农村的基础设施，使驻点村面貌焕然一新。宁毅，他主动报名，克服语言困难，待人热心、工作踏实，走家串户，是村民的心中的“知心人”“自家人”。黄保持，他是全屯走出来的第一个博士，他“拖家带口”去驻村，从农村来，懂得农村，想回馈农村，也想给广大学子树立榜样，更想让更多的农村人奋斗成才。何伟，一位土木工程专业的高级工程师，忠诚履行责任和使命，深入基层，倾听民意，调研资源，考察产业，以其丰富的工程经验，为乡村振兴注入强大动力。王忠，秉持上下同心、开拓创新、攻坚克难、不负人民的驻村精神，倾力推动大坪村的乡村振兴事业。田杰，一个从沂蒙山走出来的“沂蒙人”，他从小就深受沂蒙精神影响，秉持着那颗“助村”的初心，铭记着“带富”的使命，立足岗位积极为群众做实事、解难事，得到一致好评。孟城功，面对陌生的工作环境，一切需从头开始，从村情实际出发，从群众所需、所盼、所想出发。韦松磊，从小在农村长大的他，第一时间融入农村，紧紧围绕乡村振兴这条主线，推进产业发展、乡村建设、乡风文明等工作，积极为乡村建设添砖加瓦。一任接着一任的第一书记和工作队员，他们在驻村期间，全心投身一线工作，发挥各自优势，引入新理念、新模式、新举措，接续奋斗。

在国家的每一个特定历史时期，奉献精神总是与回答时代发展进程中的新问题联系在一起的。他们是“奉献社会”的榜样，作风扎实，不怕吃苦，甘于奉献，奋力书写乡村振兴答卷，以责任诠释担当，用实干赢得民心。在我们的身边，有许多值得学习的榜样。我们要善于从榜样身上汲取初心与力量，并转化为砥砺前行的学习力、成长力、奋斗力、创新力和实践力。让身边“奉献社会”榜样不断激励人、鼓舞人、引领人，引领青年学生与新时代同向同行，立大志、明大德、成大才、担大任，奉献自我，谱写新时代的青春之歌。

后 记

在强国建设和民族复兴的新征程上，广泛传播榜样事迹，大力弘扬榜样精神，加强榜样精神育人，具有举足轻重的作用。将榜样精神这一强大精神动力融入高校网络思想政治教育中，契合新时代大学生的用网特点，是高校思想政治教育的必然要求，对培养德智体美劳全面发展的社会主义建设者和接班人有着非常深远的现实意义和理论意义。

习近平总书记指出，伟大时代呼唤伟大精神，崇高事业需要榜样引领。近年来，我们按照习近平总书记的要求，结合网络思想政治教育特点，扎实开展了一系列榜样事迹传播、榜样精神弘扬的实践探索，取得了一些卓有成效的成绩。三年多来，学校成为广西“三全育人”综合改革示范高校，顺利蝉联全国文明校园，塑造的校园榜样在区内外产生了巨大影响，学校先后涌现出了全国道德模范、全国最美大学生、全国三八红旗手、全国优秀教师等200余位榜样人物，他们中很多人的事迹和精神在桂林电子科技大学官方网站、官方微信公众号等校园网络融媒平台及央视新闻、《人民日报》、《光明日报》、《中国教育报》、人民网、新华网、《广西日报》等各大主流媒体广泛传播，受到了师生和社会的高度关注，实属不易。

本书总结了著者近年来在工作实践中如何加强榜样人物传播，如何利用网络新媒体加强网络思政育人的一些粗浅做法，并对实践探索进行经验总结和理论深化。本书就是理论方法研究与实践探索经验相融合的一个成果，有效丰富了榜样精神弘扬在高校思想政治教育特别是网络思想政治教育工作中的研究，也为高校宣传思想文化工作部门和思想政治工作者将榜样精神融入网络思想政治教育提供了可以参考和借鉴的经验。

本书的撰写得到了桂林电子科技大学党委领导的关心和支持，得到了桂林电子科技大学相关单位、部门通讯员以及书中榜样本人的素材支持。全书由王再新统稿，俸燕珍、冼欣宜、秦茜、何玉林、罗福、胡佳媛、张栋敏负责了本书相关章节的撰写和修改，学生助理吴明佳、陈思雨、李利萍等协助整理了实践案例。在写作过程中，我们充分借鉴和吸收了学术界的相关研究成果，参考和引用了有关专家学者的论著和相关作者的研究资料，在此一并表示感谢！

由于著者水平有限，本书的疏漏和错误之处在所难免，希望读者、专家和同行惠予指正。

著 者

2024年3月

图书在版编目（CIP）数据

榜样精神融入高校网络思想政治教育的理论与实践 / 王再新等编著. -- 湘潭 : 湘潭大学出版社, 2024. 6.
ISBN 978-7-5687-1469-3
Ⅰ. G641-39
中国国家版本馆 CIP 数据核字第 2024PC2755 号

榜样精神融入高校网络思想政治教育的理论与实践

BANGYANG JINGSHEN RONGRU GAOXIAO WANGLUO
SIXIANG ZHENGZHI JIAOYU DE LILUN YU SHIJIAN

王再新 等编著

责任编辑：李志红
封面设计：李 平
出版发行：湘潭大学出版社
社 址：湖南省湘潭大学工程训练大楼
电 话：0731-58298960 0731-58298966（传真）
邮 编：411105
网 址：http://press.xtu.edu.cn/
印 刷：长沙印通印刷有限公司
经 销：湖南省新华书店
开 本：710 mm×1000 mm 1/16
印 张：18.25
字 数：320 千字
版 次：2024 年 6 月第 1 版
印 次：2024 年 6 月第 1 次印刷
书 号：ISBN 978-7-5687-1469-3
定 价：88.00 元